LA LIBERTAD DE PESCA EN LA ALTA MAR Y SUS LIMITACIONES EN EL DERECHO INTERNACIONAL CONTEMPORÁNEO

FRANCISCO GUTIÉRREZ FIGUEROA

LA LIBERTAD DE PESCA EN LA ALTA MAR Y SUS LIMITACIONES EN EL DERECHO INTERNACIONAL CONTEMPORÁNEO

GRANADA, 2024

BIBLIOTECA COMARES DE CIENCIA JURÍDICA

Colección
DERECHO INTERNACIONAL PÚBLICO

5

Director
Javier Roldán Barbero

Editorial Comares, S.L.

Polígono Juncaril
C/ Baza, parcela 208
18220 Albolote (Granada)
Tlf.: 958 465 382

http://www.comares.com • E-mail: libreriacomares@comares.com
https://www.facebook.com/Comares • https://twitter.com/comareseditor
https://www.instagram.com/editorialcomares

ISBN: 978-84-1369-810-6 • Depósito legal: Gr. 774/2024

Fotocomposición, impresión y encuadernación: comares

A mi madre

Mencionemos también el sistema de gobernanza de los océanos.
Pues, si bien hubo diversas convenciones internacionales y regionales,
la fragmentación y la ausencia de severos mecanismos de reglamentación,
control y sanción terminan minando todos los esfuerzos. El creciente problema
de los residuos marinos y la protección de las áreas marinas más allá
de las fronteras nacionales continúa planteando un desafío especial.
En definitiva, necesitamos un acuerdo sobre los regímenes de gobernanza
para toda la gama de los llamados «bienes comunes globales».

Encíclica *Laudato Si'* del Santo Padre Francisco
sobre el cuidado de la casa común, 2015, párrafo 174.

SUMARIO

1

ESPACIOS MARINOS RECONOCIDOS EN EL DERECHO INTERNACIONAL CONTEMPORÁNEO

2

EVOLUCIÓN DEL DERECHO DEL MAR Y DE LOS ESPACIOS MARINOS, CON ESPECIAL REFERENCIA A LA ALTA MAR

3

EL RÉGIMEN JURÍDICO DE LA ALTA MAR EN EL DERECHO DEL MAR CONTEMPORÁNEO, CON ESPECIAL REFERENCIA A LA LIBERTAD DE PESCA

4

NUEVOS FENÓMENOS E INTERESES EN LA ALTA MAR
A LA LUZ DEL DERECHO INTERNACIONAL CONTEMPORÁNEO

ABREVIATURAS

Acuerdo BBNJ	Acuerdo en el marco de la Convención de las Naciones Unidas sobre el Derecho del Mar relativo a la conservación y el uso sostenible de la diversidad biológica marina de las zonas situadas fuera de la jurisdicción nacional.
Acuerdo de 1994	Acuerdo relativo a la aplicación de la parte XI de la Convención de las Naciones Unidas sobre el Derecho del Mar de 10 de diciembre de 1982.
Acuerdo de Nueva York de 1995	Acuerdo sobre la aplicación de las disposiciones de la Convención de las Naciones Unidas sobe el Derecho del Mar de 10 de diciembre de 1982 relativas a la conservación y ordenación de las poblaciones de peces transzonales y las poblaciones de peces altamente migratorios.
Acuerdo MERP	Acuerdo sobre Medidas del Estado Rector del Puerto destinadas a prevenir, desalentar y eliminar la pesca ilegal, no declarada y no reglamentada.
Autoridad	Autoridad Internacional de los Fondos Marinos.
AMP	Área Marina Protegida.
CBI	Comisión Ballenera Internacional.
CDB	Convenio sobre la Diversidad Biológica.
CIJ	Corte Internacional de Justicia.
CONVEMAR	Convención de las Naciones Unidas sobre el Derecho del Mar de 1982.

COP	Conferencia de las Partes (de diversas convenciones).
FAO	Organización de las Naciones Unidas para la Alimentación y la Agricultura.
Grupo de Trabajo Especial	Grupo de Trabajo especial oficioso de composición abierta encargado de estudiar las cuestiones relativas a la conservación y el uso sostenible de la diversidad biológica marina fuera de las zonas de jurisdicción nacional.
OPANO / NAFO	Organización de Pesquerías del Atlántico Noroccidental / *Northwest Atlantic Fisheries Organization*.
OROP / RFMO	Organización Regional de Ordenamiento Pesquero / *Regional Fisheries Management Organization*.
OROP-PS / SPRFMO	Organización Regional de Ordenamiento Pesquero del Pacífico Sur / *South Pacific Regional Fisheries Management Organization*.
PAI-INDNR	Plan de Acción Internacional para Prevenir, Desalentar y Eliminar la Pesca Ilegal, No Declarada y No Reglamentada.
Pesca INDNR / IUU Fishing	Pesca ilegal, no declarada y no reglamentada / *Illegal, unreported and unregulated fishing*.
TIDM	Tribunal Internacional del Derecho del Mar.
ZEE	Zona Económica Exclusiva.
Zona	Zona de los fondos marinos y oceánicos y su subsuelo fuera de los límites de la jurisdicción nacional.

PRÓLOGO

A través de estas breves líneas, quiero resaltar el mérito del libro sobre «La libertad de pesca en la alta mar y sus limitaciones en el derecho internacional contemporáneo» de Francisco Gutiérrez Figueroa, abogado y funcionario diplomático por quien tengo gran afecto, cuya valiosa trayectoria sigo de cerca desde que años atrás fue alumno mío en la asignatura de Sujetos de Derecho Internacional de la Facultad de Derecho de la Pontificia Universidad Católica del Perú y que en su labor profesional mantiene estrecho contacto con el derecho del mar.

El presente trabajo ofrece de manera sintética una aproximación comprensiva al tratamiento de la alta mar, y, específicamente, respecto a la libertad de pesca a lo largo del tiempo. En ese sentido, el capítulo uno se centra en los aspectos sustantivos acerca de los espacios marítimos reconocidos en el derecho internacional contemporáneo, según consta en la Convención de las Naciones Unidas sobre el Derecho del Mar de 1982 (CONVEMAR), mientras que el capítulo dos aborda la evolución del derecho del mar y la transformación de dichos espacios durante la historia, poniendo el énfasis en la forma como se concibe en cada momento a la alta mar, e incluyendo en esa mirada a las conferencias de las Naciones Unidas sobre la materia, y, en particular, a la tercera, cuyo fruto es, precisamente, la CONVEMAR, e igualmente a los desarrollos posteriores a la adopción de esta.

El capítulo tres presenta con gran claridad el régimen jurídico de la alta mar en el derecho internacional contemporáneo, en primer lugar, de conformidad con la CONVEMAR, remarcando la importancia de los principales principios, las libertades en alta mar, y los regímenes de conservación y administración de determinadas especies marinas, y, en segundo lugar, con el Acuerdo sobre la aplicación de las disposiciones de la Convención de las Naciones Unidas sobre el Derecho del Mar de 10 de diciembre de 1982, relativas a la conservación y ordenación de las poblaciones de peces transzonales y las poblaciones de peces altamente migratorios (Acuerdo de Nueva York de 1995), a propósito del cual resaltan las referencias al criterio o enfoque precautorio, además de a la compatibilidad de las medidas de conservación y ordenación que se dicten para espacios marítimos de jurisdicción nacional y para áreas de alta mar, especialmente en casos como los de las especies transzonales y altamente migratorias, y a los mecanismos que sustentan una cooperación internacional institucionalizada con ese propósito.

El capítulo cuatro plantea un acercamiento a los nuevos fenómenos e intereses en relación con la alta mar, teniendo en perspectiva al derecho internacional contemporáneo y a la práctica de los Estados. Acerca de esto último son particularmente interesantes las reflexiones en torno a la extensión de competencias estatales en materia de pesca más allá de la jurisdicción nacional, fundamentalmente en situaciones a las que generalmente se alude bajo la expresión «jurisdicción rampante» o «progresiva», así como a los esfuerzos para enfrentar la seria amenaza representada por la pesca ilegal, no declarada y no reglamentada, o al relevante papel de las distintas Organizaciones Regionales de Ordenamiento Pesquero, y, específicamente, al de la Organización Regional de Ordenamiento Pesquero del Pacífico Sur (mencionada usualmente por los acrónimos SPRFMO u OROP-PS, en inglés y español, respectivamente). Todo ello a la luz de los desarrollos más recientes sobre áreas marinas protegidas en alta mar y respecto a la protección de la biodiversidad marina a través de la adopción en junio de 2023 del Acuerdo en el marco de la Convención de las Naciones Unidas sobre el Derecho del Mar relativo a la conservación y al uso sostenible de la diversidad biológica marina de las zonas situadas fuera de la jurisdicción nacional, al que se conoce desde el proceso de su negociación como Acuerdo BBNJ.

Un detalle a resaltar finalmente en esta publicación está dado por el empeño del autor por abordar con rigor, solvencia, claridad expositiva y sólido manejo de las fuentes una materia compleja y de indudable actualidad para la comunidad internacional en su conjunto, ya sea concretamente para Estados ribereños, como el Perú, para los que la preservación y el uso sostenible de los recursos pesqueros marinos tienen enorme trascendencia a efectos de la seguridad alimentaria de sus poblaciones, y para Estados y organizaciones regionales de integración económica, como la Unión Europea, cuyas flotas realizan actividades de pesca a distancia en diversos lugares del orbe. En ese orden de ideas, el texto cubre ampliamente la intención delineada en la introducción de presentar los alcances actuales de la libertad de pesca en la alta mar en el derecho internacional contemporáneo, poniendo de relieve que, pese a su consagración como norma consuetudinaria, está notablemente limitada por normas que buscan responder a los retos y desafíos que se suscitan actualmente a nivel del derecho del mar.

Lima, diciembre de 2023

Juan José Ruda Santolaria
Miembro de la Comisión de Derecho Internacional de las Naciones Unidas

INTRODUCCIÓN

Los mares y océanos se han convertido en el escenario de una tensión permanente entre la libertad de pesca y la conservación de los recursos pesqueros en la alta mar. Esta tensión se ve reflejada en la multiplicación de incidentes, el desarrollo normativo y la práctica de tribunales como el Tribunal Internacional del Derecho del Mar (en adelante «TIDM»), cuya jurisprudencia está relacionada, en buena medida, con el ejercicio de derechos de pesca o con actividades vinculadas a la pesca.

El estado mundial de la pesca atraviesa una situación de crisis en varias partes de los mares y océanos del mundo[1]. Como menciona la Organización de las Naciones Unidas para la Alimentación y la Agricultura (en adelante «FAO»), «la situación parece más grave en el caso de algunos recursos pesqueros altamente migratorios, transzonales y de otro tipo explotados única o parcialmente en alta mar»[2].

Los problemas asociados específicamente a la pesca en la alta mar se complican por una multitud de razones. De acuerdo con el Programa 21[3], las principales dificultades en la ordenación de la pesca en la alta mar están representadas por «la pesca incontrolada, la sobrecapitalización, el tamaño excesivo de las flotas, el cambio del pabellón de los buques para eludir los controles, el uso de artes insuficientemente selectivas, las bases de datos imprecisas y la falta de cooperación suficiente entre los Estados»[4]. Estos factores fueron reiterados en el Informe del Secretario General de las Naciones Unidas sobre los Océanos y el Derecho del Mar de 2005, en el que además fueron considerados como impedimentos para el logro del desarrollo

---

[1]   FAO, *El estado mundial de la pesca y la acuicultura 2022: Hacia la transformación azul*, Roma, FAO, 2022, pp. 49-50.

[2]   *Ibid.*, p. 59.

[3]   El Programa (o Agenda) 21 es un programa de acción para promover el desarrollo sostenible, adoptado en la Conferencia de las Naciones Unidas sobre el Medio Ambiente y el Desarrollo (CNUMAD), la cual tuvo lugar en Río de Janeiro (Brasil) entre el 3 y el 14 de junio de 1992.

[4]   NACIONES UNIDAS, *Programa 21*, Conferencia de las Naciones Unidas sobre el Medio Ambiente y el Desarrollo, Río de Janeiro, 3-14 de junio de 1992, párr. 17.45.

sostenible y como amenazas a la seguridad alimentaria y a la integridad de los ecosistemas marinos[5].

El problema de la pesca y la conservación de los recursos vivos de la alta mar, caracterizado por la aparición de diversos fenómenos e intereses en la actualidad —unos opuestos y otros acordes con el derecho internacional contemporáneo—, motiva a preguntarse si el principio de la libertad de los mares mantiene su esencia original a pesar de las restricciones a las que se encuentra sometida en el actual régimen jurídico de la alta mar.

En la esfera jurídica, por régimen internacional —a diferencia de la noción propia de la teoría de las relaciones internacionales[6]— entendemos un conjunto de reglamentaciones en un ámbito determinado del orden internacional. Complementariamente, también puede entenderse la noción de régimen jurídico internacional como referida a «todas las normas y principios que regulan un determinado sector o rama del Derecho Internacional», las cuales establecen «derechos y obligaciones [con] relación a una cuestión concreta»[7].

Si bien la Convención de las Naciones Unidas sobre el Derecho del Mar de 1982 (en adelante «CONVEMAR») constituye el marco jurídico de referencia en la materia, esta no ha sido capaz de resolver todos los problemas que la conservación y gestión de los recursos pesqueros plantea. En relación con ello, algunas de sus normas carecen de la precisión necesaria y dejan margen a interpretaciones dispares que quebrantan la estabilidad y seguridad en las actividades pesqueras internacionales. Precisamente, como apunta Tullio Scovazzi:

> [T]here are some evident gaps in the UNCLOS [United Nations Convention on the Law of the Sea] itself, because the states involved in the negotiations were not willing or able to address and solve a few thorny questions that were deliberately left vague. Here, the gaps can be filled by resorting to provisions of customary international law. It may also happen that some UNCLOS provisions are worded in too general terms, which lack sufficient precision. Where different interpretations of the relevant UNCLOS provisions

---

[5]   NACIONES UNIDAS, Asamblea General, *Los océanos y el derecho del mar*, Informe del Secretario General, A/60/63, de 4 de marzo de 2005, párrs. 209-210.

[6]   En la teoría de las relaciones internacionales, se admite generalmente que los regímenes internacionales son «sets of implicit or explicit principles, norms, rules and decision-making procedures around which actors' expectations converge in a given area of international relations». KRASNER, Stephen, «Structural causes and regime consequences: regimes as intervening variables», en *International Regimes*, KRASNER, Stephen (ed.), Ithaca, Cornell University Press, 1983, p. 2.

[7]   CASANOVAS Y LA ROSA, Oriol, «Aproximación a una teoría de los regímenes en Derecho Internacional Público», en *Unidad y Pluralismo en el Derecho Internacional Público y en la Comunidad Internacional*, RODRIGO, Ángel J.; y GARCÍA, Caterina (eds.), Madrid, Tecnos, 2011, pp. 46-47.

are in principle admissible, state practice may be important in making one interpretation prevail[8].

Hoy en día se puede observar que la práctica de los Estados con respecto a la pesca en la alta mar está sumida en la tensión entre la unilateralización y la multilateralización con relación a la conservación y gestión de los recursos vivos. La primera tendencia está representada fundamentalmente por la llamada «jurisdicción rampante», llevada a cabo por Estados ribereños de gran proyección marítima. La segunda corriente está reflejada en la proliferación de organizaciones y acuerdos internacionales de pesquería que procuran institucionalizar la cooperación en beneficio de la comunidad internacional en su conjunto.

Bajo el actual régimen jurídico de la alta mar se abre paso paulatinamente la idea de que la responsabilidad en la pesca no es solo del Estado ribereño o del Estado de pesca a distancia, sino que involucra a todos los miembros de la comunidad internacional, lo cual es expresión de la obligación general que tienen de conservar los recursos vivos de la alta mar. Así pues, por un lado, se han establecido limitaciones en el modo de ejercer la pesca y, por otro lado, se ha consagrado el deber de cooperación a través de organizaciones internacionales para la conservación y gestión de los recursos vivos de la alta mar.

Frente a ello, este libro plantea que el régimen de la pesca en la alta mar, como resultado del carácter dinámico del ordenamiento jurídico internacional contemporáneo, atraviesa una etapa de transición hacia un régimen que implica cada vez mayores restricciones a la libertad tradicional de pesca, debido a la aparición de nuevos fenómenos e intereses que no se percibían al momento de la creación del marco jurídico que sustenta el actual derecho del mar. Sin que constituya una lista cerrada, estos fenómenos e intereses comprenden la sobreexplotación de los recursos vivos a través de nuevas y perfeccionadas tecnologías de pesca, el interés de los Estados ribereños por extender sus competencias en materia de pesca más allá de las 200 millas marinas de jurisdicción nacional y la preocupación de la comunidad internacional por proteger los ecosistemas marinos en beneficio de las actuales y futuras generaciones.

A este respecto, la presente investigación se propone, en primer lugar, determinar los alcances actuales del principio de la libertad de pesca en la alta mar en el derecho internacional contemporáneo. Pese a su consagración como norma consuetudinaria, la libertad de pesca se encuentra sensiblemente limitada debido al surgimiento de nuevas normas y prácticas estatales que buscan responder a nuevos desafíos para el derecho del mar. En tal sentido, resultará pertinente analizar los principales fenómenos

---

[8] Scovazzi, Tullio, «The assumption that the United Nations Convention on the Law of the Sea is the legal framework for all activities taking place in the sea», en *Ocean Sustainability in the 21st Century*, Aricò, Salvatore (ed.), Cambridge, Cambridge University Press, 2015, pp. 232-233.

e intereses que condicionan esa libertad en la alta mar, identificando, también, algunos de los vacíos normativos dentro del régimen de pesca en ese espacio marino.

Conviene precisar que este libro ha centrado su atención en las principales restricciones a la libertad de pesca en el derecho internacional contemporáneo. Es decir, los fenómenos e intereses han sido abordados con la intención principal de resaltar cómo estos afectan al régimen jurídico de la alta mar. Por lo tanto, este libro no examina las implicancias de las restricciones a la libertad de pesca en el derecho interno de los Estados.

El presente trabajo se divide en cuatro partes. En el primer capítulo, de naturaleza descriptiva, se plantea una aproximación conceptual a los espacios marinos establecidos en el derecho del mar contemporáneo, lo que incluye la delimitación conceptual entre soberanía y jurisdicción. El propósito no será otro que establecer un sistema coordinado y coherente de nociones que permitan una aproximación adecuada a la temática de esta obra.

El segundo capítulo hace referencia al marco histórico-jurídico del derecho del mar y los espacios marinos, con especial referencia a la alta mar. Se analiza el desarrollo histórico de esta con miras a examinar la evolución del principio de la libertad de los mares y su consolidación como norma fundamental del ordenamiento jurídico internacional. La evolución anteriormente aludida será estudiada hasta la adopción de la CONVEMAR en 1982, con el fin de comprobar que la práctica estatal a lo largo del tiempo ha orientado el contenido del principio de la libertad de los mares hacia dimensiones cada vez más reducidas.

El tercer capítulo abarca detalladamente el régimen jurídico de la alta mar en el derecho del mar contemporáneo, siempre con especial referencia a la libertad de pesca. El análisis sistemático de la alta mar se realizará sobre la base de los dos instrumentos internacionales más importantes en la materia: la CONVEMAR y el «Acuerdo sobre la aplicación de las disposiciones de la Convención de las Naciones Unidas sobe el Derecho del Mar de 10 de diciembre de 1982 relativas a la conservación y ordenación de las poblaciones de peces transzonales y las poblaciones de peces altamente migratorios» (en adelante «Acuerdo de Nueva York de 1995»). El desarrollo de este capítulo permitirá confirmar, *inter alia*, la consolidación de la cooperación interestatal como uno de los elementos esenciales del régimen jurídico de la alta mar, y la introducción de nuevos enfoques de derecho ambiental destinados a reforzar las medidas de conservación y ordenación de los recursos pesqueros.

El cuarto capítulo explora los nuevos fenómenos e intereses contemporáneos en la alta mar con la intención de verificar la aplicación concreta del principio de la libertad de los mares y sus nuevos límites en el derecho internacional. Para tal fin, se plantea el estudio de cuatro casos relevantes en los que se discuten las restricciones a las que se ve sometida la alta mar en nuestros días. En esa perspectiva, también se consideró apropiado incorporar algunas reflexiones preliminares acerca del «Acuerdo en el marco de la Convención de las Naciones Unidas sobre el Derecho del Mar relativo a la conservación y el uso sostenible de la diversidad biológica marina de las zonas situadas fuera de la jurisdicción nacional» (en adelante «Acuerdo BBNJ»), adoptado el 19 de junio de 2023 en la sede de las Naciones Unidas en Nueva York, instrumento que —cuando entre en vigor— podría condicionar aún más los alcances del principio de la libertad de los mares.

Finalmente, las últimas páginas recogen las conclusiones, que pretenden ofrecer una visión global acerca de los principales asuntos abordados en el libro, identificando, asimismo, líneas de investigación para futuros proyectos en torno al ordenamiento jurídico de la alta mar desde la óptica del derecho internacional público.

ESPACIOS MARINOS RECONOCIDOS EN EL DERECHO INTERNACIONAL CONTEMPORÁNEO[1]

El propósito de este primer capítulo es establecer conceptos fundamentales que se utilizarán a lo largo del presente estudio. En ese sentido, soberanía y jurisdicción son términos ineludibles en la regulación jurídica de los mares y océanos en el derecho internacional contemporáneo que necesitan de una delimitación conceptual en vista de la multitud de definiciones y ámbitos en los que ellos se utilizan.

Asimismo, este capítulo se propone identificar los espacios marinos consagrados en el derecho internacional contemporáneo —muchos de los cuales son producto de la costumbre internacional— con un doble propósito. En primer lugar, para identificar, en líneas generales, el surgimiento histórico y el régimen jurídico de cada uno de ellos. En segundo lugar, para reconocer la progresiva disminución geográfica de la alta mar a través de la historia del derecho internacional debido a la aparición de nuevos espacios marinos, los cuales, a su vez, responden al surgimiento de nuevos intereses por parte de los Estados.

Cabe precisar que con la expresión «derecho internacional contemporáneo» nos referimos al ordenamiento jurídico internacional que se inicia en 1945 —con el fin de la Segunda Guerra Mundial y la adopción de la Carta de las Naciones Unidas—, caracterizado por un profundo proceso de transformación, encaminado, en palabras de Pastor Ridruejo, hacia la cooperación, la institucionalización y la

---

[1]   En el presente trabajo se preferirá el término «espacios marinos», en lugar de «espacios marítimos», «zonas marinas» o «zonas marítimas», dado que el primero es el utilizado por la CONVEMAR, tal como se desprende del tercer párrafo de su preámbulo («Conscientes de que los problemas de los espacios marinos están estrechamente relacionados entre sí y han de considerarse en su conjunto»). Igualmente, conviene precisar que se empleará el término «la alta mar» (en lugar de «el alta mar» o «altamar») dado que este es el vocablo empleado en las versiones en español de las Convenciones de Ginebra de 1958 y la CONVEMAR.

progresiva interdependencia entre los Estados, sin que ello signifique una renuncia a su manifiesto carácter descentralizado[2].

1. Soberanía y jurisdicción en el derecho internacional

La competencia que ejercen los Estados con respecto a su territorio se describe usualmente en términos de soberanía y jurisdicción, aunque la terminología empleada no sea utilizada consistentemente[3]. En atención a la doctrina contemporánea, entenderemos que la soberanía es la autoridad máxima que le permite al Estado gobernarse libremente bajo las normas del orden jurídico internacional[4]. Teniendo en cuenta el carácter funcional de la soberanía, se puede agregar que es «el conjunto de competencias atribuidas al Estado por el Derecho Internacional, ejercitables en un plano de independencia e igualdad respecto de los otros Estados»[5].

El concepto de jurisdicción ofrece dificultades, pues adopta diversos significados. En el ámbito del derecho internacional, y siguiendo el razonamiento de Juan Miguel Bákula, entenderemos que la jurisdicción:

> [T]iene una connotación singular […] en la que está inequívocamente expresado el sentido del poder que compete a un Estado para hacer que se preste acatamiento a su legislación y a la aplicación de la misma. Por su propia naturaleza, el significado que más se le aproxima es el de competencia, por cuya razón la jurisdicción se entiende aplicada a las personas, a las cosas y a las relaciones jurídicas; o sea que se expresa en la potestad del Estado para asegurar la aplicación de las normas de interés general

---

[2] Pastor Ridruejo, José Antonio, *Curso de Derecho Internacional Público y Organizaciones Internacionales*, 13.ª ed., Madrid, Tecnos, 2009, pp. 59-62.

[3] Crawford, James, *Brownlie's Principles of Public International Law*, 8.ª ed., Oxford, Oxford University Press, 2012, p. 204.

[4] Accioly, Hildebrando, *Tratado de Derecho Internacional Público*, tomo I, Azcárraga, José Luis de (trad.), Madrid, Instituto de Estudios Políticos, 1958, p. 232.

[5] Remiro Brotóns, Antonio *et al.*, *Derecho Internacional*, Valencia, Tirant lo Blanch, 2007, p. 127. Complementariamente, puede afirmarse que, tanto en el plano jurídico como en el político, la soberanía no es un poder ilimitado del Estado ya que, como enseña Pastor Ridruejo, «el Derecho Internacional no puede dar cabida a una concepción absoluta de la soberanía. Es cierto que ha habido doctrinas […] que pretendían basar la obligatoriedad de éste en la propia voluntad de los Estados. Pero tal idea ha sido criticada con razón y fundamento […], porque […] un sistema normativo que puede ser hecho y deshecho a voluntad de los destinatarios no puede cumplir la función de asegurar unas bases mínimas de convivencia en el grupo social del que proviene. Y, lo que es más importante, al haber aceptado los Estados la existencia de normas de *ius cogens* […] están admitiendo a la vez la existencia de límites jurídicos que prevalecen sobre su voluntad soberana. La soberanía de los Estados, incluso de los más poderosos, encuentra en el plano político limitaciones resultantes de la coexistencia entre ellos y de la soberanía concurrente de otros Estados en un mundo cada vez más pequeño e interdependiente. Incluso por cuestiones de imagen en la opinión pública internacional, pero no únicamente por ellas, los Estados se ven constreñidos a una cierta moderación». Pastor Ridruejo, José Antonio, *op. cit.*, pp. 282-283.

o específico y conocer y decidir, llegado el caso, los problemas derivados de esa aplicación, función que en nombre del Estado realizan los funcionarios o entidades expresamente señalados[6].

Del mismo modo, conviene aclarar *ab initio* la diferencia entre soberanía y jurisdicción. Así pues, hemos de resaltar que, mientras la jurisdicción es una noción exclusivamente jurídica, la soberanía, como característica indisociable del Estado, adopta un sentido jurídico-político. Mientras la soberanía es la expresión máxima del poder del Estado, la jurisdicción se afirma en aquella y se manifiesta en varias formas: jurisdicción para dictar normas, jurisdicción para resolver controversias jurídicas, y jurisdicción para hacer cumplir las normas[7].

La soberanía es un principio constitucional del derecho internacional que se manifiesta fundamentalmente en el territorio de cada Estado y se caracteriza por ser plena, exclusiva e inviolable[8]. La jurisdicción es una característica principal de la soberanía que refleja los principios básicos de esta: la igualdad soberana entre los Estados y la no intervención en asuntos internos[9]. Asimismo, aunque ligada estrechamente con el territorio, la jurisdicción puede ser ejercida por el Estado más allá de sus fronteras. En este caso, la competencia estatal se ejerce sobre las personas (naturales y jurídicas) y objetos (como los buques y las aeronaves), unidos por el vínculo de la nacionalidad, en áreas no sometidas a la soberanía estatal (como en la alta mar o en el espacio ultraterrestre) o en el territorio de otros Estados cuando el derecho internacional así lo permite (por ejemplo, en el ejercicio de funciones consulares en el exterior sobre la base de la nacionalidad)[10].

2. ESPACIOS MARINOS RECONOCIDOS EN EL DERECHO DEL MAR CONTEMPORÁNEO

Inicialmente, el derecho del mar consistió en un conjunto de normas de derecho consuetudinario, las cuales fueron codificadas progresivamente desde la perspectiva

---

[6]   BÁKULA, Juan Miguel, *El Dominio Marítimo del Perú*, Lima, Fundación M. J. Bustamante de la Fuente, 1985, p. 184.

[7]   CASSESE, Antonio, *International Law*, 2.ª ed., Oxford, Oxford University Press, 2005, p. 49. Precisamente, otra definición de jurisdicción, quizás la más común en nuestro medio, es la que comprende la competencia del juez para decidir, esto es, el poder de una autoridad judicial para resolver controversias jurídicas o interpretar el derecho de manera vinculante para todas las personas o entidades involucradas.

[8]   CASADO RAIGÓN, Rafael, *Derecho Internacional*, 2.ª ed., Madrid, Tecnos, 2014, p. 95.

[9]   SHAW, Malcolm N., *International Law*, 9.ª ed., Cambridge, Cambridge University Press, 2021, p. 555.

[10]   *Ibid.*; CASADO RAIGÓN, Rafael, *op. cit.*, p. 98; PASTOR RIDRUEJO, José Antonio, *op. cit.*, pp. 291-294; REMIRO BROTÓNS, Antonio *et al.*, *op. cit.*, pp. 819-821.

del desarrollo del derecho internacional público[11]. La Tercera Conferencia de las Naciones Unidas sobre el Derecho del Mar, en la cual se adoptó la CONVEMAR, es de particular importancia en el proceso de codificación del derecho del mar, ya que dicho tratado constituye el primer instrumento en abordar de manera sistemática casi todos los aspectos relativos a los usos y recursos de los mares y océanos[12]. De ahí que se le haya denominado una «constitución para los océanos» que «ha logrado armonizar los intereses contrapuestos de todas las naciones»[13], en palabras de Tommy Koh, presidente de la sesión final de la Tercera Conferencia de las Naciones Unidas sobre el Derecho del Mar.

El derecho del mar contemporáneo divide los océanos en una serie de espacios marinos que pueden ser categorizados en dos grandes grupos, en función de la jurisdicción ejercida por el Estado ribereño: zonas bajo jurisdicción nacional y zonas fuera de la jurisdicción nacional. En principio, el ordenamiento internacional otorga derechos y obligaciones a los Estados ribereños y a terceros Estados de acuerdo con cada una de estas divisiones.

2.1. Zonas bajo jurisdicción nacional

2.1.1. *Aguas interiores y aguas archipelágicas*

Con el reconocimiento por el derecho internacional de las líneas de base rectas, a mediados del siglo xx, fue posible distinguir más claramente entre aquellos cuerpos de agua propiamente clasificados como «aguas interiores» y el mar territorial adyacente[14]. En efecto, en la sentencia sobre el asunto «Pesquerías (Reino Unido c. Noruega)» de 1951, la Corte Internacional de Justicia (en adelante «CIJ») reconoció el estatus de las aguas ubicadas detrás de las líneas de base reivindicadas por Noruega como parte de su régimen de aguas interiores[15].

---

[11]   TANAKA, Yoshifumi, *The International Law of the Sea*, 3.ª ed., Cambridge, Cambridge University Press, 2019, p. 3.

[12]   KOH, Tommy T. B., «Una Constitución para los Océanos», en *El Derecho del Mar. Texto Oficial de la Convención de las Naciones Unidas sobre el Derecho del Mar*, NACIONES UNIDAS, Nueva York, Naciones Unidas, 1984, p. xx.

[13]   *Id.*

[14]   ROTHWELL, Donald R.; y STEPHENS, Tim, *The International Law of the Sea*, Oxford - Portland, Hart Publishing, 2010, p. 52.

[15]   *Fisheries Case (United Kingdom v. Norway)*, Sentencia del 18 de diciembre de 1951, I. C. J. Reports 1951, p. 133. En esta sentencia, la CIJ reconoció que, con relación a la medición de la anchura del mar territorial, «it is the low-water mark as opposed to the high-water mark, or the mean between the two tides, which has generally been adopted in the practice of States. This criterion is the most favourable to the coastal State and clearly shows the character of territorial waters as appurtenant to the land territory». Sin embargo, teniendo en cuenta las particularidades de la costa noruega, la CIJ también reconoció el

Una vez iniciado el proceso de codificación del derecho del mar, las referencias a las aguas interiores serán más precisas. Así pues, en la Convención de Ginebra de 1958 sobre el Mar Territorial y la Zona Contigua se estableció que «las aguas situadas en el interior de la línea de base del mar territorial se considerarán como aguas interiores»[16] con la pertinente distinción entre líneas de base normales[17] y líneas de base rectas[18].

En general, las aguas interiores están sometidas a la soberanía del Estado ribereño e incluye el espacio aéreo, el suelo y el subsuelo de tales aguas[19]. La CONVEMAR utiliza los mismos términos para referirse a dichas aguas[20].

En las aguas interiores no existe el derecho de paso inocente, como acontece en el mar territorial. La única excepción a esta regla ocurre cuando el trazado de una línea de base recta produce el efecto de encerrar aguas interiores que anteriormente no se consideraban como tales. En dicho supuesto existirá el derecho de paso inocente sobre aquellas aguas[21].

Por su parte, la cuestión de un régimen especial para las aguas archipelágicas comenzó a formularse desde comienzos del siglo XX, aunque, como queda evidenciado en las Convenciones de Ginebra de 1958, ninguna de ellas establece disposiciones con relación a los Estados archipelágicos o las aguas archipelágicas.

Durante la Tercera Conferencia de las Naciones Unidas sobre el Derecho del Mar (1973-1982), gracias a la promoción enérgica de ciertos Estados que aspiraban a ser reconocidos como archipelágicos —Fiji, Filipinas, Indonesia y Mauricio—, fue posible la construcción gradual del régimen jurídico a ser aplicado a los Estados con esas características, cuyo resultado final se consolidó en la Parte IV de la CONVEMAR. Al respecto, se puede afirmar que el régimen jurídico de las aguas archipelágicas no es el resultado de la codificación del derecho del mar, sino del propio desarrollo del derecho internacional[22]. Así es como, en el contexto del nuevo orden económico

---

uso de líneas de base de naturaleza distinta, esto es, «the method of base-lines which, within reasonable limits, may depart from the physical line of the coast». *Ibid.*, pp. 128-129.

[16]   Convención de Ginebra de 1958 sobre el Mar Territorial y la Zona Contigua, art. 5.1.

[17]   El artículo 3 establece que «la línea de base normal para medir la anchura del mar territorial es, a excepción de aquellos casos en que se disponga otra cosa en estos artículos, la línea de bajamar a lo largo de la costa, tal como aparece marcada en las cartas a gran escala reconocidas oficialmente por el Estado ribereño».

[18]   El artículo 4.1 refiere que «en los lugares en que la costa tenga profundas aberturas y escotaduras o en los que haya una franja de islas a lo largo de la costa situadas en su proximidad inmediata, puede adoptarse como método para trazar la línea de base desde la que ha de medirse el mar territorial el de las líneas de base rectas que unan los puntos apropiados».

[19]   *Vid.: ibid.*, arts. 2.1 y 2.2.

[20]   CONVEMAR, art. 8.1.

[21]   *Ibid.*, art. 8.2.

[22]   TANAKA, Yoshifumi, *op. cit.*, p. 131.

internacional[23], los Estados archipelágicos centraron sus demandas en la idea de que su futuro dependía en gran medida de la utilización del mar y la explotación de sus recursos, y en la necesidad de establecer nuevas normas que salvaguardasen lo que ellos consideraban intereses vitales[24]. Estos intereses se basaban, entre otros, en intereses políticos y de seguridad, factores históricos e intereses económicos.

El artículo 46.a) de la CONVEMAR define un Estado archipelágico como «un Estado constituido totalmente por uno o varios archipiélagos y que podrá incluir otras islas»[25]. Por su parte, las aguas archipelágicas comprenden las aguas encerradas por las líneas de base archipelágicas sobre las que se extiende la soberanía del Estado archipelágico[26]. Esta soberanía se extiende al espacio aéreo situado sobre las aguas archipelágicas, así como al lecho y subsuelo de esas aguas y a los recursos contenidos en ellos[27].

Sin embargo, la soberanía sobre las aguas archipelágicas está sujeta a una serie de limitaciones. En primer lugar, los Estados archipelágicos están obligados a respetar los acuerdos existentes con otros Estados y a reconocer los derechos de pesca tradicionales y otras actividades legítimas de los Estados vecinos[28], así como a respetar los cables submarinos existentes que hayan sido tendidos por otros Estados y que pasen por sus aguas sin aterrar[29].

En segundo lugar, si una parte de las aguas archipelágicas de un Estado archipelágico estuviere situada entre dos partes de un Estado vecino adyacente, se mantendrán y respetarán los derechos existentes y otros intereses legítimos que el Estado vecino

---

[23]   El nuevo orden económico internacional es una expresión utilizada en la resolución A/RES/S-6/3201 de la Asamblea General de las Naciones Unidas de 1974, para hacer referencia a la necesidad de abordar los nuevos temas de la agenda internacional sobre la base de «la equidad, la igualdad soberana, la interdependencia, el interés común y la cooperación de todos los Estados, cualesquiera sean sus sistemas económicos y sociales, que permita corregir las desigualdades y reparar las injusticias actuales, eliminar las disparidades crecientes entre los países desarrollados y los países en desarrollo y garantizar a las generaciones presentes y futuras un desarrollo económico y social que vaya acelerándose, en la paz y la justicia».

[24]   DUPUY, René-Jean, «The Sea Under National Competence», en *A Handbook on the New Law of the Sea*, tomo I, DUPUY, René-Jean; y VIGNES, Daniel (eds.), Leiden-Boston, Académie de Droit International, 1991, p. 271.

[25]   Asimismo el artículo 46.b) define un archipiélago como «un grupo de islas, incluidas partes de islas, las aguas que las conectan y otros elementos naturales, que estén tan estrechamente relacionados entre sí que tales islas, aguas y elementos naturales formen una entidad geográfica, económica y política intrínseca o que históricamente hayan sido considerados como tal».

[26]   CONVEMAR, art. 49.1.

[27]   *Ibid.*, art. 49.2.

[28]   *Ibid.*, art. 51.1.

[29]   *Ibid.*, art. 51.2.

haya ejercido tradicionalmente en las aguas archipelágicas del Estado archipelágico, y todos los derechos estipulados en acuerdos entre ambos Estados[30].

Por último, los buques de todos los Estados gozan del derecho de paso inocente a través de las aguas archipelágicas, de la misma manera que en el mar territorial[31], derecho que solo podrá ser suspendido temporalmente, y en áreas específicas, por razones de seguridad y solo después de que dicha suspensión haya sido publicada debidamente[32].

2.1.2. *Mar territorial*

La historia del derecho del mar está caracterizada por la contienda entre la doctrina de la libertad de los mares (*mare liberum*) y la de los mares cerrados (*mare clausum*). Desde la denominada «gran batalla libresca»[33] en el siglo XVII hasta llegar al último tercio del siglo XX, esta contienda continuó latente y no fue hasta después de la Tercera Conferencia de las Naciones Unidas sobre el Derecho del Mar en que el régimen del mar territorial comenzó a manifestar certeza en lo que se refiere a su anchura máxima[34].

La relevancia de este aspecto para la presente investigación es evidente en la medida en que permitirá determinar los alcances actuales del principio de la libertad de los mares. De hecho, el desarrollo del régimen del mar territorial no solamente constituye una de las bases fundamentales en la evolución del derecho del mar, sino que también resulta ser importante en el establecimiento de nuevos espacios marinos (de los cuales la Zona Económica Exclusiva y la plataforma continental son los más significativos), acontecimiento que ha supuesto la consiguiente e inevitable reducción espacial de la alta mar.

El mar territorial constituye, en el derecho internacional consuetudinario, un espacio marino adyacente a las costas del Estado ribereño bajo su soberanía territorial, tal como se desprende del asunto «*Grisbådarna* (Noruega c. Suecia)» ante la Corte Permanente de Arbitraje. En el laudo arbitral de 1909, la Corte determinó que «the maritime territory is an essential appurtenance of land territory» y que ese espacio es «[an] inseparable appurtenance of this land territory»[35]. Sin embargo, la práctica estatal heterogénea y la divergente opinión de los publicistas hizo difícil determinar con precisión la extensión geográfica de este espacio marino.

---

[30] *Ibid.*, art. 47.6.
[31] *Ibid.*, art. 52.1.
[32] *Ibid.*, art. 52.2.
[33] *Vid.*: *infra*, cap. 2.2.
[34] ROTHWELL, Donald R.; y STEPHENS, Tim, *op. cit.*, p. 58.
[35] *The Grisbådarna Case (Norway v. Sweden)*, Laudo arbitral del 23 de octubre de 1909, 4 AJIL 226 (1910), p. 4.

Con la CONVEMAR se resuelve finalmente la cuestión relativa a la anchura del mar territorial. De acuerdo con el artículo 3 de ese instrumento, «todo Estado tiene derecho a establecer la anchura de su mar territorial hasta un límite que no exceda de 12 millas marinas medidas a partir de las líneas de base».

En esta franja de mar el Estado ribereño ejerce soberanía, la cual se extiende al espacio aéreo, así como al lecho y al subsuelo. Esa soberanía se ejerce con arreglo a la CONVEMAR y a otras normas de derecho internacional[36], lo que pone de relieve que la soberanía en el mar territorial está reglamentada.

La única limitación a la soberanía del Estado ribereño sobre el mar territorial en beneficio de terceros Estados corresponde al derecho de paso inocente. Este derecho consiste en navegar por el mar territorial de manera que no sea perjudicial para la paz, el buen orden o la seguridad del Estado ribereño[37], con el fin de atravesar dicho mar —de manera rápida e ininterrumpida[38]— sin penetrar en las aguas interiores, o de dirigirse a las aguas interiores o salir de ellas, o hacer escala en una rada o instalación portuaria fuera de las aguas interiores o salir de ella[39].

2.1.2.1. *Régimen especial de navegación: estrechos utilizados para la navegación internacional*

Los estrechos internacionales son contracciones naturales del medio marino que separan dos espacios terrestres y que comunican dos áreas o partes de mar. Su importancia a lo largo de la historia es innegable por tratarse de vías de comunicación indispensables para el tráfico marítimo ante la necesidad de usar las rutas de navegación más cortas y seguras entre puertos. A partir de la segunda mitad del siglo XIX se adoptaron diversos acuerdos políticos, declaraciones y tratados, con miras a reconocer derechos de navegación a los Estados usuarios de ciertos estrechos, como, por ejemplo, los estrechos daneses, el estrecho de Gibraltar, el estrecho del Bósforo o el estrecho de los Dardanelos, entre otros.

En 1949, la CIJ confirmó que el derecho de paso inocente a través de los estrechos internacionales, incluyendo el de los buques de guerra, forma parte del derecho consuetudinario. En la sentencia del asunto «Canal de Corfú (Reino Unido c. Albania)», la CIJ declaró que:

> It is [...] generally recognized and in accordance with international custom that States in time of peace have a right to send their warships through straits used for international navigation between two parts of the high seas without the previous authorization of a

---

[36]   CONVEMAR, art. 2.3.
[37]   *Ibid.*, art. 19.1.
[38]   *Ibid.*, art. 18.2.
[39]   *Ibid.*, art. 18.1.

coastal State, provided that the passage is innocent. Unless otherwise prescribed in an international convention, there is no right for a coastal State to prohibit such passage through straits in time of peace[40].

Consistente con la jurisprudencia de la CIJ, la Convención de Ginebra de 1958 sobre Mar Territorial y Zona Contigua estableció que «el paso inocente de buques extranjeros no puede ser suspendido en los estrechos que se utilizan para la navegación internacional entre una parte de la alta mar y otra parte de la alta mar, o en el mar territorial de un Estado extranjero»[41]. A diferencia de la sentencia de la CIJ en el asunto del «Canal de Corfú», que se refiere solo a los estrechos «entre dos partes de la alta mar», la Convención de Ginebra amplía el alcance de la noción de estrecho internacional. Puede afirmarse, en ese sentido, que dicha disposición normativa es el resultado del desarrollo del derecho consuetudinario antes que una simple codificación del derecho del mar[42].

La Parte III de la CONVEMAR establece tres regímenes aplicables a los estrechos: los estrechos en los que rige el derecho de paso en tránsito, los estrechos en los que rige el derecho de paso inocente, y los estrechos en los que rigen tratados de larga data.

El régimen de paso en tránsito se aplica a los estrechos utilizados para la navegación internacional que unan espacios abiertos a la libertad de navegación, es decir, «entre una parte de la alta mar o de una zona económica exclusiva y otra parte de la alta mar o de una zona económica exclusiva»[43]. En estos estrechos, todos los buques y aeronaves gozarán del derecho de paso en tránsito[44], derecho que se entiende como el ejercicio de la libertad de navegación y sobrevuelo exclusivamente para los fines de tránsito rápido e ininterrumpido[45]. En contrapartida, los buques y aeronaves cumplirán una serie de obligaciones durante el paso en tránsito, fundamentalmente relacionadas con la seguridad en la navegación marítima y aérea[46]. Asimismo, el Estado ribereño de un estrecho no podrá suspender el paso en tránsito[47], a diferencia de la posibilidad que tiene un Estado ribereño de suspender temporalmente el derecho del paso inocente en determinadas áreas de su mar territorial[48].

---

[40]   *Corfu Channel (United Kingdom v. Albania)*, Sentencia del 9 de abril de 1949, I. C. J. Reports 1949, p. 28.

[41]   Convención de Ginebra de 1958 sobre el Mar Territorial y la Zona Contigua, art. 16.4.

[42]   TANAKA, Yoshifumi, *op. cit.*, p. 117.

[43]   CONVEMAR, art. 37.

[44]   *Ibid.*, art. 38.1.

[45]   *Ibid.*, art. 38.2.

[46]   *Vid.: ibid.*, art. 39.

[47]   *Ibid.*, art. 44.

[48]   *Ibid.*, art. 25.3.

El régimen de paso inocente se aplica a los estrechos utilizados para la navegación internacional, formados por una isla de un Estado ribereño y su territorio continental, si del otro lado de la isla existe una ruta de alta mar o ZEE[49]; y a los estrechos situados entre una parte de la alta mar o de una ZEE y el mar territorial de otro Estado[50]. De manera similar a lo que ocurre en el régimen de paso en tránsito, el ejercicio del derecho de paso inocente tampoco puede ser suspendido[51].

Por último, el régimen de los estrechos internacionales regulados total o parcialmente por tratados de larga data[52] asegura la libre navegación por tales espacios en términos similares al régimen de paso en tránsito[53]. Es el caso, por ejemplo, de los estrechos del Bósforo y los Dardanelos, regulados por la Convención de Montreux de 1936; del estrecho de Magallanes, regido por el Tratado de límites entre Argentina y Chile de 1881; y de los estrechos daneses, regulados por la Convención de Copenhague de 1857.

2.1.3. *Zona contigua*

Aunque se admite que las *Hovering Acts* británicas de 1736 constituyen el primer antecedente de la zona contigua, es recién en el siglo XX que la práctica estatal comenzó a reconocer ciertas competencias jurisdiccionales a los Estados ribereños más allá de sus espacios de soberanía territorial, con el propósito principal de aplicar normas aduaneras a fin de prevenir el contrabando. No fue hasta 1958 cuando las normas que rigen este espacio marino fueron codificadas por primera vez en la Convención de Ginebra sobre Mar territorial y Zona Contigua, cuyo artículo 24 dispone que la zona contigua es un espacio de la alta mar, contiguo al mar territorial del Estado ribereño, con una extensión no mayor «de doce millas contadas desde la línea de base desde donde se mide la anchura del mar territorial».

Más tarde, estas disposiciones fueron reproducidas, aunque con algunas adaptaciones, en la CONVEMAR. Así, la zona contigua es el área adyacente al mar territorial, ahora coexistente con la ZEE, y que «no podrá extenderse más allá de 24 millas marinas contadas desde las líneas de base a partir de las cuales se mide la anchura del mar territorial»[54].

En la zona contigua el Estado ribereño tiene la facultad de adoptar las medidas de fiscalización necesarias para prevenir las infracciones a sus leyes y reglamentos

---

[49]   *Ibid.*, arts. 38.1 y 45.1.
[50]   *Ibid.*, art. 45.1.
[51]   *Ibid.*, art. 45.2.
[52]   *Ibid.*, art. 35.c).
[53]   REMIRO BROTÓNS, Antonio *et al.*, *op. cit.*, p. 938.
[54]   CONVEMAR, art. 33.2.

aduaneros, fiscales, de inmigración o sanitarios que se cometan en su territorio o en su mar territorial, y para sancionar tales infracciones[55].

2.1.4. *Zona Económica Exclusiva*

El origen de la Zona Económica Exclusiva (en adelante «ZEE») se puede encontrar en la práctica de algunos Estados hispanoamericanos después de terminada la Segunda Guerra Mundial. Como se estudiará en el capítulo 2[56], la figura de las 200 millas marinas de jurisdicción nacional apareció en 1947 con las reivindicaciones de Chile y el Perú sobre el particular. Con relación al fundamento de dichas reivindicaciones, Tanaka resume apropiadamente que:

> The figure of 200 nautical miles relied on scientific facts. [T]he guano birds, whose deposit is an important fertilizer, feed on anchovy. Scientific research has shown that anchovy larvae had also been located in up to a 187-mile width. The Andean States thus inferred that a perfect unity and interdependence existed between the sea's living resources and the coastal populations. The claim for a 200 nautical mile zone was considered as a means to correct an inequity inflicted upon them by geography, namely the lack of a continental shelf[57].

El concepto de la ZEE representa un desarrollo revolucionario en el derecho del mar que trajo como consecuencia que un tercio de los océanos se incorporasen a la jurisdicción de los Estados ribereños[58]. Sin embargo, también implicó la reducción espacial de la alta mar, bien entendido que el establecimiento de la ZEE contribuiría a mejorar la administración de los recursos marinos al otorgar derechos exclusivos a los Estados ribereños en dicho espacio marino, en razón a que estos se encuentran geográficamente mejor ubicados para regularlos y en razón a la mayor valoración que estos les asignan[59].

Aunque la ZEE adquirió una definición jurídica precisa en la Parte V de la CONVEMAR, este concepto fue reconocido ampliamente como parte del derecho internacional consuetudinario incluso desde antes de la entrada en vigor de ese instrumento en 1994. Así, por ejemplo, en el asunto relativo a la «Plataforma continental (Libia c. Malta)», la CIJ concluyó en su sentencia de 1985 que «the institution of the exclusive economic zone, with its rule on entitlement by reason of distance, is shown by the practice of States to have become a part of customary law»[60].

---

[55]   *Ibid.*, art. 33.1.
[56]   *Vid.*: en particular, *infra*, cap. 2.3.
[57]   TANAKA, Yoshifumi, *op. cit.*, p. 124.
[58]   ROTHWELL, Donald R.; y STEPHENS, Tim, *op. cit.*, p. 82.
[59]   *Id.*
[60]   *Case concerning the continental shelf (Libyan Arab Jamahiriya v. Malta)*, Sentencia del 3 de junio de 1985, I. C. J. Reports 1985, párr. 34.

La ZEE tiene una extensión máxima de 200 millas marinas contadas desde las líneas de base a partir de las cuales se mide la anchura del mar territorial[61]. De acuerdo con la CONVEMAR, la ZEE es un espacio situado más allá del mar territorial y adyacente a este[62], en donde el Estado ribereño ejerce derechos de soberanía para «los fines de exploración y explotación, conservación y administración de los recursos naturales, tanto vivos como no vivos, de las aguas suprayacentes al lecho y del lecho y el subsuelo del mar, y con respecto a otras actividades con miras a la exploración y explotación económicas de la [ZEE]»[63], y ejerce jurisdicción con respecto al establecimiento y la utilización de islas artificiales, instalaciones y estructuras, la investigación científica marina y la protección y preservación del medio marino[64].

Los derechos de soberanía del Estado ribereño en la ZEE se limitan esencialmente a asuntos de naturaleza económica (limitación *ratione materiae*). Por lo tanto, aquel concepto se diferencia de la soberanía territorial, caracterizada esta por ser plena, exclusiva e inviolable (siempre dentro del marco del derecho internacional). Con excepción de la plenitud, el concepto de «derechos de soberanía» comparte las características propias de la soberanía territorial. En ese entendido, los derechos de soberanía se ejercen con relación a ciertas materias y, además, dentro de un espacio determinado. Por ello, también se le ha denominado «soberanía modal»[65] o «soberanía funcional»[66].

De otro lado, el ejercicio de la jurisdicción del Estado ribereño en la ZEE sobre toda persona o buque, independientemente de su nacionalidad, se encuentra comprendido en lo que respecta a los derechos de soberanía en este espacio marino, tal como se detalla en el artículo 73.1 de la CONVEMAR:

> El Estado ribereño, en el ejercicio de sus derechos de soberanía para la exploración, explotación, conservación y administración de los recursos vivos de la zona económica exclusiva, podrá tomar las medidas que sean necesarias para garantizar el cumplimiento de las leyes y reglamentos dictados de conformidad con esta Convención, incluidas la visita, la inspección, el apresamiento y la iniciación de procedimientos judiciales[67].

---

[61] CONVEMAR, art. 57.

[62] CONVEMAR, art. 55.

[63] *Ibid*., art. 56.1.a).

[64] *Ibid*., art. 56.1.b).

[65] ULLOA, Alberto, «Derecho del Mar», *Revista Peruana de Derecho Internacional*, tomo XVIII, 1958, n.º 54, p. 227; Cfr.: ULLOA, Alberto, «El Régimen Jurídico del Mar», *Revista Peruana de Derecho Internacional*, tomo XVII, 1957, n.º 51, pp. 72-81.

[66] TUERK, Helmut, *Reflections on the Contemporary Law of the Sea*, Leiden-Boston, Martinus Nijhoff, 2012, p. 19.

[67] El artículo 73.4 de la CONVEMAR deja al margen de toda duda que la jurisdicción del Estado ribereño en la ZEE también se puede ejercer sobre buques extranjeros. En efecto, como señala dicha disposición, «en los casos de apresamiento o retención de buques extranjeros, el Estado ribereño notificará

En cuanto a las libertades que disfrutan terceros Estados en la ZEE de un Estado ribereño, la CONVEMAR establece que:

> [T]odos los Estados, sean ribereños o sin litoral, gozan, con sujeción a las disposiciones pertinentes de esta Convención, de las libertades de navegación y sobrevuelo y de tendido de cables y tuberías submarinos a que se refiere el artículo 87, y de otros usos del mar internacionalmente legítimos relacionados con dichas libertades, tales como los vinculados a la operación de buques, aeronaves y cables y tuberías submarinos, y que sean compatibles con las demás disposiciones de esta Convención[68].

Por consiguiente, de las seis libertades de la alta mar enunciadas en el artículo 87 de la CONVEMAR[69], tres de ellas —la libertad de navegación, la libertad de sobrevuelo y la libertad de tendido de cables y tuberías submarinos— pueden ser ejercidas por terceros Estados en la ZEE de un Estado ribereño. De igual manera, los artículos 88 a 115 —relativos al régimen jurídico de la alta mar (Parte VII)—, así como otras normas pertinentes de derecho internacional, se aplicarán a la ZEE siempre que no sean incompatibles con la Parte V[70]. Como contrapartida, los terceros Estados han de tener debidamente en cuenta los derechos y deberes del Estado ribereño en su ZEE y han de cumplir las leyes y reglamentos dictados por ese Estado de conformidad con las disposiciones de la CONVEMAR y otras normas de derecho internacional en la medida en que no sean incompatibles con la Parte V[71].

En otro orden de cosas, hemos de recordar que, a lo largo de la historia del derecho del mar, ha existido una marcada divergencia entre *mare liberum* y *mare clausum* con respecto al régimen aplicable a los mares y océanos. La noción de una ZEE de 200 millas marinas viene a constituir un espacio intermedio que habría resultado inconcebible durante el período de la «gran batalla libresca»[72] pues integra satisfactoriamente derechos de soberanía (propiedad) y jurisdicción (competencia), en lo que el artículo 55 de la CONVEMAR describe como «un régimen jurídico específico». Se trata, en suma, de una zona «multifuncional» en la cual los Estados ribereños disfrutan de derechos de soberanía en relación con los recursos económicos,

---

con prontitud al Estado del pabellón, por los conductos apropiados, las medidas tomadas y cualesquiera sanciones impuestas subsiguientemente».

[68]   CONVEMAR, art. 58.1.

[69]   Estas libertades son las siguientes: libertad de navegación, libertad de sobrevuelo, libertad de tender cables y tuberías submarinos, libertad de construir islas artificiales y otras instalaciones, libertad de pesca y libertad de investigación científica marina. Para mayor detalle, *vid.*: *infra*, caps. 1.2.2.1., 2.4.2. y 3.1.1.

[70]   CONVEMAR, art. 58.2.

[71]   *Ibid.*, art. 58.3.

[72]   *Vid.*: *infra*, cap. 2.2.

y de jurisdicción no solo con respecto a esos derechos, sino también para otras determinadas competencias, incluyendo la protección y preservación del medio marino[73].

El régimen jurídico de la ZEE se ha mantenido perdurable a lo largo del tiempo y ajeno a importantes controversias, aunque recientemente —tal como se estudiará en el cuarto capítulo—, el fenómeno de la jurisdicción rampante (o jurisdicción progresiva) está representando un desafío al ejercicio de las libertades de la alta mar, debido a la extensión de competencias que ciertos Estados ribereños se atribuyen más allá de sus respectivas zonas de jurisdicción nacional.

2.1.5. *Plataforma continental*

Geológicamente, la plataforma continental es una prolongación submarina adyacente al continente (o alrededor de una isla), comprendida entre la línea de costa y el inicio del talud continental, con una profundidad media de 250 metros[74]. El derecho del mar contemporáneo no solo confiere al Estado ribereño derechos de soberanía en la plataforma continental, de acuerdo con su definición geológica, sino también en todo el margen continental, el cual se extiende hasta el inicio de los fondos oceánicos. Por lo tanto, la doctrina de la plataforma continental se identifica más precisamente con la doctrina del margen continental. Sin embargo, debido a su uso prolongado en el tiempo, el término «plataforma continental» ha llegado a ser aceptado en el ámbito del derecho internacional[75].

A mediados del siglo xx se hizo evidente que las plataformas continentales de varios Estados ribereños tenían un significativo potencial como fuente de recursos, principalmente de petróleo y gas. El desarrollo de la tecnología marina de aquel entonces ya permitía la explotación rentable de esos recursos y, ante la ausencia de un régimen jurídico para regular su acceso, diversos Estados ribereños procuraron proteger sus intereses mediante declaraciones unilaterales que reivindicaban una plataforma continental. La más influyente fue la proclamación del presidente Truman de 1945, la cual originó una reacción en cadena, especialmente en los Estados del continente americano[76]. Un denominador común de estas declaraciones fue la extensión de competencias jurisdiccionales sobre la plataforma continental ubicada más allá del mar territorial, sin perjuicio de las libertades de la alta mar reconocidas en la columna de agua suprayacente.

---

[73]   KWIATKOWSKA, Barbara, *The 200 mile Exclusive Economic Zone in the New Law of the Sea*, Dordrecht, Martinus Nijhoff, 1989, p. 4.

[74]   CARENAS FERNÁNDEZ, María Beatriz *et al.* (coords.), *Geología*, Madrid, Paraninfo, 2014, p. 135. Por su parte, el talud continental representa el enlace entre el continente y los fondos oceánicos.

[75]   ROTHWELL, Donald R.; y STEPHENS, Tim, *op. cit.*, p. 98.

[76]   *Vid.: infra*, cap. 2.3.

Aunque la práctica estatal no fue consistente hasta comienzos de la década de 1950, sí existió acuerdo en la necesidad de crear un conjunto de reglas relativas a la explotación de los recursos naturales de la plataforma continental. Así, la Convención de Ginebra de 1958 sobre la Plataforma Continental estableció por primera vez un régimen jurídico aplicable a este espacio marino[77].

Poco después, el estatus del régimen de la plataforma continental fue reconocido como parte del derecho consuetudinario en la jurisprudencia internacional. Al respecto, en los asuntos de la «Plataforma continental del Mar del Norte (República Federal de Alemania c. Dinamarca; República Federal de Alemania c. Países Bajos)», la CIJ, en su sentencia de 1969, determinó que los artículos 1 al 3 de aquel tratado (relativos a la naturaleza jurídica de la plataforma continental) eran claramente considerados «as reflecting, or as crystallizing, received or at least emergent rules of customary international law relative to the continental shelf»[78]. Hoy en día es indudable que los derechos del Estado ribereño sobre la plataforma continental están bien establecidos en el derecho internacional consuetudinario[79].

Los elementos básicos del régimen de la plataforma continental adoptados en la Convención de Ginebra de 1958 también fueron recogidos por la CONVEMAR, específicamente en la Parte VI. Sin embargo, el criterio para establecer el límite exterior resultó ser un cambio relevante en el nuevo régimen jurídico de este espacio marino. Así, el artículo 1 de la Convención sobre la Plataforma Continental determina que esta comprende:

> El lecho del mar y el subsuelo de las zonas submarinas adyacentes a las costas pero situadas fuera de la zona del mar territorial, hasta una profundidad de 200 metros o, más allá de este límite, hasta donde la profundidad de las aguas suprayacentes permita la explotación de los recursos naturales de dichas zonas.

En vista de los progresivos avances tecnológicos con relación al aprovechamiento de los recursos marinos, el criterio de explotabilidad se convirtió en poco preciso para determinar los límites de la plataforma continental. De ahí que la CONVEMAR haya subsanado esta ambigüedad al prescribir que la plataforma continental de un Estado ribereño comprende:

> [E]l lecho y el subsuelo de las áreas submarinas que se extienden más allá de su mar territorial y a todo lo largo de la prolongación natural de su territorio hasta el borde exterior del margen continental, o bien hasta una distancia de 200 millas marinas contadas

---

[77] Vid.: infra, cap. 2.4.2.

[78] North Sea Continental Shelf Cases (Federal Republic of Germany v. Denmark; Federal Republic of Germany v. Netherlands), Sentencia del 20 de febrero de 1969, I. C. J. Reports 1969, párr. 63.

[79] TANAKA, Yoshifumi, op. cit., p. 162.

desde las líneas de base a partir de las cuales se mide la anchura del mar territorial, en los casos en que el borde exterior del margen continental no llegue a esa distancia[80].

En la plataforma continental el Estado ribereño ejerce derechos de soberanía a los efectos de la exploración y de la explotación de sus recursos naturales[81]. Dichos recursos naturales comprenden tanto los recursos no vivos como los organismos vivos pertenecientes a especies sedentarias[82].

Con relación a las libertades que terceros Estados disfrutan en la plataforma continental, la CONVEMAR establece que todos los Estados tienen derecho a tender cables y tuberías submarinos en este espacio marino[83], aunque con el consentimiento del Estado ribereño en lo que respecta al trazado de la línea para el tendido de tales cables y tuberías[84]. Además, el Estado ribereño tiene derecho a establecer condiciones para la entrada de cables o tuberías en su territorio o mar territorial[85]. En cualquier caso, los derechos del Estado ribereño sobre la plataforma continental no alteran la condición jurídica de las aguas suprayacentes[86] ni tampoco deben menoscabar la navegación ni otros derechos o libertades de terceros Estados[87].

Por último, a diferencia de la Convención sobre la Plataforma Continental, y en vista del criterio de prolongación natural introducido en el artículo 76.1 anteriormente citado, la CONVEMAR contiene normas aplicables a la determinación del borde exterior del margen continental cuando este sobrepasa el límite de las 200 millas marinas[88]. En dicho supuesto, la Comisión de Límites de la Plataforma Continental, institución creada por la CONVEMAR, juega un rol destacado al formular recomendaciones a los Estados ribereños sobre las cuestiones relacionadas con la determinación de los límites exteriores de su plataforma continental, límites que no podrán sobrepasar las 350 millas marinas contadas desde las líneas de base[89].

---

[80]   CONVEMAR, art. 76.1.
[81]   *Ibid.*, art. 77.1. Los alcances del término «derechos de soberanía» en la ZEE son, *mutatis mutandis*, aplicables al caso de la plataforma continental.
[82]   *Ibid.*, art. 77.4.
[83]   *Ibid.*, art. 79.1.
[84]   *Ibid.*, art. 79.3.
[85]   *Ibid.*, art. 79.4.
[86]   *Ibid.*, art. 78.1.
[87]   *Ibid.*, art. 78.2.
[88]   *Vid.: ibid.*, arts. 76.4-76.9.
[89]   *Ibid.*, arts. 76.5 y 76.8.

2.2. Zonas fuera de la jurisdicción nacional

2.2.1. *Alta mar*[90]

La alta mar, como se verá en los siguientes capítulos, presenta una posición sobresaliente en la historia del derecho internacional en general y del derecho del mar en particular. Desde la aparición de las primeras reglas sobre el uso de los océanos —entre los siglos XVI y XVII—, la alta mar ejerció una influencia dominante en la práctica estatal y en el desarrollo del derecho internacional consuetudinario, predominio que retuvo hasta mediados del siglo XX. A partir de entonces, la consolidación del mar territorial, por un lado, y el reconocimiento de nuevos espacios marinos (como la plataforma continental y la ZEE), por otro lado, provocaron la erosión de la preeminencia de la alta mar en esta rama del derecho internacional, lo que también se ha traducido en una reducción de su extensión geográfica.

Durante este período, que abarca hasta nuestros días, la alta mar se encuentra sujeta a mayores regulaciones, no solo como resultado del desarrollo de un régimen convencional incorporado principalmente en la CONVEMAR, sino también como resultado de la ya mencionada disminución de sus límites y el incremento de la preocupación global por la ordenación de los océanos[91]. En consecuencia, se puede afirmar que actualmente la alta mar constituye un espacio común reglamentado en lugar de un espacio en donde las libertades tradicionales se pueden ejercer plenamente.

De acuerdo con la CONVEMAR, la alta mar comprende «todas las partes del mar no incluidas en la zona económica exclusiva, en el mar territorial o en las aguas interiores de un Estado, ni en las aguas archipelágicas de un Estado archipelágico»[92]. El artículo 87 enumera seis libertades de la alta mar, dos más que las identificadas en la Convención de Ginebra de 1958 sobre la Alta Mar[93], a saber, la libertad de investigación científica y la libertad de construir islas artificiales y otras instalaciones. Estas y otras libertades no son absolutas: serán ejercidas de acuerdo con la CONVEMAR y otras normas de derecho internacional[94], teniendo debidamente en cuenta los intereses de otros Estados y los derechos previstos por este instrumento con respecto a las actividades en la Zona[95].

---

[90]   Debido a la relevancia en el desarrollo de esta obra, la evolución histórica y el ámbito del régimen jurídico de la alta mar se abordarán con mayor detalle en los capítulos 2 y 3, respectivamente.

[91]   ROTHWELL, Donald R.; y STEPHENS, Tim, *op. cit.*, p. 145.

[92]   CONVEMAR, art. 86.

[93]   *Vid.*: *infra*, caps. 2.4.2 y 3.1.1.

[94]   CONVEMAR, art. 87.1.

[95]   *Ibid.*, art. 87.2.

2.2.2. *La Zona*

Antes de la creación del régimen jurídico de la zona de los fondos marinos y oceánicos y su subsuelo fuera de los límites de la jurisdicción nacional (en adelante «la Zona»), incorporado por primera vez en la CONVEMAR, específicamente en la Parte XI, este espacio marino estaba sujeto a la libertad de los mares y, por lo tanto, disponible para su libre exploración y explotación por todos los Estados. Este *statu quo* no había sido cuestionado por largo tiempo en vista de que existían nulas o pocas posibilidades de explotar los recursos de los fondos marinos. Sin embargo, los avances tecnológicos en el sector minero, el alza de los precios de los minerales y la aparición de nuevos Estados en desarrollo en la década de 1960 —comprometidos en asegurar un orden económico internacional más justo—, produjeron un cambio fundamental en la opinión internacional que derivó en la consagración de la Zona y sus recursos como patrimonio común de la humanidad[96].

El espacio marino en cuestión comprende específicamente los fondos marinos y oceánicos y su subsuelo fuera de los límites de la jurisdicción nacional[97]. Por lo tanto, la Zona comienza a partir del límite exterior de la plataforma continental en sentido jurídico, la cual puede tener una extensión máxima de 200 millas marinas contadas desde las líneas de base del Estado ribereño o bien hasta donde se extienda el borde exterior del margen continental, en cuyo caso no podrá exceder de 350 millas marinas contadas desde las líneas de base o de 100 millas marinas contadas desde la isóbata de 2500 metros[98].

En la Zona se aplica el régimen de patrimonio común de la humanidad, el cual implica la no reivindicación de soberanía sobre los fondos marinos y sus recursos por parte de cualquier Estado[99]. Según la CONVEMAR, por «recursos» se entiende todos los recursos minerales (sólidos, líquidos o gaseosos) ubicados en la Zona, los cuales pasarán a denominarse «minerales» una vez extraídos de este espacio marino[100].

La CONVEMAR instituyó la Autoridad Internacional de los Fondos Marinos (en adelante «Autoridad»), organización internacional por cuyo conducto los Estados partes organizarán y controlarán las actividades en la Zona, particularmente con miras a la administración de los recursos en beneficio de toda la humanidad[101]. La Autoridad tiene su sede en Jamaica[102] y sus órganos principales son la Asamblea, el Consejo y la Secretaría[103].

---

[96]   Al respecto, *vid.*: *infra*, cap. 2.5.
[97]   CONVEMAR, art. 1.1.
[98]   *Ibid.*, art. 76.5.
[99]   *Vid.*: *ibid.*, arts. 136-137.
[100]   *Ibid.*, art. 133.
[101]   *Ibid.*, art. 157.1.
[102]   *Ibid.*, art. 156.4.
[103]   *Ibid.*, art. 158.1.

Muchos de los cuestionamientos formulados a la CONVEMAR por parte de los Estados industrializados se centraron en la condición jurídica y los amplios poderes atribuidos a la Autoridad en la Parte XI de ese instrumento, en particular, con relación al sistema de exploración y explotación de la Zona y las políticas de producción, entre otros mecanismos que otorgaban mayor efectividad al principio de patrimonio común de la humanidad.

Justamente, la oposición de los Estados industrializados respecto de la Parte XI ponía en peligro la aceptación universal de la CONVEMAR. Ante ello, en 1990, el Secretario General de las Naciones Unidas, Javier Pérez de Cuéllar, inició consultas oficiosas con miras a conocer las principales objeciones de aquellos Estados. Estas consultas oficiosas, que se extendieron hasta 1994, permitieron que la Asamblea General adoptase, el 28 de julio de 1994, el «Acuerdo relativo a la aplicación de la parte XI de la Convención de las Naciones Unidas sobre el Derecho del Mar de 10 de diciembre de 1982» (en adelante «Acuerdo de 1994»)[104]. Con respecto a la relación entre la CONVEMAR y el Acuerdo de 1994, este dispone que ambos deben ser interpretados y aplicados en forma conjunta como un solo instrumento y que, en caso de discrepancia, prevalecerán las disposiciones de este último[105].

El Acuerdo de 1994 debe ser entendido como un compromiso asumido por todos los Estados para asegurar la participación universal en la CONVEMAR, aunque ello haya significado modificaciones al régimen jurídico establecido originalmente en la Parte XI. Una de estas modificaciones es el enfoque orientado hacia el libre mercado que, entre otros temas, deja sin efecto los límites a la producción de minerales[106] y la obligación de transferir tecnología a los Estados en desarrollo[107], y disminuye las medidas de compensación a los Estados en desarrollo exportadores de minerales afectados por la explotación de esos mismos recursos en la Zona[108]. Además, el Acuerdo de 1994 atribuye al Consejo de la Autoridad el papel de órgano supremo en el proceso de toma de decisiones en detrimento de la Asamblea[109].

---

[104]   NACIONES UNIDAS, Asamblea General, *Acuerdo relativo a la aplicación de la Parte XI de la Convención de las Naciones Unidas sobre el Derecho del Mar de 10 de diciembre de 1982*, A/RES/48/263, de 17 de agosto de 1994. El acuerdo se adoptó por 121 votos a favor, ninguno en contra y 7 abstenciones. Entró en vigor el 28 de julio de 1996 y, al 1 de julio de 2023, contaba con 152 Estados partes. Como resaltan Rothwell y Stephens con relación a la negociación de este instrumento, «the United States had occupied a pivotal position throughout these negotiations because it was clear that without its participation other industrialised states would not join the new regime». ROTHWELL, Donald R.; y STEPHENS, Tim, *op. cit.*, pp. 133-135.

[105]   Acuerdo de 1994, art. 2.1.

[106]   *Ibid.*, anexo, sec. 6.7.

[107]   *Ibid.*, anexo, sec. 5.2.

[108]   *Ibid.*, anexo, sec. 7.1.

[109]   *Ibid.*, anexo, sec. 3.

Pese a la reformulación del régimen jurídico de la Zona en favor de los Estados industrializados, es preciso indicar que los elementos esenciales que rigen este espacio marino se mantienen inalterados. Tales elementos, contenidos en la Parte XI, son el principio de patrimonio común de la humanidad[110], el principio de no apropiación y exclusión de soberanía[111], el principio de utilización de la Zona con fines pacíficos[112] y el principio de beneficio de toda la humanidad[113]. Al respecto, la CONVEMAR deja en claro la permanencia del núcleo normativo que rige la Zona al determinar que «los Estados Partes convienen en que no podrán hacerse enmiendas al principio básico relativo al patrimonio común de la humanidad establecido en el artículo 136 y en que no serán partes en ningún acuerdo contrario a ese principio»[114], en tanto que el preámbulo del Acuerdo de 1994 reafirma que «los fondos marinos y oceánicos y su subsuelo, fuera de los límites de la jurisdicción nacional [...], así como sus recursos, son patrimonio común de la humanidad»[115].

El régimen jurídico de la Zona se encuentra actualmente establecido sobre un conjunto de normas de naturaleza convencional. Al respecto, vale la pena anotar que, por ahora, dichas normas no forman parte del derecho internacional consuetudinario. Como menciona acertadamente un autor al referirse al principio de patrimonio común de la humanidad:

> If one looks at its basis in the 1982 Law of the Sea Convention, the opposition of important affected states to the deep seabed mining regime in Part XI of the Convention and their reluctance to sign or ratify the Convention stands in the way of assuming that the principle reflects general customary international law. Many of the provisions in Part XI were clearly an attempt to codify new law in a hitherto unknown area. They are not customary law and, at best, may be of some legal relevance to the states supporting the principle[116].

Asimismo, es preciso resaltar que la participación en la Autoridad está restringida a los Estados partes de la CONVEMAR[117], por lo que, aun si las disposiciones relativas a la Parte XI y al Acuerdo de 1994 fuesen reflejo de la costumbre internacional en algún momento, los Estados no partes de la CONVEMAR no podrían participar con derecho a voto en los órganos de la Autoridad, ni mucho menos podrían nominar candidatos para ocupar cargos en esta organización internacional.

---

[110]   CONVEMAR, art. 136.
[111]   *Ibid.*, art. 137.1.
[112]   *Ibid.*, art. 141.
[113]   *Ibid.*, art. 140.
[114]   *Ibid.*, art. 311.6.
[115]   Acuerdo de 1994, anexo, preámbulo, párr. 2.
[116]   MALANCZUK, Peter, *Akehurst's Modern Introduction to International Law*, 7.ª ed., Londres-Nueva York, Routledge, 1997, p. 208.
[117]   CONVEMAR, art. 156.2.

2

EVOLUCIÓN DEL DERECHO DEL MAR Y DE LOS ESPACIOS MARINOS, CON ESPECIAL REFERENCIA A LA ALTA MAR

Después de haber abordado los conceptos fundamentales que se utilizarán en la presente investigación, en este capítulo corresponde examinar la evolución histórico-jurídica del derecho del mar, con el objetivo de determinar los alcances del principio de la libertad de los mares, desde su origen hasta la actualidad. Por ello, haremos referencia en primer lugar al surgimiento de la noción de alta mar para analizar la importancia de este espacio marino a lo largo de la historia y, de esta manera, encontrar las bases de su regulación consuetudinaria como *res communis omnium*, concepto procedente de la doctrina romana.

En este capítulo también consideramos relevante remitirnos al nacimiento del principio de la libertad de los mares y al posterior debate doctrinal del siglo XVII en torno al régimen jurídico aplicable a los mares: *mare liberum* contra *mare clausum*. La práctica estatal, como se verá más adelante, se decantará por la primera tesis y esta logrará consolidarse a lo largo del siglo XVIII.

El estudio de la evolución del derecho del mar, y de los espacios marinos progresivamente reconocidos, nos permitirá descubrir las sucesivas limitaciones a las que la alta mar se ha visto sometida en atención a una serie de circunstancias (fundamentalmente defensivas y económicas). En particular, este marco histórico-jurídico nos permitirá aterrizar sin sobresaltos en el régimen jurídico de la alta mar en el derecho del mar contemporáneo, el cual se estudiará detalladamente en el tercer capítulo de este trabajo.

1. DESARROLLO HISTÓRICO DE LA NOCIÓN DE ALTA MAR

El concepto de alta mar ha experimentado modificaciones a lo largo de la historia. En los primeros tiempos de la humanidad no existía pretensión alguna de dominio del mar[1], pues este servía, principalmente, como fuente de alimentos y como vía de comunicación[2]. De ahí que se haya afirmado que, para las civilizaciones precristianas, la idea de alta mar no existía y que «la navegación, la pesca y la misma guerra marítima han sido anteriores a la reglamentación jurídica de los mares»[3].

En la antigua Roma se establecieron algunas nociones de posesión sobre el espacio marino adyacente a sus costas. Los romanos fueron los primeros en ejercer poder absoluto sobre el mar, al considerarlo como propio e inherente al dominio de Roma[4]. Esa concepción, que solamente se extendía al Mar Mediterráneo —llamado *Mare Nostrum* debido a que todas sus orillas fueron ocupadas por esa civilización—, es sintetizada por Trigo Chacón de la siguiente manera:

> El hecho de ser una civilización, una cultura, un imperio, que llega a dominar todos
> los territorios ribereños de uno de los espacios marítimos de mayor importancia históri
> ca y política, es lo que hace a este pueblo sentir la concepción privatista, y el deseo de

---

[1]   En el presente trabajo, y salvo que se mencione lo contrario, el término dominio marítimo se empleará en sentido lato para aludir a la suma de competencias e intereses del Estado sobre el espacio oceánico. Cfr.: BÁKULA, Juan Miguel, *op. cit.*, pp. 149 y sig.; FERRERO REBAGLIATI, Raúl, *Derecho Internacional*, tomo I, Lima, s/e, 1966, pp. 71 y sig.; ROUSSEAU, Charles, *Derecho Internacional Público*, 3.ª ed., Giménez Artigues, Fernando (trad.), Barcelona, Ariel, 1966, pp. 418 y sig.; ULLOA, Alberto, *Derecho Internacional Público*, 4.ª ed., tomo I, Madrid, Ediciones Iberoamericanas, 1957, pp. 105 y sig.

[2]   TRIGO CHACÓN, Manuel, *Derecho Internacional Marítimo: La III Conferencia de las Naciones Unidas sobre el Derecho del Mar*, Madrid, Universidad Nacional de Educación a Distancia, 1996, p. 145.

[3]   MESEGUER SÁNCHEZ, José Luis, *Los Espacios Marítimos en el Nuevo Derecho del Mar*, Madrid, Marcial Pons, 1999, pp. 17-18. En general, en los primeros tiempos de la humanidad tampoco se forjó una idea clara de alta mar. En palabras de un autor, «tanto fenicios como cartagineses se esforzaron en excluir de los mares recorridos por sus escuadras a todos los otros navegantes y las ciudades marítimas griegas pretendieron un exclusivismo sobre las aguas de los mares circunvecinos. La navegación, para estos pueblos, estaba supeditada a la ley del más fuerte. Si bien es cierto que aportaron valiosas instituciones al derecho marítimo, que después serían aprovechadas por los romanos y llegarían hasta nosotros, no encontramos todavía ningún rastro del régimen especial que después tuvo la alta mar; y lo que, en realidad, venía a determinar que los navíos surcaran los limitados mares que entonces se navegaban, era la tolerancia del pueblo que en un momento dado podía hacer efectiva una prohibición». SOBARZO, Alejandro, *Régimen Jurídico del Alta Mar*, México, D. F., Porrúa, 1970, pp. 1-2.

[4]   Emer de Vattel precisa, refiriéndose a las orillas del mar, que «si los jurisconsultos romanos las ponen en el rango de las cosas comunes á todo el mundo (*res communes*), es respecto á su uso solamente, y de ello no debe concluirse que las mirasen como independientes del imperio; lo contrario resulta de un gran número de leyes». *Vid.*: VATTEL, Emer de, *El Derecho de Gentes, ó Principios de la Ley Natural, aplicados á la conducta, y a los negocios de las naciones y de los soberanos*, tomo I, Pascual Hernández, Manuel María (trad.), Madrid, Imprenta de León Amarita, 1834 [1758], p. 272. Eduardo Ferrero refuerza esta perspectiva cuando afirma que «a pesar de que algunos autores romanos decían que el mar era común a todos y que no podía ser susceptible de posesión de la misma manera que la tierra, ello no fue de gran importancia, ya que en la práctica Roma controló firmemente el Mediterráneo». FERRERO COSTA, Eduardo, *El nuevo derecho del mar: El Perú y las 200 millas*, Lima, Pontificia Universidad Católica del Perú, 1979, p. 5.

dominio sobre ese espacio marítimo que le servía para comunicarse con todas las provincias que formaban el amplio Imperio Romano[5].

En el ordenamiento jurídico romano, el mar, antes de ser *res communis omnium* (es decir, común a todos por naturaleza), era considerado *res nullius* (o sea, cosa de nadie, sin propietario) y, por lo tanto, susceptible de apropiación mediante la ocupación[6], como ciertamente se cristalizó en el caso del Mar Mediterráneo (*Mare Nostrum*). Esta concepción romana del *dominium maris* extendió su influencia en la Edad Media, período en el cual diversos Estados encaminaron sus pretensiones al gobierno de los mares[7]. En efecto, los Estados de la época ejercieron derechos a gran distancia de sus costas, «ya fuese para vigilar a los piratas, ya para reservarse el monopolio de la pesca, ya para controlar la navegación e imponer contribuciones a los buques extranjeros o exigir de ellos un saludo como demostración de acatamiento»[8]. En cualquier caso, durante el Medioevo no existió la noción de alta mar ni de libertad de los mares —conceptos que, como veremos más adelante, estarán indisolublemente ligados a partir de los debates doctrinarios que tuvieron lugar en la Edad Moderna—, sino más bien todo lo contrario: en aquel entonces, jurídicamente, el mar era un espacio único e indivisible.

Se tiene registro de que a partir del siglo X algunos monarcas ingleses procuraron establecer una hegemonía sobre los mares próximos a sus costas, especialmente en el mar del Norte, denominado «Mar de Inglaterra»[9]. Por otro lado, entre los siglos XIII

---

[5]   Trigo Chacón, Manuel., *op. cit.*, p. 146. Siguiendo ese razonamiento, el mismo autor señala que el Imperio romano no ejerció dominio sobre otros cuerpos de agua que conocía ya que «cuando se extendió por los mares del Norte de Europa, y conquistó parte de la Bretaña, quizá por comprender que no tenía el dominio sobre todos los territorios ribereños de aquellos mares, fue por lo que no dio ese concepto de propiedad a los espacios marítimos que estaban más alejados y que no dominaba de forma total, cosa que sí hicieron más tarde, los primero monarcas ingleses, con respecto al Mar del Norte».

[6]   Rodríguez Carrión, Alejandro J., *Lecciones de Derecho Internacional Público*, 5.ª ed., Madrid, Tecnos, 2002, p. 438.

[7]   Rousseau, Charles, *op. cit.*, p. 419.

[8]   Podestá Costa, Luis A., *Derecho Internacional Público*, tomo I, Buenos Aires, Tip. Argentina, 1955, p. 215.

[9]   Refiere el publicista británico Thomas Fulton que «in the earlier records in which the sea is referred to in connection with English law or jurisdiction, it is evident that a certain part was held to appertain to the crown. In an article in the *Black Book of the Admiralty* which is ascribed to the reign of Henry I (A.D. 1100-1135), reference is made to "the sea belonging to the king of England"; in John's ordinance of 1201 the term was simply "the sea" (*la mer*), but very commonly it was "our sea", or the "sea of England", or "the sea under the dominion or jurisdiction of the king"; while the declaration is often made that the kings of England are lords of the sea or of the English sea [...]. There appears to be only one instance before the Norman Conquest in regard to which *prima facie* evidence was produced that an English king expressly claimed the sovereignty of the sea, and as it is constantly quoted by later writers it may be worth while [sic] examining it. The chronicles agree that the naval power of England was specially manifested by King Edgar (A.D. 959-975), who is said to have possessed a fleet of several

y xiv varias repúblicas italianas reclamaron derechos exclusivos sobre determinados espacios marinos, como la República de Venecia, la cual controló tanto el mar
Adriático como el mar Tirreno; y las Repúblicas de Génova y Pisa que hicieron lo propio en el mar de Liguria. En ese mismo período los reinos de Suecia y Dinamarca —y
posteriormente Polonia— compitieron por el dominio del mar Báltico[10].

En el siglo xvi, a raíz de los grandes descubrimientos geográficos y el posterior
desarrollo del comercio marítimo, empezó a surgir la conciencia de un nuevo régimen
jurídico del mar[11]. Las dos bulas *Inter Caetera* del 3 y 4 de mayo de 1493, además
de la bula *Dudum Siquidem* del 25 de setiembre del mismo año, otorgadas por el papa
Alejandro VI[12], junto con el Tratado de Tordesillas del 7 de junio de 1494, dividieron
entre España y Portugal tanto los espacios terrestres como los espacios marinos en el

---

thousand vessels, with which he cruised every year along the English coasts. [...] According to William
of Malmesbury, who wrote in the twelfth century, Edgar usually styled himself the sovereign lord of all
Albion and of the maritime or insular kings dwelling round about, the assumption being that he also exer-
cised sovereignty over the intervening and surrounding seas. In a charter by which Edgar, in 964, granted
large revenues to the Cathedral Church at Worcester, the claim to the ocean around Britain is more defi-
nite, and it is this version that is usually quoted by the writers maintaining the antiquity of the English
rights». Fulton, Thomas Wemyss, *The Sovereignty of the Sea*, Edimburgo-Londres, William Blackwood
& Sons, 1911, pp. 16 y 27.

[10]   Sobarzo, Alejando, *op. cit.*, pp. 3-4; Trigo Chacón, Manuel, *op. cit.*, p. 486. Con respecto a las
razones que motivaron a los Estados ribereños a extender las competencias soberanas sobre el mar adyacente a sus costas, así como el alcance de esas competencias, Vázquez Gómez ha sostenido que «[e]n
lo referente a la Europa Meridional, destaca el establecimiento por parte de Venecia en 1249 —ejemplo
seguido posteriormente por Génova, Pisa, Mallorca y Marsella— de una cuota o impuesto a ser satis-
fecho por todo aquel buque extranjero que surcara las aguas comprendidas en las 100 millas marinas
adyacentes a sus costas, viniendo así a justificar los esfuerzos del ribereño por reprimir y eliminar la [...]
piratería. Por su parte, las potencias marítimas de la Europa Septentrional, sobre la idéntica base protec-
cionista consolidada en el Mediterráneo, extendieron su autoridad, en un primer momento, hasta el límite
exterior de la línea mediana del mar, concepto proveniente del derecho noruego, para seguidamente
sustituirlo por el límite del radio visual, extensión que oscilaría entre las 21 millas de Inglaterra y las 14
de Escocia». Vázquez Gómez, Eva María, *Las Organizaciones Internacionales de Ordenación Pesquera:
La Cooperación para la Conservación y Gestión de los Recursos Vivos del Alta Mar*, Sevilla, Junta de
Andalucía, Consejería de Agricultura y Pesca, 2002, pp. 29-30.

[11]   Arroyo Martínez, Ignacio, *Compendio de Derecho Marítimo*, 4.ª ed., Madrid, Tecnos, 2012,
p. 33.

[12]   Tanto la primera como la segunda bula *Inter Caetera* estaban dirigidas a los Reyes de Castilla.
Mediante la primera se concedían las tierras e islas desconocidas ubicadas hacia el oeste; y mediante la
segunda se establecía una línea de demarcación en el Atlántico, a cien leguas de las Azores y Cabo Verde
(en dirección norte-sur). La falta de claridad terminológica de aquellas motivó la expedición de la bula
Dudum Siquidem, por medio de la cual se concedía a favor de España las tierras que se descubrieran al
este, al sur y al oeste de la India, siempre que no estuvieran ocupadas por otro príncipe cristiano. El párrafo 4 de este documento pontificio prohibía estrictamente a otros, bajo pena de excomunión *latae senten-
tiae*, la navegación hacia esas regiones, la pesca o la búsqueda de islas y tierra firme. Para un extracto y
comentarios de los textos citados, *vid.*: Fahl, Gundolf, *El principio de la libertad de los mares: Práctica
de los Estados de 1493 a 1648*, Schilling Thon, Dora (trad.), Madrid, Instituto de Estudios Políticos,

Atlántico[13]. De ahí que se haya afirmado que en ese período «la noción dominante consideraba ya sujetos de apropiación tanto a las tierras como a los mares»[14] con el fin de asegurar los intereses de navegación, comercio y colonización de las potencias europeas.

Como refiere Rodríguez Carrión, aquellos instrumentos suscitaron una reivindicación de la teoría del *mare clausum* (o mar cerrado) en la que «en alguna medida el paso de un navío por una parte inexplorada significaba el cierre de aquella sección del mar para todo navío que no enarbolara idéntico pabellón»[15], lo que redundaba a favor de la hegemonía de España y Portugal. Por todo ello es que dicha teoría no tardó en ser impugnada por los Estados que se vieron en desventaja[16] e incluso fue objeto

---

1974, pp. 41-65; CASTAÑEDA DELGADO, Paulino, *La Teocracia Pontifical en las Controversias sobre el Nuevo Mundo*, México D. F., Universidad Nacional Autónoma de México, 1996, pp. 322-327.

[13]   El artículo 1 del Tratado de Tordesillas estableció una línea de demarcación a 370 leguas marinas al oeste de las islas de Cabo Verde («otorgaron e consintieron que se haga e señale por el dicho mar oçeano una rraya o línea derecha de polo a polo, conviene a saber, del polo Artico al polo Antartico, que es de norte a sul, la qual rraya o linea se aya de dar e de derecha, como dicho es, a tresientas e setenta leguas de las Yslas del Cabo Verde, hasia la parte del poniente, por grados o por otra manera, como mejor y mas presto se pueda dar [...] [sic]»). El artículo 2 determinó el compromiso de España y Portugal de no enviar navíos a la zona de dominio de la otra parte ni para descubrir tierras ni para practicar el comercio. El artículo 4 estableció un suerte de derecho de tránsito en favor de España mediante el cual «los dichos navios de los dichos señores Rey e Reyna de Castilla, de Leon, de Aragon, etc., desde sus rreynos e señorios a la dicha su parte allende de la dicha rraya, en la manera que dicho es, es forçado que ayan de pasar por las mares desta parte de la rraya que quedan para el dicho señor Rey de Portugal, porende es concordado y asentado que los dichos navios de los dichos señores Rey e Reyna de Castilla, de Leon, de Aragon, etc., puedan yr e venir e vayan e vengan libre, segura, e paçificamente, sin contradiçion alguna por las dichas mares que queden con el dicho señor Rey de Portugal dentro de la dicha rraya, en todo tiempo, y cada e quando sus Altezas y sus subçesores quisieren, e por bien tovieren [sic]». Para una traducción textual del Tratado de Tordesillas, *vid.*: DAVENPORT, Frances Gardiner (ed.), *European Treaties bearing on the History of the United States and its Dependencies to 1648*, Clark, The Lawbook Exchange, 2004 [1917], pp. 84-100.

[14]   RIZZO ROMANO, Alfredo, *Manual de Derecho Internacional Público*, Buenos Aires, Plus Ultra, 1969, p. 228.

[15]   RODRIGUEZ CARRIÓN, Alejandro J., *op. cit.*, p. 438.

[16]   Rousseau refiere que los Estados excluidos del reparto emanado de las bulas alejandrinas (Francia, Gran Bretaña y los Países Bajos) vieron con desagrado esa decisión pontificia y se negaron a reconocer sus efectos pese a la amenaza de excomunión formulada contra los soberanos que no las aceptaran. ROUSSEAU, Charles, *op. cit.*, p. 244. Por su parte, Alejandro Sobarzo abona a favor de esta argumentación cuando explica que «la soberanía que se atribuían los diversos países tenía diversas consecuencias. A veces se restringía a obligar al barco extranjero a rendir honores a la bandera del Estado que reclamaba dicha soberanía como reconocimiento de ella, pero en ocasiones se le obligaba al pago de peajes, se le prohibía la pesca y hasta se le impedía toda navegación. Esta fue la pretensión de España y Portugal respecto al Océano Pacífico y al Índico, respectivamente, que encontró viva oposición por parte de los gobiernos ingleses, franceses y holandeses. Cuando el embajador español, Bernardino de Mendoza, se quejó con la Reina Isabel por el famoso viaje de Drake al Pacífico, ella le contestó que el mar estaba abierto a todos los navegantes del mundo, que, como el aire, era común a todos y que ningún país podía tener sobre él jurisdicción exclusiva. Proviniendo de Inglaterra la afirmación desconcierta, ya que esta

de debate por los juristas, filósofos y teólogos de la época, quienes sentarían las bases del derecho del mar clásico[17], particularmente en lo que se refiere a la delimitación de las atribuciones del Estado sobre el espacio oceánico.

Debe tenerse en cuenta que hasta el siglo xv la competencia del Papa para la concesión de privilegios de tan amplio alcance, a través de las bulas, era indiscutible. Será apenas en el siglo xvi cuando se empiece a cuestionar la amplitud del poder pontificio[18].

2. EL NACIMIENTO DEL PRINCIPIO DE LA LIBERTAD DE LOS MARES

El fundamento del *mare clausum*, elaborado sobre la base de los esquemas conceptuales heredados del derecho romano, y que perduró durante la Edad Antigua y la Edad Media, comenzó a resquebrajarse en favor del principio de la libertad de los mares. En efecto, en los albores de la Edad Moderna empezaron a surgir los más importantes cuestionamientos en ese sentido. Así es como Francia y Gran Bretaña, por medio del ataque de corsarios a embarcaciones de España y Portugal, manifestaron su rechazo al dominio de los mares que esos imperios ejercían en virtud del Tratado de Tordesillas. A contracorriente de la práctica existente hasta entonces, se comenzó a defender la idea de un mar libre, *res communis*, que pertenecía a todos o a ninguno en particular, de imposible apropiación por parte de los Estados[19]. En la misma dirección se enfilaron los esfuerzos de los Países Bajos que, tomando como

---

potencia era acérrima defensora de su exclusiva jurisdicción sobre determinados mares y, aunque de hecho nunca llegó al grado de prohibir la navegación, aparentemente quería conciliar su teoría en forma que ésta no fuera incompatible con sus exploraciones hacia las nuevas tierras descubiertas por los navegantes españoles». SOBARZO, Alejandro, *op. cit.*, pp. 5-6.

[17] TRIGO CHACÓN, Manuel, *op. cit.*, p. 147. En la historia del derecho del mar pueden distinguirse tres etapas. La primera, conocida como derecho del mar clásico o antiguo derecho del mar, que abarca del siglo xvi hasta comienzos del siglo xx, caracterizada por el enfrentamiento de dos posiciones antagónicas: el mar como espacio de libertad y el mar susceptible de apropiación por los Estados. La segunda etapa, iniciada después de la Segunda Guerra Mundial, pone de relieve los crecientes intereses económicos de los Estados en el mar (por ejemplo, la explotación de la plataforma continental, el interés especial de los Estados ribereños en la explotación de los recursos vivos de la alta mar, y la creación de la zona contigua). La última etapa, conocida como nuevo derecho del mar o derecho del mar contemporáneo, a partir de la década de 1970, con la celebración de la Tercera Conferencia de las Naciones Unidas sobre el Derecho del Mar, continúa abierta. *Vid.*: SOBRINO HEREDIA, José Manuel, «Nuevas tendencias en el Derecho del Mar», en *Cátedra Jorge Juan. Ciclo de Conferencias: Curso 1996-1997*, DÍAZ BLANCO, Ignacio José (dir.), La Coruña, Universidad de La Coruña, 1999, pp. 93-98; MESEGUER SÁNCHEZ, José Luis, *op. cit.*, p. 17.

[18] Como ha sido subrayado por la historiografía contemporánea, la incontestable autoridad papal, reflejada en la emisión de bulas, sirvió para proyectar un objetivo de política exterior, es decir, «la creación de un orden pacífico en Ultramar, que constituía el supuesto para una lucha eficaz contra el Islam y para la rápida difusión del cristianismo». FAHL, Gundolf, *op. cit.*, pp. 64-65.

[19] NOVAK TALAVERA, Fabián, «Antecedentes Históricos del Nuevo Derecho del Mar», en *Derecho del Mar: Análisis de la Convención de 1982*, NAMIHAS, Sandra (ed.), Lima, Pontificia Universidad Católica del Perú, 2001, p. 22.

fundamento la doctrina de los publicistas españoles, abogaron por la libertad de los mares, siempre en resguardo de sus intereses económicos.

Entre dichos publicistas, la doctrina contemporánea reconoce al teólogo y jurista español Francisco de Vitoria (1486-1546) como el creador del *ius communicationis*, noción que establece de manera explícita el derecho inherente de todas las naciones a comunicarse libremente, derecho que no puede sustraerse sin un motivo válido[20]. En definitiva, el *ius communicationis*, concepto acuñado en su obra *Relectio prior de Indis recenter inventis* (1538-1539), fue la justificación del principio de la libertad de los mares que Grocio plantearía más adelante. En esa obra, Vitoria claramente sustentaría la relación entre la sociedad natural y el derecho a la comunicación al argumentar que:

> En todas las naciones se tiene por inhumano el recibir y tratar mal a los huéspedes y peregrinos sin motivo especial alguno, y, por el contrario, se tiene por humano y cortés el portarse bien con ellos, a no ser que los extranjeros aparejaran daños a la nación. En segundo lugar, al comenzar el mundo (cuando todas las cosas eran comunes), era lícito a cualquiera dirigirse a la región que quisiera y recorrerla. No parece que esto haya sido abolido por la división de las cosas, porque jamás pudo ser la intención de los pueblos evitar la comunicación y el trato entre los hombres. En tiempos de Noé habría sido inhumano el hacerlo[21].

Asimismo, Fernando Vázquez de Menchaca (1512-1569), fundamentalmente en su obra *Controversiarum illustrium aliarumque usu frecuentium* (1563), se encargaría de precisar la doctrina de Vitoria al determinar la inapropiabilidad del mar por prescripción, otro de los pilares fundamentales del principio de la libertad de los mares[22]. En el razonamiento de aquel jurista español, es imposible que el mar se convierta en dominio de alguien en particular ya que se trata de un bien que no puede

---

[20]   TRUYOL Y SERRA, Antonio, *Historia del Derecho Internacional Público*, García Picazo, Paloma (trad.), Madrid, Tecnos, 1998, p. 59.

[21]   VITORIA, Francisco de, *Relecciones sobre los Indios y el Derecho de Guerra*, 3.ª ed., Madrid, Espasa-Calpe, 1975, pp. 88-89.

[22]   AZCÁRRAGA, José Luis de, *Derecho Internacional Marítimo*, Barcelona, Ariel, 1970, pp. 75-76. Como ha apuntado acertadamente el jurista Luis García Arias, «ciertamente la tesis grociana no era nueva, ya que, aparte algunos precedente antiguos y medievales, había sido expuesta por varios autores de la Escuela Española de Derecho Internacional del siglo XVI, singularmente por Fernando Vázquez de Menchaca, defensores del principio de la libertad de los mares. El mismo Grocio reconoce esta deuda con los juristas españoles repetidamente en su obra, citándoles muy a menudo, y ello no sólo porque eran argumentos que oponer a los mismos hispánicos, sino porque reflejan con sólidas razones las bases de la libertad marítima». GARCÍA ARIAS, Luis, «Estudio Preliminar», en *De la Libertad de los Mares*, Grocio, Hugo; Blanco García, Vicente; y García Arias, Luis (trads.), Madrid, Centro de Estudios Constitucionales, 1979, pp. 16-17.

ser dividido por el hombre a través del derecho positivo. Así entonces, en el pensamiento de Vázquez de Menchaca:

> El mar, que forma parte de aquellos bienes que son comunes por derecho divino, no puede ser prescrito. Una ley humana que dispusiera que los mares pueden ser objeto de dominio particular sería manifiestamente injusta, porque es de derecho natural inmutable que los bienes comunes a todos los hombres no sufran la repartición de la propiedad privada. De este modo, ni siquiera la *utilitas*, que es el principal criterio de justicia de las leyes humanas, puede sancionar la prescripción de esa clase de bienes [...][23].

Es en ese contexto donde se desarrolló la denominada *bataille des livres* (*battle of books* en inglés, «gran batalla libresca» en castellano), término francés acuñado en 1891 por el jurista belga Ernest Nys[24] para designar la polémica doctrinal del siglo XVII, cuyo objetivo principal se centraba en determinar cuál debía ser el régimen jurídico del mar: *mare liberum* o *mare clausum*.

La tesis del *mare liberum* tuvo como principal defensor a Hugo Grocio (1583-1645), quien por encargo de la Compañía Neerlandesa de las Indias Orientales escribió, entre 1604 y 1605, una obra titulada *De iure praedae commentarius*, cuyo capítulo XII, *Mare Liberum*, fue publicado como libro anónimo en 1609. Con relación a este apartado, García Arias ha sostenido que:

> Fue escrito contra Portugal, publicado contra España y utilizado contra la Gran Bretaña por los holandeses. Y de la misma manera, redactado para defender la libertad de los mares para la navegación y el comercio por todos los Océanos, fue impreso para tratar de obtener la libertad de pesca en los mares próximos[25].

Para Grocio el mar no podía ser ocupado permanentemente ni podía llegar a ser propiedad de nadie[26], con excepción de lo que podía ser ocupado sin perjudicar el uso

---

[23]   CONTRERAS, Sebastián, «Derecho natural, derecho de gentes y libertad de los mares en Fernando Vázquez de Menchaca», *Revista Colombiana de Derecho Internacional*, vol. 12, 2014, n.º 24, p. 185. El mismo autor añade que para Vázquez de Menchaca «es posible señalar que el principio de libertad de los mares no es incompatible con el ejercicio de la pesca. Es más, justo porque existe libertad de los mares es que no se le puede prohibir. Ya entre los juristas medievales se venía reconociendo el derecho a pescar en la zona marítima de la nación, cuya protección y jurisdicción corresponde a la autoridad de la República».

[24]   VERVLIET, Jeroen, «General Introduction», en *Hugo Grotius. Mare Liberum: 1609-2009*, FEENSTRA, Robert (ed.), Leiden - Boston, Brill, 2009, p. xix.

[25]   GARCÍA ARIAS, Luis, *op. cit.*, pp. 14-15. La obra completa de Grocio, *De iure praedae commentarius*, fue descubierta en 1864 y publicada por primera vez en 1868.

[26]   «Si el hecho de haber navegado con prioridad de tiempo y el haber abierto en cierto modo el camino son llamados ocupación, ¿qué cosa puede haber más ridícula? Pues no existiendo parte alguna del mar que no haya surcado alguien por primera vez, se seguiría que toda ruta de navegación está ocupada por alguno. Y así, de todas partes seríamos excluidos. Aún más, de aquellos que dieron la vuelta al mundo tendríamos que decir que ocuparon todo el Océano. Pero todos sabemos que una nave al surcar el mar no

común, como las edificaciones en las costas, ya sean de un individuo (particulares) o del pueblo (públicas)[27]. Afirmó, además, que la libertad de navegación y de comercio —al tener una causa natural y perpetua— no podía ser prohibida por ningún Estado pues se trata de un derecho que pertenece a todas las naciones[28]. De hecho, con referencia específica a la navegación, llegó a aseverar que «el tránsito inerme e innocuo no se puede con justicia negar a los pueblos de ningún país»[29].

De acuerdo con los planteamientos anteriormente expuestos, el uso exclusivo del mar se opone a la ley natural, contra lo cual ni el mismo pontífice puede obrar, en clara alusión a las reivindicaciones de España y Portugal apoyadas por el Papa Alejandro VI. Al respecto, el jurista neerlandés agregó que:

> Si ello es así, lo que es *res inter alios acta*, no obliga a las demás naciones; y ¿correspondería entregar a dos pueblos casi los dos tercios del mundo? Y aunque el Papa hubiera podido y querido esto, no quedarían por ellos constituidos en dueños de aquellos lugares los portugueses, ya que la donación no convierte a uno en dueño si no va seguida de la *traditio*; por lo cual a esta causa debería añadirse la posesión[30].

La inapropiabilidad del mar[31], además de la creencia de la inagotabilidad de sus recursos[32], fueron los fundamentos del principio de la libertad de los mares. En el pensamiento de Grocio, el mar, al no ser pasible de ocupación por ser ilimitado[33],

---

deja más derecho que huellas sobre las aguas». GROCIO, Hugo, *De la Libertad de los Mares*, Blanco García, Vicente; y García Arias, Luis (trads.), Madrid, Centro de Estudios Constitucionales, 1979, p. 109.

[27]   «Y puesto que las edificaciones son una especie particular de ocupación, en las costas es lícito edificar, siempre que esto pueda hacerse sin perjuicio de los demás […]. El que edifica se convierte en dueño del suelo, porque ese suelo no era de nadie ni tampoco fue necesario para el uso común. Por consiguiente, es propio de quien lo ocupa, pero no por más tiempo del que dura la ocupación, porque el mar parece que se opone a la posesión, del mismo modo que una fiera si recupera la libertad natural no es ya más del que la ha capturado; del mismo modo la playa puede volver a ser del mar», *ibid.*, pp. 95-96.

[28]   «[…] los holandeses […] tienen derecho de navegar, como lo hacen, a las Indias y de comerciar con sus habitantes. Fundamentaré mi argumentación en el Derecho de gentes que llaman primario, como regla certísima, y cuya clara e inmutable razón es la siguiente: que todas las gentes pueden relacionarse y negociar entre sí», *ibid.*, p. 62.

[29]   «Y si alguien pudiese prohibir, por ejemplo, la pesca, por la cual se dijese que en cierto modo se agotaban los peces, no podría impedir la navegación, por la cual nada perece para el mar», *ibid.*, p. 114.

[30]   *Ibid.*, pp. 74-75.

[31]   «¿Dónde está, pues, la aprehensión física, sin la cual no puede haber dominio alguno? Sin duda nada aparece más ajustado a la realidad que lo que afirmaron nuestros Doctores, que el mar, al no poder ser abarcado, lo mismo que el aire, no podía ser agregado a los bienes de pueblo alguno», *ibid.*, pp. 108-109.

[32]   «Porque si es manifiesto que muchos individuos cazan en un mismo bosque o pescan en un mismo río, fácilmente se termina con la caza del bosque o con la pesca del río, cosa que no sucede en el mar», *ibid.*, p. 134.

[33]   «[…] es común a todos el elemento del mar, en realidad infinito, de suerte que no puede ser poseído y es propio para la utilidad de todos, unas veces mediante la navegación y otras practicando la pesca», *ibid.*, p. 93.

es una *res communis omnium*, lo que implicaba «una libertad de navegación, de comercio, y de pesca que debía prevalecer por encima de la deseada soberanía exclusiva de los Estados»[34]. Por ello, para Grocio el mar también es considerado una *res extra commercium* (no objeto de transacciones comerciales):

> La donación de cosas fuera del comercio de los hombres no tiene ningún valor. Por lo cual ya que el mar o el derecho de navegar por él no puede constituir propiedad de uno solo, se infiere que ni podía ser dado por el Papa ni aceptado por los portugueses[35].

Diversos fueron los autores que reaccionaron contra las ideas expuestas por Grocio en su *Mare liberum*. El inglés William Welwood (o Welwod, 1578-1622), en la segunda edición de su obra *An Abridgement of all the Sea Laws* (1613), fue el primero en refutar las ideas expuestas por el autor —en ese momento anónimo— de *Mare Liberum*. Además de sustentar el derecho exclusivo de un Estado ribereño sobre los recursos pesqueros existentes en sus costas adyacentes, Welwood defendió el derecho exclusivo de la navegación. Se valió de antecedentes del derecho romano y de los textos bíblicos para sostener que el mar podía ser ocupado y adquirido por el Estado a fin de ejercer jurisdicción exclusiva sobre las aguas cercanas a la costa de este. Así pues, en el discurso de dicho autor inglés:

> [...] immediately after the creation God saith to man, «Subdue the earth, and rule over the fish» [Genesis 1:28], which could not be but by a subduing of the waters also. [...] So that hereby is evident that things here done are not so naturally too common, sith God, the author of nature, is also as well author of the division as of the composition, and yet howsoever in his justice (as is said) yet in his mercy also and indulgent care for the welfare and peace of mankind. For those are sentences both vulgar and sure, set down by the Roman jurisconsults: *communio parit discordiam. Quod communiter possidetur, vitio naturali negligitur. Habet communio rerum gerendarum difficultatem* [«community of property breeds disagreement. Whatever is owned communally is neglected due to natural viciousness. Community of goods carries with it difficulty of administration»][36].

Grocio respondió a Welwood en 1615 con un texto titulado *Defensio capitis quinti Maris Liberi*, el cual no se publicó hasta 1872. En él insistió firmemente en que la tierra y el mar no se pueden comparar por cuanto la primera es apropiable y el segundo no lo es. Asimismo, resaltó el principio de la libertad de pesca como corolario del principio de la libertad de los mares:

---

[34]   Vázquez Gómez, Eva María, *op. cit.*, p. 31.
[35]   Grocio, Hugo, *op. cit.*, p. 116.
[36]   Welwood, William, «Of the Community and Propriety of the Seas», Hakluyt, Richard (trad.), en *The Free Seas: Hugo Grotius*, Armitage, David (ed.), Indianapolis, Liberty Fund, 2004, p. 66.

Let us conclude [...] that the sea is common to all and just as it was produced first by nature has come into the dominion of no one, and therefore is not in the patrimony of the people, is open by nature to all, is of the law of nations and its use common to all men. From this let us proceed to infer that, if the use of the sea is common to all men, therefore no man should be prohibited from fishing on the sea. [...] The sea is open, that is, it is free, therefore it does not permit a servitude. It is open to all, therefore no one is to be excluded. It is open by nature to all, therefore there is no one who can make a decree against anyone else, since nature is no less potent against princes and peoples than against private individuals. Therefore he who prohibits anyone else from fishing on the sea, whoever he is, commits a wrong[37].

El religioso portugués Serafín de Freitas (1570-1633), con su obra *De Iusto Imperio Lusitanorum Asiatico* (1625), defendió el monopolio portugués que había sido criticado por Grocio y argumentó contra la tesis expuesta por el neerlandés en *Mare Liberum*. En ese sentido, aseveró que el derecho natural podía facultar a cualquier soberano a impedir viajar y comerciar a los extranjeros en su país, que los portugueses poseían derechos exclusivos de navegación, y que la ocupación del territorio a través del descubrimiento era jurídicamente vinculante. Por último, sostuvo que el rey de España podía ejercer dominio absoluto sobre el mar, extender su jurisdicción, supervisión y protección sobre todos los mares del mundo, aunque la ocupación fuera solamente parcial, ya que la inmensidad del mar complicaba la efectividad de cualquier intento de ocupación completa[38].

Sin embargo, el más célebre de los opositores a las ideas de Grocio fue el jurista inglés John Selden, en cuya obra titulada *Mare clausum*, publicada en 1635, defendió

---

[37]   GROCIO, Hugo, «Defense of Chapter V of the *Mare Liberum*», Hakluyt, Richard (trad.), en *The Free Seas: Hugo Grotius*, ARMITAGE, David (ed.), Indianapolis, Liberty Fund, 2004, pp. 94-95. Grocio también respondió al argumento teológico de Welwood sobre la ocupación y la adquisición del mar adyacente al Estado ribereño en los siguientes términos: «Add also the fact that eminent theologians are of the opinion that in the primeval state of Paradise there was no property, that is, as distinct from use, and that there would not have been, had not sin intervened. This can be all the more probably defended, because both the Essenes of old and some peoples in America have made use of community of property, which even now a few congregations make use of, and indeed without great inconvenience. By this example it is proved that the statement, which is usually made and is adduced by Welwood, that "what is common is neglected, that community carries with it difficulty of administration, and that discord even arises therefrom", is not "absolutely necessary" but "a result of hypothesis", since we have taken into consideration the cupidity of men who consult their own interest to the neglect of others. For otherwise, if the human race were of such character as the Christian disciples of the Apostles were in the earliest times, whose hearts and souls were one (Acts 4:32), why could there not be observed what was then observed, namely, that nothing belong to anyone, but all things be common? [...] Welwod himself wishes the sea to be common to the citizens of a single people. Consequently, even from this it is apparent that it has not been always and universally true that the disadvantages of community of ownership are greater than the advantages», *ibid.*, p. 86.

[38]   VERVLIET, Jeroen, *op. cit.*, pp. xxiv-xxv.

la posibilidad del dominio absoluto de los mares, con el consiguiente monopolio de la navegación[39]. En la argumentación de Selden, el dominio del *mare clausum* británico —que incluía el mar del Norte y extensas zonas del Atlántico Norte— se fundamentaba en los poderes de control que sobre esas aguas había ejercido Inglaterra a lo largo de la historia. Ello permitió que los ingleses reclamasen un derecho de pesca exclusivo en las zonas de mar que rodeaban su territorio e, igualmente, impidiesen la entrada a todo buque extranjero, especialmente a los de pabellón neerlandés[40]. Para Selden el requisito fundamental para consolidar un señorío estaba en la capacidad de la fuerza naval para gobernar los mares. La conjunción de factores históricos y jurídicos en *Mare Clausum* sirvió de base para impugnar el principio de la libertad de los mares de Grocio y para demostrar el ejercicio del dominio británico sobre sus mares adyacentes desde la época de los romanos hasta el siglo XVII[41].

Por otro lado, Teodoro Graswinckel, jurista neerlandés y pariente de Grocio, publicó diversos estudios —destaca entre ellos *Maris Liberi Vindiciae: Adversus P. B. Burgum* (1652)— en los que criticaba la postura de Selden y defendía, por su parte, la posición neerlandesa. Ello inició una controversia entre ambos escritores que motivó a Selden a responder a través de *Ioannis Seldeni Vindiciae Secundum Integritatem Existimationis Suae* (1653), lo que originó la respuesta de Graswinckel en 1654 y hasta una nueva réplica del inglés ese mismo año[42].

Finalmente, la tesis defensora del principio de la libertad de los mares logró consolidarse a lo largo del siglo XVIII gracias, por un lado, a los cambios en las relaciones de poder económico y militar y, por otro lado, al respaldo de una mayor cantidad de tratadistas. Sin perjuicio de ello, Gundolf Fahl resalta otro elemento significativo durante este proceso de consolidación:

> La práctica estatal entre 1493 y 1648 refleja la evolución del principio de la libertad de los mares desde el monopolio de comercio de dos Estados hasta el reconocimiento del derecho de libre navegación y comercio de todos los soberanos cristianos en Ultramar. [F]ueron argumentos jurídicos los que contribuyeron decisivamente a la imposición del principio de la libertad de los mares en la práctica estatal; al cabo de ciento cincuenta años de disputa alrededor de la libre navegación por los Océanos se vio confirmada la tesis de los juristas romanos [cita el parágrafo 1 del título I del libro II de las Instituciones de Justiniano]: «naturali iure communia sunt ómnium haec: aer et aqua profluens et mare» [«por derecho natural son comunes a todos estas cosas: el aire, el agua corriente y el mar»][43].

[39]   MESEGUER SÁNCHEZ, José Luis, *op. cit.*, pp. 19-20.
[40]   ROUSSEAU, Charles, *op. cit.*, p. 420; VÁZQUEZ GÓMEZ, Eva María, *op. cit.*, p. 32.
[41]   VERVLIET, Jeroen, *op. cit.*, pp. xxvii.
[42]   SOBARZO, Alejandro, *op. cit.*, pp. 14-15; GARCÍA ARIAS, Luis, *op. cit.*, pp. 22-23.
[43]   FAHL, Gundolf, *op. cit.*, p. 364.

De esta manera, la «gran batalla libresca» llegaría a su fin en 1703 con la publicación de la obra *De dominio maris dissertatio* del jurista neerlandés Cornelio van Bynkershoek (1673-1743), en la cual afirmó que la potestad terrestre termina allí donde termina la fuerza de las armas (*terrae dominium finitur, ubi finitur armorum vis*). Esta construcción jurídica, conocida como la regla del alcance de la bala de cañón, pretendió ponderar los diversos intereses en torno a la libertad de navegación y a la seguridad de las aguas adyacentes al territorio del Estado ribereño, en donde ya aparecen dos espacios marinos claramente diferenciados. Así, en palabras de Sobrino Heredia:

> De esta forma se propuso un criterio lógico, destinado a permanecer en la práctica de algunos Estados hasta el inicio del siglo xx, para distinguir el mar territorial, donde el Estado ejerce una soberanía comparable a la que corresponde sobre la tierra firme, de la alta mar, donde rige un régimen de libertad de utilización, en concreto, de navegación y pesca[44].

Esa regla, que ya ponía de manifiesto el interés del Estado ribereño por ejercer soberanía sobre una parte del mar que bañaba sus costas, vino a ser concretada por al abate italiano Ferdinando Galiani (1728-1787), quien identificó el alcance del tiro del cañón con una distancia equivalente a 3 millas marinas[45]. En este sentido, en su obra titulada *De'doveri de'principi neutrali verso i principi guerreggianti, e di questi verso i neutrali* de 1782, Galiani sostuvo que:

> Mi parrebbe peraltro ragionevole, che senza attendere a vedere se in atto tenga il Sovrano del territorio costrutta taluna torre o batteria, e di qual calibro di cannoni la tenga montata, si determinasse fissamente, e da per tutto la distanza di tre miglia dalla terra, come quella, che sicuramente è la maggiore ove colla forza della polvere finora conosciuta si possa spingere una palla, o una bomba[46].

En este período la alta mar se rigió por un principio general de libertad, sustentado en la preocupación de las grandes potencias europeas por asegurar la libertad de las comunicaciones, el tráfico marítimo y la navegación por los estrechos, en un contexto de colonización en el que la conexión por vía marítima entre las metrópolis y los territorios bajo sus dominios era de vital importancia.

---

[44]   SOBRINO HEREDIA, José Manuel, *op. cit.*, p. 94.

[45]   Una milla marina equivale en la actualidad a 1852 metros.

[46]   GALIANI, Ferdinando, *De'doveri de'principi neutrali verso i principi guerreggianti, e di questi verso i neutrali: Libri due*, Nápoles, s/e, 1782, p. 422. «Me parece más bien razonable que, sin esperar a ver si en el lugar el soberano del territorio ha construido alguna torre o batería, y qué calibre de cañones ha instalado, se determine fijamente, y en todas partes, la distancia de tres millas desde tierra, como aquella que seguramente es el máximo alcance con que una bala o una bomba puede ser lanzada por la fuerza de la pólvora» [traducción libre].

Aunque las grandes potencias marítimas (Gran Bretaña, Francia y Países Bajos) trataron de imponer la regla de las 3 millas de mar territorial como una norma de derecho internacional consuetudinario, no todos los Estados reivindicaron el mismo límite: Suecia y Noruega establecieron 4 millas, España y Portugal fijaron 6 millas, y Rusia hizo lo propio hasta las 12 millas[47]. En todo caso, queda claro que la tesis del mar territorial nació originalmente como un espacio marino de extensión reducida en la que el Estado ribereño ejercía soberanía, fundamentada en razones de seguridad de las costas y del territorio terrestre, sin consideración (aún) por la salvaguardia de los recursos marinos contenidos en dicha franja de mar, debido a que en aquel entonces se creía que tales recursos eran inagotables.

Puede afirmarse que el principio de la libertad de los mares, tal como fue concebido tradicionalmente por Grocio, perduró hasta el siglo XVIII, al menos en líneas generales. A partir de entonces, diversos acontecimientos dotarán de un nuevo significado a las relaciones interestatales sobre el mar, las cuales serán revisadas y transformadas posteriormente.

Entre los siglos XVIII y mediados del siglo XX la ordenación internacional de los mares se fundamenta en criterios de carácter político que descansan en dos pilares esenciales: el principio de la libertad de los mares y la soberanía del Estado ribereño. Se trata de una coexistencia difícil a la que paulatinamente irá sumándose una arista de contenido económico que repercutirá en la formación de un nuevo derecho del mar.

Tres fueron los acontecimientos que favorecieron la progresiva limitación del principio de la libertad de los mares. En primer lugar, una excesiva libertad en el tráfico marítimo permitió que ciertos Estados colonialistas desarrollaran actos contrarios a la dignidad humana; en concreto, el desarrollo de la trata de esclavos entre África y los dominios americanos, principalmente por parte de Gran Bretaña, España y Portugal. Ello motivó que ya en el siglo XIX, en virtud de acuerdos internacionales[48],

---

[47]   Ya en 1758 Emer de Vattel señalaba que «no es fácil determinar á qué distancia puede e[x] tender una nación sus derechos sobre los mares que la rodean [...]. Hoy se mira como parte del territorio todo espacio de mar que está á tiro de cañón [a] lo largo de las costas [...]. Las orillas del mar pertenecen incontestablemente á la nación señora del país de que hacen parte, y se cuentan entre las cosas públicas». VATTEL, Emer de, op. cit., pp. 270-272.

[48]   ULLOA, Alberto, Derecho Internacional..., op. cit., pp. 369-370. Más allá de los tratados bilaterales que sustentaban el derecho de visita en aguas internacionales, debe resaltarse que en el último tercio del siglo XIX la Conferencia de Berlín (1884-1885) y la Conferencia Antiesclavista de Bruselas (1889-1890) representaron algunos esfuerzos por acabar con la esclavitud en un ámbito más amplio. En el marco de estas reuniones, el ejercicio del derecho de visita en la alta mar, uno de los puntos más sensibles, contó con el apoyo de Gran Bretaña, convertida en defensora del antiesclavismo y poseedora del mayor número de naves de guerra en todos los mares; en tanto que Francia manifestó su rechazo a dicha prerrogativa que favorecía ampliamente a los británicos. Para mayor detalle, vid.: MORENO GARCÍA, Julia, «España y la Conferencia antiesclavista de Bruselas, 1889-1890», Cuadernos de Historia Moderna y Contemporánea, 1982, n.º 3, pp. 151-179.

se impusiese la necesidad de vigilar, inspeccionar y reprimir el tráfico de esclavos en la alta mar por medio de navíos de guerra.

En segundo lugar, durante los siglos XVIII y XIX el incremento del tráfico de mercancías de todo tipo sin pagar los correspondientes derechos de aduana —el contrabando— motivó a que las grandes potencias marítimas impusiesen restricciones a la libertad de navegación, entre las que se incluía el derecho de visita para inspeccionar el cargamento de buques sospechosos. Así, por ejemplo, Gran Bretaña, mediante las *Hovering Acts* de 1736 extendió hasta las 24 millas marinas contadas desde la costa su competencia para controlar el contrabando y el fraude fiscal; disposición seguida por España, que estableció una distancia de 6 millas marinas según la Real Cédula del 17 de diciembre de 1760, la Real Orden del 1 de mayo de 1775 y el Real Decreto del 3 de mayo de 1830[49]. A través de una ley promulgada el 2 de marzo de 1799, los Estados Unidos establecieron una zona de 4 leguas marinas contadas desde la costa[50] para la protección de sus intereses aduaneros[51].

Esas disposiciones —que constituyen antecedentes de la zona contigua, espacio marino consolidado en la Primera Conferencia de las Naciones Unidas sobre el Derecho del Mar de 1958— tuvieron su origen en las teorías mercantilistas imperantes en la Europa del siglo XVIII, que orientaron la actividad estatal hacia el proteccionismo y la imposición de trabas aduaneras en la entrada de mercancías extranjeras, lo que representó el control cada vez más generalizado del Estado sobre las actividades económicas[52].

En tercer lugar, el desarrollo de nuevas técnicas de pesca y caza favoreció el aumento vertiginoso de la captura de ciertas especies marinas apreciadas por su valor económico, como el caso, entre otras, de las ballenas azul y gris, cuya caza indiscriminada originó en el siglo XIX un serio peligro de extinción al superar los límites de sostenibilidad, circunstancia que ocasionó un descenso cuantioso en las poblaciones de estos y otros cetáceos. En respuesta, las grandes potencias, conscientes de la importancia de los recursos marinos vivos y de las industrias asociadas a ellos, fueron imponiendo mayores restricciones a la libertad de pesca (y caza) mediante el establecimiento de zonas reservadas a comienzos del siglo XX[53].

---

[49]   RIQUELME, Antonio, *Elementos de Derecho Público Internacional*, tomo I, Madrid, Imprenta de D. Santiago Saunaque, 1849, p. 213.

[50]   Una legua marina equivale a 5555 metros.

[51]   El antecedente de dicha norma es la ley del 4 de agosto de 1790.

[52]   MESEGUER SÁNCHEZ, José Luis, *op. cit.*, pp. 21 y 137-138.

[53]   TRIGO CHACÓN, Manuel, *op. cit.*, p. 150. En lo que respecta a las ballenas, el Monumento Nacional de la Bahía de los Glaciares (*Glacier Bay National Monument*), ubicado en Alaska y creado en 1925, es considerado el área marina protegida más antigua del mundo en ofrecer cierta preservación del hábitat de los cetáceos. Para mayor detalle, *vid.*: HOYT, Erich, *Marine Protected Areas for Whales,*

Como se verá en el siguiente apartado, es a partir del siglo XX en que comenzó a cuestionarse, de manera casi unánime, el significado del principio de la libertad de los mares, debido principalmente a los intereses de orden político-económico de los miembros de la comunidad internacional[54].

3. Del antiguo al nuevo derecho del mar

Después de finalizada la Segunda Guerra Mundial se acentuaron los cuestionamientos al principio de la libertad de los mares, lo que va a implicar, específicamente, que la libertad de pesca se vea limitada debido a la extensión de competencias marítimas de los Estados ribereños por medio de actos unilaterales destinados a la preservación y aprovechamiento de los recursos vivos.

El decreto del 5 de setiembre de 1939 del presidente Franklin D. Roosevelt de los Estados Unidos puede considerarse el primer antecedente del establecimiento de la jurisdicción marítima más allá de los límites tradicionales establecidos por el antiguo derecho del mar, caracterizado, en general, por conceder un mar territorial de 3 millas marinas. Ese decreto presidencial ordenaba el patrullaje de las costas de los Estados Unidos y de la subregión de las Indias Occidentales hasta una distancia de 200 millas marinas, con la finalidad de establecer una forma de control sobre las aguas que permitían el acceso al territorio estadounidense al iniciar la Segunda Guerra Mundial[55]. Conviene aclarar que esta medida no establecía un mar territorial de 200 millas ni afectaba el carácter jurídico de la alta mar, sino que coexistía con este espacio marino.

Poco tiempo después se llevó a cabo en Panamá la Primera Reunión de Consulta de Ministros de Relaciones Exteriores del continente americano. En aquel encuentro, el 3 de octubre de 1939, se aprobó la denominada «Declaración de Panamá», la cual estableció una zona de defensa alrededor del continente (excepto Canadá) con el fin de que las actividades bélicas no entorpecieran las comunicaciones interamericanas. Esta zona de defensa comprendía las aguas adyacentes de primordial interés y directa utilidad para las relaciones de los Estados americanos[56]. Si bien la Declaración no hizo referencia a una distancia de 200 millas marinas contadas desde la costa (en realidad no mencionó ninguna distancia en particular), la zona de seguridad instaurada

---

Dolphins and Porpoises: A World Handbook for Cetacean Habitat Conservation and Planning, 2.ª ed., Abingdon - Nueva York, Earthscan, 2011, pp. 19-38.

[54]   Trigo Chacón, Manuel, *op. cit.*, p. 153.

[55]   Valencia Rodríguez, Luis, «The Contribution of Latin America to the Implementation of the UNCLOS», en *Law of the Sea, From Grotius to the International Tribunal for the Law of the Sea: Liber Amicorum Judge Hugo Caminos*, Del Castillo, Lilian (ed.), Leiden-Boston, Brill Nijhoff, 2015, p. 149.

[56]   Declaración de Panamá (Reunión de Consulta entre los Ministros de Relaciones Exteriores de las Repúblicas Americanas de conformidad con los Acuerdos de Buenos Aires y de Lima), 3 de octubre de 1939, art. 1.

superó ese límite, que en algunos casos llegó hasta las 300 millas marinas. En opinión de Ferrero Costa, esa declaración es importante en la historia del derecho del mar porque estableció una jurisdicción sobre el mar en favor de los Estados americanos «dentro de límites mucho más amplios que aquellos reclamados hasta esa fecha por las grandes potencias marítimas»[57].

Al finalizar la Segunda Guerra Mundial, el presidente Truman formuló, en setiembre de 1945, dos proclamaciones de particular importancia en la formación del nuevo derecho del mar. En la primera se estableció que los recursos naturales del subsuelo y del lecho marinos de la plataforma continental situada bajo la alta mar, pero contigua a la costa estadounidense, se encontraban sujetos a la jurisdicción y control de los Estados Unidos[58]. Por otro lado, la segunda proclamación creó zonas de conservación en las áreas de la alta mar contiguas a la costa estadounidense que fueran de actual o futura actividad pesquera. Dentro de este planteamiento, la pesca realizada por los nacionales estadounidenses estaría sometida al control y la jurisdicción de los Estados Unidos, mientras que la efectuada por nacionales de otros Estados se regularía de común acuerdo[59].

Ambas declaraciones son importantes porque no se basaron en los antiguos fundamentos de seguridad o defensa, sino más bien en razones económicas. En el caso de la segunda proclamación, la necesidad de proteger y conservar los recursos pesqueros en áreas contiguas al mar territorial constituía *per se* una limitación a la libertad de pesca en la alta mar. Con esta medida el Estado ribereño extendió, por razones económicas, sus competencias más allá del mar territorial hacia una zona que la evolución posterior del derecho del mar ampliará hasta las 200 millas marinas[60].

Las ideas contempladas en las proclamaciones del presidente Truman recibieron pronta acogida en otros Estados del continente americano. En esa línea, el 29 de octubre de 1945, el presidente de México, Manuel Ávila Camacho, mediante una declaración estableció que:

> El Gobierno de la República reivindica toda la plataforma o zócalo continental adyacente a sus costas y todas y cada una de las riquezas naturales conocidas e inéditas que

---

[57]   FERRERO COSTA, Eduardo, *op. cit.*, p. 45.

[58]   Proclamación 2667, de 28 de septiembre de 1945, «Policy of the United States with Respect to the Natural Resources of the Subsoil and Sea Bed of the Continental Shelf», 10 FR 12303 (1945), de 2 de octubre de 1945.

[59]   Proclamación 2668, de 28 de septiembre de 1945, «Policy of the United States with respect to Coastal Fisheries in Certain Areas of the High Seas», 10 FR 12304 (1945), de 2 de octubre de 1945.

[60]   LLANOS MANSILLA, Hugo, *La creación del Nuevo Derecho del Mar: El Aporte de Chile*, Santiago, Editorial Jurídica de Chile, 1991, p. 72.

se encuentren en las mismas y procede a la vigilancia, aprovechamiento y control de las zonas de protección pesquera necesarias a la conservación de tal fuente de bienestar[61].

Por su parte, el 11 de octubre de 1946, a través de un decreto del presidente Juan Domingo Perón, la Argentina proclamó como perteneciente a la soberanía de la nación tanto el mar epicontinental como la plataforma continental en razón a que «en el orden internacional se encuentra taxativamente admitido el derecho de cada país a considerar como territorio nacional toda la extensión del mar epicontinental y el zócalo continental adyacente»[62].

En el caso de Panamá, la Constitución de 1946 determinó que tanto el mar territorial como la plataforma continental submarina pertenecían al Estado[63] y el Decreto n.º 449, de 17 de diciembre de ese mismo año, estableció que «la jurisdicción nacional para los efectos de la pesca en general en las aguas territoriales de la República se extiende a todo el espacio comprendido sobre el lecho marítimo de la plataforma continental submarina»[64].

Posteriormente, el 23 de junio de 1947, el presidente de Chile Gabriel González Videla proclamó la soberanía nacional sobre todo el zócalo continental adyacente, «cualquiera que sea la profundidad en que se encuentre, reivindicando, por consiguiente, todas las riquezas naturales que existen sobre dicho zócalo, en él y bajo él, conocidas o por descubrirse»[65]. De igual manera, proclamó en nombre del gobierno de Chile que:

> [L]a soberanía nacional sobre los mares adyacentes a sus costas, cualquiera que sea su profundidad, en toda la extensión necesaria para reservar, proteger, conservar y aprovechar los recursos y riquezas naturales de cualquier naturaleza que sobre dichos mares, en ellos y bajo ellos se encuentren, sometiendo a la vigilancia del Gobierno, especialmente, las faenas de pesca y caza marítimas, con el objeto de impedir que las riquezas de este orden sean explotadas en perjuicio de los habitantes de Chile y mermadas o destruidas en detrimento del país y del Continente americano[66].

---

[61]   Declaración del Presidente de México sobre la Plataforma Continental, de 29 de octubre de 1945, *El Universal*, 30 de octubre de 1945, p. 1, párr. 6.
[62]   Decreto 14708/46, de 11 de octubre de 1946, *Boletín Oficial de la República Argentina*, 15 641, de 5 de diciembre de 1946, cdo. 6.
[63]   «Constitución Política de la República de Panamá», de 1 de marzo de 1946, *Gaceta Oficial*, 9938, de 4 de marzo de 1946, art. 209.
[64]   Decreto 449, de 17 de diciembre de 1946, «por el cual se reglamenta la pesca del tiburón por naves extranjeras en las aguas jurisdiccionales de la República», *Gaceta Oficial*, 10181, de 24 de diciembre de 1946, art. 3.
[65]   Declaración Oficial del Presidente de Chile, de 23 de junio de 1947, *El Mercurio*, de 29 de junio de 1947, p. 27, num. 1.
[66]   *Ibid.*, num. 2.

Es importante resaltar que la declaración chilena fue la primera en reivindicar expresamente una zona de jurisdicción marítima de 200 millas. En esa dirección también se orientó el Decreto Supremo n.º 781, de 1 de agosto de 1947, promulgado por el presidente peruano José Luis Bustamante y Rivero. Dicho instrumento jurídico estableció la soberanía y jurisdicción del Perú sobre el mar adyacente a sus costas, así como en la plataforma submarina, hasta la distancia de 200 millas desde sus costas. Sobre la base de fundamentos de orden económico, dicho decreto argumentó que:

> Es [...] necesario que el Estado proteja, conserve y reglamente el uso de los recursos pesqueros y otras riquezas naturales que se encuentren en las aguas epicontinentales que cubren la plataforma submarina y en los mares continentales adyacentes a ella, a fin de que tales riquezas, esenciales para la vida nacional, continúen explotándose o se exploten en lo futuro, en forma que no cause detrimento a la economía del país ni a su producción alimenticia[67].

Cinco años más tarde, el 18 de agosto de 1952, Chile, Ecuador y Perú suscribieron la Declaración sobre Zona Marítima o Declaración de Santiago, en la que proclamaron «como norma de su política internacional marítima, la soberanía y jurisdicción exclusivas que a cada uno de ellos corresponde sobre el mar que baña las costas de sus respectivos países, hasta una distancia mínima de 200 millas marinas desde las referidas costas»[68], incluyendo también la soberanía y jurisdicción exclusivas sobre el suelo y subsuelo correspondientes a esa zona marina[69]. Los fundamentos de esta declaración se basan en las reivindicaciones de derechos efectuadas por Chile y el Perú en 1947 con respecto a los mares adyacentes a sus respectivas costas. De acuerdo con el preámbulo del citado instrumento:

> 1. Los gobiernos tienen la obligación de asegurar a sus pueblos las necesarias condiciones de subsistencia y de procurarles los medios para su desarrollo económico.
>
> 2. En consecuencia, es su deber cuidar de la conservación y protección de sus recursos naturales y reglamentar el aprovechamiento de ellos, a fin de obtener las mejores ventajas para sus respectivos países.
>
> 3. Por lo tanto, es también su deber impedir que una explotación de dichos bienes, fuera del alcance de su jurisdicción, ponga en peligro la existencia, integridad y conservación de esas riquezas en perjuicio de los pueblos que, por su posición geográfica, poseen en sus mares fuentes insustituibles de subsistencia y de recursos económicos que les son vitales.

---

[67]   Decreto Supremo 781, de 1 de agosto de 1947, *Diario Oficial El Peruano*, 1983, de 11 de agosto de 1947, cdo. 3.

[68]   Declaración sobre Zona Marítima (Declaración de Santiago), de 18 de agosto de 1952, num. II.

[69]   *Ibid.*, num. III.

Al conocer el contenido de la Declaración de Santiago, las grandes potencias marítimas se manifestaron en contra de ella por considerar que la única norma válida en aquel entonces era la regla de las 3 millas de mar territorial[70]. En ese sentido, en orden sucesivo, el Reino Unido, los Estados Unidos, Noruega, Dinamarca, Suecia y los Países Bajos formularon protestas a la Declaración de 1952 debido a que interpretaron erróneamente que «los tres países del Pacífico Sur pretendían una ampliación de sus respectivos mares territoriales hasta una distancia de 200 millas, lo cual no estaba "permitido por el derecho internacional"»[71]. Frente a ello, los Estados firmantes de la Declaración de Santiago respondieron con una campaña internacional destinada a difundir la naturaleza jurídica de ese instrumento internacional y a precisar que no se trataba de una zona marítima de 200 millas equivalente a un mar territorial. A este respecto, mediante el Acta de Lima del 12 de abril de 1955, Chile, Ecuador y Perú acordaron dar respuesta uniforme a las protestas formuladas al declarar la improcedencia de estas y reafirmar la legitimidad del pronunciamiento formulado en 1952[72].

Igualmente, por el Acta de Quito, de 9 de febrero de 1958, los tres países del Pacífico Sur convinieron en uniformizar criterios sobre las acciones por desarrollar en la Primera Conferencia de las Naciones Unidas sobre el Derecho del Mar, a celebrarse ese año en Ginebra. Se coincidió en que la Declaración de Santiago «no constituye la alteración en la determinación de la anchura de los respectivos mares territoriales de los Estados signatarios»[73]. A estas manifestaciones conjuntas se sumaron otras declaraciones, ya sea para reafirmar los principios de la Declaración de Santiago o para rechazar la actitud de países que, como los Estados Unidos, trataron de desafiar la jurisdicción marítima de los tres Estados sudamericanos[74]. Todas esas reclamaciones se extendieron hasta comienzos de la década de 1980.

Para inicios de la década de 1970 ya eran nueve los Estados latinoamericanos que habían proclamado jurisdicciones especiales hasta una distancia de 200 millas: Argentina, Brasil, Chile, El Salvador, Ecuador, Nicaragua, Panamá, Perú y Uruguay. Estas reivindicaciones alarmaron a las grandes potencias por temor a que se obstaculizaran la libertad de navegación y la libertad de pesca, sin olvidar la preocupación de que esa tendencia fuera repetida en Asia y África[75].

---

[70]   BÁKULA, Juan Miguel, *op. cit.*, p. 99.
[71]   AGÜERO COLUNGA, Marisol, *Consideraciones para la delimitación marítima del Perú*, Lima, Fondo Editorial del Congreso del Perú, 2001, p. 133.
[72]   BÁKULA, Juan Miguel, *op. cit.*, p. 99.
[73]   «Informe conjunto que someten a sus respectivos Gobiernos los delegados de Chile, Ecuador y Perú, acreditados para las consultas realizadas en Quito con el objeto de uniformar su acción en la Conferencia sobre el Derecho del Mar que se reunirá en Ginebra, a partir del 24 de febrero de 1958», en ORREGO VICUÑA, Francisco, *Chile y el Derecho del Mar*, Santiago de Chile, Editorial Andrés Bello, 1972, p. 58.
[74]   BÁKULA, Juan Miguel, *op. cit.*, pp. 102-109.
[75]   FERRERO COSTA, Eduardo, *op. cit.*, p. 93.

De otro lado, los avances científicos y tecnológicos propulsados desde mediados del siglo XX constituyeron un acontecimiento importante en la formación de un nuevo derecho del mar. El mayor conocimiento acerca del funcionamiento de los ecosistemas marinos permitió asumir como realidad innegable que los recursos vivos son agotables y que su conservación requería urgente atención por parte de los Estados ribereños. De ahí que la actividad pesquera indiscriminada hubiese impulsado todo un movimiento en contra de la depredación de recursos llevada a cabo por las grandes potencias marítimas. Sobre este aspecto, Enrique García Sayán, antiguo Ministro de Relaciones Exteriores peruano (1946-1948) y uno de los promotores de la doctrina de las 200 millas de jurisdicción nacional, en un contexto de impugnación de las normas del antiguo régimen del mar por parte de los Estados latinoamericanos, expresó cabalmente la necesidad de limitar la libertad de los mares debido a que:

> [L]a magnitud de las empresas pesqueras contemporáneas, su eficiencia y su técnica destructiva, sobrepasan también los sistemas tradicionales. Hállase comprobado que las repetidas depredaciones incontroladas de ciertas expediciones pesqueras han extinguido o amenazan extinguir, en determinadas áreas oceánicas, especies enteras de la fauna marina, [en] detrimento de los intereses de los Estados costeros, naturales titulares de tales riquezas[76].

En definitiva, es válido aseverar que la investigación de los mares y sus fondos con miras a un mejor conocimiento y posterior aprovechamiento de los recursos naturales allí ubicados, en estrecha vinculación con el desarrollo científico y tecnológico, constituyó un factor determinante en la búsqueda de un nuevo régimen para los mares y océanos.

4. PRIMEROS INTENTOS DE CODIFICACIÓN DEL DERECHO DEL MAR

4.1. La Conferencia de La Haya de 1930

Después de la Primera Guerra Mundial, con la creación de la Sociedad de las Naciones en 1919, se produjo un cambio importante en la regulación jurídica de los mares y océanos. A partir de entonces, se buscaría codificar el derecho del mar sobre la base de acuerdos concertados entre los miembros de la comunidad internacional. La necesidad de obtener acuerdos en la discusión de los grandes asuntos internacionales suscitó la conformación, en 1925 y bajo el auspicio de la Sociedad de las Naciones, de un Comité de Expertos para la Codificación Progresiva del Derecho Internacional con la función de seleccionar los temas que podrían ser materia de codificación. El comité escogió tres temas para ser considerados en la Primera Conferencia Mundial

---

[76] GARCÍA SAYÁN, Enrique, *Derecho del Mar: Las 200 millas y la posición peruana*, Lima, s/e, 1985, p. 15.

de Codificación del Derecho Internacional, a saber: la nacionalidad, las aguas territoriales y la responsabilidad de los Estados por daños causados en su territorio a la persona o bienes de los extranjeros[77].

En 1927, el Consejo de la Sociedad de Naciones creó un Comité Preparatorio con el mandato de redactar un informe que contuviera bases de discusión suficientemente detalladas sobre cada materia propuesta, lo que posteriormente condujo a la Conferencia para la Codificación del Derecho Internacional, celebrada en La Haya del 13 de marzo al 12 de abril de 1930, con la participación de 47 Estados[78].

Los únicos tratados que resultaron de esta conferencia fueron los relacionados con el asunto de la nacionalidad[79]. No se pudo alcanzar similar resultado con respecto a los otros dos temas sometidos a debate.

En lo que concierne a los asuntos del derecho del mar, en la conferencia no se logró establecer un límite generalmente aceptado en torno a la anchura del mar territorial. La tesis de las 3 millas de mar territorial, posición defendida principalmente por el Reino Unido y los Estados Unidos, encontró abierta oposición. En efecto, algunos Estados planteaban propuestas tan diversas que iban desde las 4 millas hasta las 18 millas, o incluso el derecho de fijar por sí mismos la anchura de su mar territorial[80].

De igual manera, la extensión de la zona contigua —entendida como una zona de la alta mar adyacente al mar territorial sobre la cual el Estado ribereño ejerce determinadas competencias, fundamentalmente administrativas— tampoco logró la aceptación de todos los Estados, pues para algunos esa franja de mar debía tener una extensión máxima de 12 millas marinas, mientras que para otros esa extensión resultaba insuficiente[81].

Si bien en la Conferencia de La Haya de 1930 se afirmó el derecho del Estado ribereño a contar con un mar territorial, sobre el que este ejerce soberanía, y con

---

[77]   NACIONES UNIDAS, *The Work of the International Law Commission*, 8.ª ed., vol. I, Nueva York, Naciones Unidas, 2002, p. 3.

[78]   *Id.*

[79]   Es decir, la Convención sobre ciertas cuestiones relativas al conflicto de leyes de nacionalidad, el Protocolo relativo a las obligaciones militares en ciertos casos de doble nacionalidad, el Protocolo relativo a un caso de apatridia y el Protocolo especial relativo a la apatridia.

[80]   LLANOS MANSILLA, Hugo, *op. cit.*, pp. 24-25. Entre los Estados a favor de las 3 millas de mar territorial se encontraban, además de los ya citados, Canadá, China, Grecia, India, Japón, Países Bajos y la Unión Sudafricana; en el grupo a favor de las 3 millas siempre que existiera una zona contigua adicional figuraban Alemania, Bélgica, Egipto, Estonia, Francia, Islandia y Polonia; por su parte, Finlandia, Noruega y Suecia se mostraron a favor de las 4 millas de mar territorial. La posición a favor de las 6 millas de mar territorial fue defendida por Brasil, Chile, Italia, Rumania, Uruguay y Yugoslavia; y la propuesta a favor de 6 millas con una zona contigua adicional fue respaldada por Cuba, España, Letonia, Persia y Turquía. Finalmente, a favor de un mar territorial mayor o igual a las 12 millas se encontraban la Unión Soviética y Portugal, esta última a favor de una franja de mar territorial de 18 millas.

[81]   NOVAK TALAVERA, Fabián, *op. cit.*, p. 31.

una zona contigua, en la que el Estado solo puede ejercer determinadas competencias especializadas, la falta de consenso en torno a la anchura de ambos espacios marinos determinó la imposibilidad de lograr un tratado internacional en la materia. Al margen de dicha circunstancia, se ha afirmado que esta conferencia resultó de utilidad, pues significó esencialmente la primera experiencia internacional de debate conjunto respecto a las normas que debían regular el derecho del mar; asimismo, permitió afianzar la existencia de espacios marinos como el mar territorial, la zona contigua y la alta mar, espacios que venían distinguiéndose desde el siglo xix; y sirvió también para «descartar definitivamente la regla de las tres millas de mar territorial, en tanto la ausencia de consenso sobre su existencia como norma puso en evidencia que no se trataba de una regla consolidada»[82].

Del mismo modo, la Conferencia resultó útil para establecer una terminología uniforme con relación a la franja de mar adyacente a las costas del Estado ribereño y bajo soberanía de este. A partir de entonces dicho espacio se denominará «mar territorial», y no «aguas territoriales», lo cual constituye una manifestación de la progresiva evolución conceptual del derecho internacional[83].

A pesar de que en lo relativo al derecho del mar no se llegó a aprobar convención alguna y los esfuerzos desplegados quedaron reducidos a una resolución por la que se invitaba a los Estados a continuar el estudio sobre la materia, la Conferencia de La Haya sirvió para abrir el debate acerca de los nuevos temas que preocupaban a los Estados y que posteriormente serían recogidos por las Conferencias de Ginebra de 1958 y 1960. Entre esos temas ya figuraba el de la protección de la pesca más allá de las zonas de jurisdicción de los Estados.

4.2. La Primera Conferencia de las Naciones Unidas sobre el Derecho del Mar

Después de la Segunda Guerra Mundial se produjo una rápida evolución del derecho internacional, reflejada no solo en la importancia que adquirieron los intereses económicos en las relaciones internacionales, sino también en el surgimiento de normas sobre la base de nuevas realidades. El mar, como se ha mencionado antes, ofrece nuevas posibilidades de aprovechamiento, y a la tradicional actividad de pesca —fuente importante de sustento para la población desde la antigüedad— vendrá a sumarse el descubrimiento de recursos energéticos en el lecho y subsuelo marinos. Asimismo, aparecieron nuevas nociones, como la de los intereses especiales de los Estados ribereños con respecto a la pesca en la alta mar frente a sus costas, el concepto de plataforma continental y, décadas más tarde, el surgimiento del principio

---

[82]   *Id.*
[83]   Ferrero Costa, Eduardo, *op. cit.*, p. 31.

de patrimonio común de la humanidad en los fondos marinos y oceánicos más allá de los límites de la jurisdicción nacional.

En ese contexto, la Comisión de Derecho Internacional[84] seleccionó en su primer período de sesiones (1949), entre otros, los temas relacionados con el régimen de la alta mar y del mar territorial. Al finalizar su octavo período de sesiones (1956), la Comisión adoptó un borrador final que contenía 73 artículos concernientes al derecho del mar con el fin de convertir ese proyecto en un cuerpo normativo único y sistemático[85]. Una vez presentado el texto a la Asamblea General de las Naciones Unidas, esta decidió convocar, en 1957, una «conferencia internacional de plenipotenciarios para que examine el derecho del mar, teniendo presentes no solamente los aspectos jurídicos del problema, sino también sus aspectos técnicos, biológicos, económicos y políticos, e incorpore el resultado de sus trabajos en una o más convenciones internacionales o en los instrumentos que juzgue apropiados»[86].

En virtud de lo anterior, se celebró en Ginebra en 1958 la Primera Conferencia de las Naciones Unidas sobre el Derecho del Mar, con la participación de 86 Estados, después de una dilatada labor preparatoria llevada a cabo por la Comisión de Derecho Internacional.

En dicha conferencia se aprobaron cinco tratados que procuraron regular aspectos que se venían discutiendo desde décadas atrás entre los miembros de la comunidad internacional. Los mencionados instrumentos fueron los siguientes:

- Convención sobre el Mar Territorial y la Zona Contigua.

- Convención sobre la Alta Mar.

- Convención sobre Pesca y Conservación de los Recursos Vivos de la Alta Mar.

- Convención sobre la Plataforma Continental.

- Protocolo de Firma Facultativo sobre la Jurisdicción Obligatoria en la Solución de Controversias.

Estos tratados entraron en vigor a lo largo de la década de 1960 y aún son jurídicamente vinculantes entre algunos Estados, aunque ninguno de estos fue ratificado por la mayoría de los Estados latinoamericanos.

---

[84]   La Comisión de Derecho Internacional fue creada en 1947 por la Asamblea General de las Naciones Unidas, mediante la resolución A/RES/174(II), con la misión de favorecer el desarrollo progresivo y la codificación del derecho internacional. Está compuesta por 34 miembros, elegidos por la Asamblea General por un período de cinco años.

[85]   NACIONES UNIDAS, *op. cit.*, p. 130.

[86]   NACIONES UNIDAS, Asamblea General, *Conferencia internacional de plenipotenciarios encargada de examinar el derecho del mar*, A/RES/1105(XI), de 21 de febrero de 1957, num. 2.

Con respecto al asunto del mar territorial no se logró acuerdo sobre su extensión. Las grandes potencias marítimas (principalmente Estados Unidos, Japón y Reino Unido) insistieron en que el límite exterior reconocido por el derecho internacional era de 3 millas marinas, a pesar de que los resultados de la Conferencia de La Haya de 1930 demostraron que esa postura carecía de sustento histórico y jurídico.

Por otra parte, la zona contigua se concibió como un área de alta mar adyacente al mar territorial del Estado ribereño destinada a la prevención y represión de infracciones a sus normas aduaneras, fiscales, de inmigración y sanitarias cometidas (o que pudieran cometerse) en su territorio o en su mar territorial[87]. Esa zona no se podía extender «más allá de doce millas contadas desde la línea de base desde donde se mide la anchura del mar territorial»[88]. De esta expresión normativa se dedujo que la anchura del mar territorial no debía ser mayor a las 12 millas marinas, aunque bien es cierto que esta interpretación no estuvo exenta de críticas[89]. En todo caso, dentro de la zona contigua no se contempló el derecho especial a favor del Estado ribereño de adoptar medidas para asegurar la conservación y reglamentar la explotación de los recursos pesqueros, demanda formulada en la conferencia por Ecuador, Chile, Costa Rica y Perú[90].

La Convención sobre la Alta Mar determinó que ese espacio marino comprendía «la parte del mar no perteneciente al mar territorial ni a las aguas interiores de un Estado»[91]. Asimismo, estableció, entre otras, cuatro libertades tradicionales para todos los Estados, con litoral o sin él: libertad de navegación, libertad de pesca, libertad de tendido de cables y tuberías submarinos, y libertad de sobrevuelo. Como señala el propio tratado, dichas libertades «y otras [libertades] reconocidas por los principios generales del derecho internacional, serán ejercidas por todos los Estados con la debida consideración para con los intereses de otros Estados en su ejercicio de la libertad de alta mar»[92].

Esta convención contradecía la posición de algunos Estados, entre ellos los del Pacífico sudamericano (Chile, Ecuador y Perú), grupo que venía sosteniendo el derecho de los Estados ribereños de extender la soberanía y jurisdicción (para ciertos propósitos) más allá del mar territorial.

De otro lado, la Convención sobre Pesca y Conservación de los Recursos Vivos de la Alta Mar ya reconocía la necesidad de limitar, o por lo menos reglamentar,

---

[87]   Convención de Ginebra de 1958 sobre el Mar Territorial y la Zona Contigua, art. 24.1.
[88]   *Ibid.*, art. 24.2.
[89]   Piazza, Cristina, *El derecho, las 200 millas y la Convención sobre el Derecho del Mar*, Lima, Sesator, 1985, pp. 48-49.
[90]   Naciones Unidas, Asamblea General, *Chile, Costa Rica, Ecuador and Peru: proposal*, A/CONF.13/C.3/L.41, de 27 de marzo de 1958.
[91]   Convención de Ginebra de 1958 sobre la Alta Mar, art. 1.
[92]   *Ibid.*, art. 2.

el principio de la libertad de los mares, especialmente la libertad de pesca[93], en consideración a que «el desarrollo de la técnica moderna en cuanto a los medios de explotación de los recursos vivos del mar, al aumentar la capacidad del hombre para atender las necesidades alimenticias de la creciente población mundial, ha expuesto algunos de estos recursos al peligro de ser explotados en exceso»[94]. También es de importancia resaltar que desde esta etapa se comienza a reconocer que la cooperación internacional entre los Estados podría ser un medio eficaz para afrontar los problemas que suscita la conservación de los recursos vivos de la alta mar[95].

De igual manera, esta convención reconoció el denominado «interés especial», concepto por el cual se le reconoce al Estado ribereño, aunque de manera muy limitada y evitando deliberadamente toda vinculación con la noción de jurisdicción exclusiva en materia pesquera, el derecho de aprovechamiento de los recursos vivos marinos en la alta mar[96]. Así, el artículo 6 reconoce el «interés especial» del Estado ribereño en el «mantenimiento de la productividad de los recursos vivos en cualquier parte de la alta mar adyacente a su mar territorial»[97]. Complementariamente, se faculta al Estado ribereño a adoptar de manera unilateral las medidas de conservación que procedan para toda reserva de peces u otros recursos marinos, en cualquier parte de la alta mar adyacente al mar territorial de ese Estado, si fracasaran las negociaciones con otros Estados para la adopción de medidas de conservación[98].

Pese a lo señalado, para algunas delegaciones, esas y otras disposiciones no tuvieron en cuenta las reivindicaciones de los derechos exclusivos de pesca del Estado ribereño más allá del mar territorial, las cuales se fundamentaban en aspectos geográficos, biológicos, económicos y sociales[99].

Finalmente, la Convención sobre la Plataforma Continental reconoció al Estado ribereño derechos de soberanía sobre la plataforma continental «a los efectos de su exploración y de la explotación de sus recursos naturales», independientemente de su

---

[93]   Meseguer Sánchez, José Luis, *op. cit.*, p. 33. Esas limitaciones se encuentran en el artículo 1.1 de la Convención de Ginebra de 1958 sobre Pesca y Conservación de los Recursos Vivos de la Alta Mar, que a la letra señala que «[t]odos los Estados tienen el derecho de que sus nacionales se dediquen a la pesca en alta mar, a reserva de: a) sus obligaciones convencionales, b) los intereses y derechos del Estado ribereño que se estipulan en la presente Convención, y c) las disposiciones sobre la conservación de los recursos vivos de la alta mar que figuran en los artículos siguientes».

[94]   Convención de Ginebra de 1958 sobre Pesca y Conservación de los Recursos Vivos de la Alta Mar, preámbulo, párr. 1.

[95]   *Ibid.*, párr. 2.

[96]   Orrego Vicuña, Francisco, *La Zona Económica Exclusiva: Régimen y Naturaleza Jurídica en el Derecho Internacional*, Santiago, Editorial Jurídica de Chile, 1991, p. 14.

[97]   Convención de Ginebra de 1958 sobre Pesca y Conservación de los Recursos Vivos de la Alta Mar, art. 6.1.

[98]   *Ibid.*, art. 7.1.

[99]   Piazza, Cristina, *op. cit.*, p. 49.

ocupación real o ficticia[100]. En los términos de dicha convención, este espacio marino comprende:

a) el lecho del mar y el subsuelo de las zonas submarinas adyacentes a las costas pero situadas fuera de la zona del mar territorial, hasta una profundidad de 200 metros o, más allá de este límite, hasta donde la profundidad de las aguas suprayacentes permita la explotación de los recursos naturales de dichas zonas; b) el lecho del mar y el subsuelo de las regiones submarinas análogas, adyacentes a las costas de islas[101].

Esa definición —que combina elementos geográficos con criterios funcionales flexibles—, sumada a la disposición del artículo 3 que establece que «los derechos del Estado ribereño sobre la plataforma continental no afectan al régimen de las aguas suprayacentes como alta mar», permite afirmar que dicho texto normativo constituyó un gran avance en la evolución del derecho del mar, toda vez que reconoció derechos soberanos al Estado ribereño sobre la plataforma continental en extensiones que en algunos casos superaban las 200 millas marinas contadas desde las líneas de base desde donde se mide la anchura del mar territorial[102].

A pesar de los avances mostrados en la Primera Conferencia, quedaron por resolver varios asuntos fundamentales que venían debatiéndose desde hacía décadas, a saber, la extensión del mar territorial, la determinación de los derechos de pesca en la alta mar, la protección del medio marino, el régimen de la investigación científica marina, los derechos e intereses de los Estados sin litoral, entre otros. La conferencia de 1958, como ha señalado Trigo Chacón, «trató de poner remedio a una clamorosa discordancia de los nuevos Estados que se encontraban en situaciones de inferioridad y que habían proclamado reiteradamente la necesidad de una regulación más justa del Derecho del Mar»[103]. Sin embargo, los resultados finales no acompañaron las expectativas generadas por una nueva realidad de los mares y océanos en el siglo xx, circunstancia que restó verdadera efectividad a los convenios de Ginebra de 1958[104].

4.3. La Segunda Conferencia de las Naciones Unidas sobre el Derecho del Mar

En vista de que en la Primera Conferencia no se lograron acuerdos sobre aspectos tan esenciales, como el de la anchura del mar territorial o el establecimiento de una zona adyacente de pesca exclusiva, se celebró en Ginebra en 1960 la Segunda Conferencia de las Naciones Unidas sobre el Derecho del Mar, con la participación

---

[100]   Convención de Ginebra de 1958 sobre la Plataforma Continental, art. 2.
[101]   *Ibid.*, art. 1.
[102]   FERRERO COSTA, Eduardo, *op. cit.*, pp. 83-84.
[103]   TRIGO CHACÓN, Manuel, *op. cit.*, p. 156.
[104]   MESEGUER SÁNCHEZ, José Luis, *op. cit.*, p. 28.

de 88 Estados. Dicha conferencia se convocó en virtud de una resolución de la Asamblea General de las Naciones Unidas de 1958[105].

Dado que esta reunión se realizó sin la necesaria preparación técnica y diplomática, estuvo destinada al fracaso desde su convocatoria[106]. La conferencia no llegó a un acuerdo sobre la extensión del mar territorial ni sobre los derechos de pesca en la alta mar. Una propuesta formulada por los Estados Unidos y Canadá sugería un mar territorial de 6 millas marinas y una zona contigua con derechos exclusivos de pesca hasta las 12 millas marinas. La otra propuesta, presentada por 18 Estados, planteaba un mar territorial hasta un límite exterior de 12 millas marinas. Sin embargo, ninguna de ellas alcanzó el número de votaciones necesarias para ser aprobada. De hecho, tampoco se aprobó el informe de la Comisión Plenaria, y el Acta Final de la Conferencia solamente incluyó dos resoluciones de carácter procedimental. García Robles, al explicar las razones del resultado negativo conseguido en esta reunión, señala que se debió principalmente a que las posiciones divergentes seguían siendo esencialmente las mismas que al terminar la conferencia de 1958[107].

5. LA TERCERA CONFERENCIA DE LAS NACIONES UNIDAS SOBRE EL DERECHO DEL MAR

Ya a mediados de la década de 1960 la reglamentación jurídica establecida por los convenios de 1958 era considerada desfasada y con «síntomas manifiestos de envejecimiento [...], víctimas del deterioro causado por la aceleración histórica propia de la época que vivimos»[108].

El 17 de agosto de 1967, la representación de Malta ante las Naciones Unidas propuso la inclusión del tema titulado «Declaración y tratado relativos a la utilización

---

[105]   NACIONES UNIDAS, Asamblea General, *Convocación a una segunda conferencia de las Naciones Unidas sobre el derecho del mar*, A/RES/1307(XIII), de 10 de diciembre de 1958, núms. 1-2.

[106]   Como menciona García Robles, «[n]umerosos representantes expresaron las serias dudas que abrigaban respecto a la conveniencia de convocar una segunda conferencia sin que, previamente a cualquier decisión sobre el particular, se hubiese llevado a cabo una labor preparatoria que pusiese de manifiesto que habían cambiado las circunstancias que hicieron imposible la fijación de la anchura del mar territorial en la Primera Conferencia». GARCÍA ROBLES, Alfonso, *op. cit.*, p. 102. En igual sentido se pronunció Alberto Ulloa, presidente de la delegación peruana, en su discurso ante la Comisión Plenaria de la Segunda Conferencia, quien expresó rotundamente que esta nueva convocatoria se realizó «sin la preparación especial que se necesita para tratar de las posiciones respectivas de los Estados, después de haber fracasado en 1958 en el empeñoso intento de obtener solución para los dos mayores problemas del derecho del mar [el problema del mar territorial y el de los límites de las pesquerías] que se encuentran, por otra parte, estrechamente ligados entre sí». ULLOA, Alberto, «Discurso en el Debate General de la Comisión Plenaria de la II Conferencia de las Naciones Unidas sobre el Derecho del Mar», *Revista Peruana de Derecho Internacional*, tomo XX, 1961, n.ᵒˢ 57-58, p. 83.

[107]   GARCÍA ROBLES, Alfonso, *op. cit.*, pp. 103-104.

[108]   PASTOR RIDRUEJO, José Antonio, «Consideraciones sobre la III Conferencia de las Naciones Unidas sobre el Derecho del Mar», *Anuario Español de Derecho Internacional*, vol. 3, 1976, n.º 1, p. 282.

exclusiva para fines pacíficos de los fondos marinos y oceánicos fuera de los límites de la jurisdicción nacional actuales y para la explotación de sus recursos en interés de la humanidad»[109], en la agenda de trabajo del vigésimo segundo período de sesiones de la Asamblea General. Posteriormente, el 1 de noviembre del mismo año, el embajador de Malta, Arvid Pardo, formuló una declaración ante la Asamblea General partiendo del hecho de que los avances tecnológicos de la época ya permitían la exploración y explotación de los fondos marinos. En ese sentido, además de proponer la adopción de un tratado y la creación de un organismo internacional, planteó que la zona de los fondos marinos y oceánicos fuese declarada patrimonio común de la humanidad[110].

Tiempo después, en 1970, por medio de una resolución de la Asamblea General de las Naciones Unidas, se aprobó la «Declaración de principios que regulan los fondos marinos y oceánicos y su subsuelo fuera de los límites de la jurisdicción nacional». La importancia de esta declaración radica en el reconocimiento expreso, como patrimonio común de la humanidad, de los fondos marinos y su subsuelo fuera de los límites de la jurisdicción nacional. A la par, comprendía los principios de exclusión de soberanía y de apropiación, de reserva exclusiva para fines pacíficos o de preservación del medio marino, entre otros[111].

Cabe resaltar que dicha declaración de principios contribuyó a la construcción de un régimen jurídico —en proceso de formación en aquel entonces— que vino a completar la ausencia normativa sobre esta materia en el derecho del mar. Por lo tanto, siguiendo la opinión de Meseguer Sánchez, «con independencia del valor jurídico de las resoluciones de la Asamblea General, esta declaración de principios constituye el reflejo de la *opinio iuris* de los Estados sobre la cuestión de los fondos marinos y oceánicos más allá de la jurisdicción nacional»[112].

A partir de la década de 1970 la reglamentación jurídica de los mares y océanos se va a insertar en un marco de participación más justo y equitativo entre los miembros de la comunidad internacional contemporánea. Como ya ha sido mencionado, desde la década de 1960 las convenciones de Ginebra empezaron a mostrar «síntomas

---

[109] NACIONES UNIDAS, Asamblea General, *Note verbale dated 17 August 1967 from the Permanent Mission of Malta to the United Nations addressed to the Secretary-General*, Doc. A/6695, de 18 de agosto de 1967.

[110] PASTOR RIDRUEJO, José Antonio, *Curso de Derecho Internacional...*, *op. cit.*, p. 402.

[111] *Vid.*: NACIONES UNIDAS, Asamblea General, *Declaración de principios que regulan los fondos marinos y oceánicos y su subsuelo fuera de los límites de la jurisdicción nacional*, A/RES/2749(XXV), de 17 de diciembre de 1970, num. 1 y sig.

[112] MESEGUER SÁNCHEZ, José Luis, *op. cit.*, p. 335. En opinión de Diez de Velasco, «el valor del texto, desde el ángulo jurídico, nos lleva a considerar la posible intención de enunciar principios jurídicos [...]. Para ello cobra singular importancia considerar que la Declaración, en cuanto que preserva adecuadamente los intereses de todas las delegaciones, fuese aceptada sin oposición». DIEZ DE VELASCO, Manuel, *Instituciones de Derecho Internacional Público*, 17.ª ed., Madrid, Tecnos, 2009, p. 557.

de envejecimiento» debido a la ausencia de una solución general a los inconvenientes descritos anteriormente, por lo que se hizo evidente la necesidad de celebrar una nueva conferencia a fin de revisar el derecho del mar vigente hasta ese momento.

La decisión de convocar la Tercera Conferencia sobre el Derecho del Mar fue adoptada mediante la resolución 2750-C del vigésimo quinto período de sesiones de la Asamblea General de las Naciones Unidas. De acuerdo con lo señalado en el mencionado documento, la conferencia por convocarse se ocuparía:

> Del establecimiento de un régimen internacional equitativo […] para la zona y los recursos de los fondos marinos y oceánicos y su subsuelo fuera de los límites de la jurisdicción nacional, de la definición precisa de la zona y una amplia gama de cuestiones conexas, en especial las relacionadas con los regímenes de la alta mar, la plataforma continental, el mar territorial (incluidas la cuestión de su anchura y la cuestión de los estrechos internacionales) y la zona contigua, de la pesca y la conservación de los recursos vivos de la alta mar (incluida la cuestión de los derechos preferenciales de los Estados ribereños), de la protección del medio marino (incluida, entre otras cosas, la prevención de la contaminación) y de la investigación científica[113].

La conferencia se desarrolló en 11 períodos de sesiones desde 1973, según el siguiente orden:

- Primer período. Nueva York, diciembre de 1973.
- Segundo período. Caracas, junio-agosto de 1974.
- Tercer período. Ginebra, marzo-mayo de 1975.
- Cuarto período. Nueva York, marzo-mayo de 1976.
- Quinto período. Nueva York, agosto-septiembre de 1976.
- Sexto período. Nueva York, mayo-julio de 1977.
- Séptimo período. Ginebra, marzo-mayo de 1978. Nueva York, agosto-septiembre de 1978.
- Octavo período. Ginebra, marzo-abril de 1979. Nueva York, julio-agosto de 1979.
- Noveno período. Nueva York, marzo-abril de 1980. Ginebra, julio-agosto de 1980.
- Décimo período. Nueva York, marzo-abril de 1981.
- Undécimo período. Nueva York, marzo-abril y septiembre de 1982.

---

[113] NACIONES UNIDAS, Asamblea General, *Reserva exclusiva para fines pacíficos de los fondos marinos y oceánicos y de su subsuelo en alta mar fuera de los límites de la jurisdicción nacional actual y empleo de sus recursos en beneficio de la humanidad, y convocación de una conferencia sobre el derecho del mar*, A/RES/2750-C(XXV), de 17 de diciembre de 1970, num. 2.

La conferencia estuvo reunida 83 semanas durante 9 años, siendo la más larga de las conferencias especiales que se ha celebrado bajo el auspicio de las Naciones Unidas[114]. Además, se destacó por sus métodos de trabajo innovadores, los cuales facilitaron los procedimientos que se llevaron a cabo para la toma de decisiones.

El primero de ellos fue el método del consenso, cuyo uso respondió a «una auténtica creación de la necesidad»[115]. Al amparo de esta técnica, las decisiones se adoptaban por acuerdo general —no necesariamente unánime— y sin hacer uso de la votación, no comprometían formalmente a quienes participaban en su elaboración, y dejaba abierta la posibilidad de expresar las divergencias *a posteriori*[116].

Otro de los procedimientos propuestos en la conferencia comprendía la formulación de los textos de base. Con arreglo a esta fórmula, se procedió a trabajar con documentos informales elaborados en las mismas reuniones, sin encargar la labor preparatoria a un comité de expertos. Esta nueva manera de abordar la preparación de reglas jurídicas respondió al carácter político de la conferencia, en donde la exigencia de la acomodación de unos temas a la aprobación de otros (el llamado *package deal*) jugó un rol importante a la hora de buscar entendimientos[117].

Dado que no fue posible adoptar el texto final por consenso, la Convención fue sometida a una votación en la que resultó aprobada por 130 votos a favor, 4 en contra (Estados Unidos, Israel, Turquía y Venezuela) y 17 abstenciones (Bélgica, Bulgaria, Bielorrusia, Checoslovaquia, España, Hungría, Italia, Luxemburgo, Mongolia, Países Bajos, Polonia, Reino Unido, República Democrática Alemana, República Federal de Alemania, Tailandia, Ucrania y la Unión Soviética). El texto de la CONVEMAR fue abierto a la firma en Montego Bay (Jamaica) el 10 de diciembre de 1982. Entró en vigor el 16 de noviembre de 1994, un año después de haberse depositado el sexagésimo instrumento de ratificación (por parte de Guyana). Asimismo, desde su entrada en vigor prevalece, en las relaciones entre los Estados que son partes de ella, sobre las convenciones de Ginebra de 1958[118].

En conjunto, el tiempo invertido en la Tercera Conferencia (1973-1982), más el tiempo transcurrido hasta su entrada en vigor (1982-1994), han facilitado que la CONVEMAR constituya un instrumento que refleja el derecho del mar consuetudinario[119].

---

[114] Trigo Chacón, Manuel, *op. cit.*, p. 240.

[115] Bákula, Juan Miguel, *op. cit.*, p. 127.

[116] *Ibid.*, p. 130.

[117] Meseguer Sánchez, José Luis, *op. cit.*, pp. 79-80.

[118] CONVEMAR, art. 311.1.

[119] Sobre el particular, Sobrino Heredia refiere que la Tercera Conferencia de las Naciones Unidas sobre el Derecho del Mar «ha permitido la cristalización de normas consuetudinarias a través de un proceso inverso al tradicional. Pues si habitualmente la costumbre internacional se ha formado después de que una práctica inveterada haya reflejado la *opinio iuris* de los Estados, en el caso que nos ocupa

La CONVEMAR refleja el extraordinario esfuerzo de creación realizado para regular entre los Estados el mejor uso y aprovechamiento de los mares y océanos, esfuerzo guiado por el espíritu de «respeto a la identidad del mar»[120], como afirma Bákula. De la misma manera, el Secretario General de las Naciones Unidas, con ocasión de la celebración del trigésimo aniversario de la adopción del tratado en cuestión, resaltó que:

> For 30 years, the law of the sea has guided our management of the oceans and the activities that take place on and beneath them. The progressive development of the law of the sea through the Convention and related instruments has provided a flexible and evolving framework. It has guided us through the peaceful settlement of disputes, the delineation of the outer limits of the extended continental shelf, and the administration of the resources of the international seabed. It contributes to international peace and security and the equitable and sustainable use of the marine environment[121].

Además de proporcionar una reglamentación completa de los diversos aspectos que involucra el derecho del mar, la CONVEMAR contiene dos elementos resaltantes que han caracterizado la más reciente evolución de esta rama del derecho internacional: de un lado, el reconocimiento del principio de patrimonio común de la humanidad en la Zona (artículo 118) y, por otro lado, la consagración de la ZEE como una zona de jurisdicción nacional (artículos 55 y sig.). Como bien ha apuntado Tullio Scovazzi, «estas dos innovaciones importantes representan el motivo principal por el que se había hecho necesario un ulterior intento de codificación del derecho del mar, promovido por la propia Organización de las Naciones Unidas poco tiempo después de la adopción de los cuatro convenios de Ginebra»[122]. La importancia se acrecenta si se toma en cuenta que, durante el proceso de elaboración de la CONVEMAR, varios autores (y también varios Estados) consideraban que esos espacios marinos no gozaban de consenso internacional.

Por todo lo expresado, la CONVEMAR constituyó un punto de inflexión en la consolidación de un nuevo derecho del mar, toda vez que introdujo conceptos concordantes con la realidad de los Estados en un momento determinado de la historia. Debido a la

---

lo fundamental y previo ha sido la formación de la *opinio iuris* durante la Conferencia. *Opinio* que ha dado un fuerte impulso a la práctica hasta llegar a la formación acelerada de normas consuetudinarias». SOBRINO HEREDIA, José Manuel, *op. cit.*, p. 98.

[120]   BÁKULA, Juan Miguel, *La imaginación creadora y el nuevo régimen del mar. Perú y Chile: ¿el desacuerdo es posible?*, Lima, Universidad del Pacífico, 2008, p. 44.

[121]   BAN, KI-MOON, «Foreword», en *United Nations Convention on the Law of the Sea at 30: Reflections*, NACIONES UNIDAS (ed.), Nueva York, Naciones Unidas, 2013, p. v.

[122]   SCOVAZZI, Tullio, *Elementos de Derecho Internacional del Mar*, Bou Franch, Valentín (trad.), Madrid, Tecnos, 1995, p. 21.

amplitud de temas que cubre en sus 320 artículos y 9 anexos, la CONVEMAR ha sido denominada, con no poca frecuencia, la «constitución de los océanos».

6. Desarrollos posteriores a la adopción de la CONVEMAR

Pese a la codificación bastante detallada desplegada en la CONVEMAR, el paso del tiempo ha evidenciado que algunos aspectos del derecho del mar quedaron al margen de la regulación de ese instrumento internacional. Al ser un producto de su tiempo, es claro que no podría haber regulado actividades que sus redactores no tuvieron en mente durante la fase de negociación, por la sencilla razón de que no eran previsibles en dicho período. El derecho del mar se encuentra sujeto a un proceso de evolución y desarrollo progresivo, vinculado a las nuevas necesidades y a la subsiguiente práctica internacional de los Estados. Es así como la celebración de un acuerdo destinado a la modificación del régimen de la Zona (el Acuerdo de 1994), y otro con el objetivo de implementar medidas de conservación y ordenación de ciertas poblaciones de peces en la ZEE y en la alta mar (el Acuerdo de Nueva York de 1995), fueron los primeros asuntos en los que se requirió la negociación de instrumentos destinados a precisar o enmendar las disposiciones de la CONVEMAR concernientes a dichos puntos.

Hasta hace muy poco tiempo, ambos acuerdos habían sido los acontecimientos más significativos después de la entrada en vigor de la CONVEMAR. Sin embargo, el 19 de junio de 2023, en lo que ha sido calificado de «logro histórico» por el Secretario General de las Naciones Unidas[123], la conferencia intergubernamental convocada bajo los auspicios de esa organización internacional consiguió adoptar, por consenso, el Acuerdo BBNJ. Este instrumento, además de buscar intensificar la cooperación y coordinación internacionales, incorpora cuatro asuntos sustantivos, a saber: la regulación de los recursos genéticos marinos (incluida la participación justa y equitativa de sus beneficios), el establecimiento de mecanismos de gestión basados en áreas (incluidas las áreas marinas protegidas), la implementación de evaluaciones de impacto ambiental y la creación de capacidad y transferencia de tecnología marina[124].

En definitiva, la CONVEMAR no representa el fin de la historia del derecho del mar. Después de 1982, aparte de los instrumentos ya citados, diversos documentos no vinculantes han hecho su aparición en esta área del derecho internacional. En ese sentido, el Código de Conducta de Pesca Responsable de la FAO, de 1995, y las Directrices Internacionales de la FAO para la Ordenación de las Pesquerías de Aguas

---

[123]   Naciones Unidas (6 de julio de 2023), *Statement by the Secretary-General at the Intergovernmental Conference on an International Legally Binding Instrument under the United Nations Convention on the Law of the Sea on the Conservation and Sustainable Use of Marine Biological Diversity of Areas Beyond National Jurisdiction*, https://www.un.org/bbnj/sites/www.un.org.bbnj/files/06-15-2023-final_bbnj_statement.pdf.

[124]   *Vid.*: *infra*, cap. 4.5.

Profundas en Alta Mar, de 2009, así como varias resoluciones de la Asamblea General de las Naciones Unidas en materia de océanos y derecho del mar (en temas tan diversos como piratería, transporte marítimo, pesquerías y diversidad biológica marina, entre otros)[125], constituyen una contribución importante al desarrollo contemporáneo de esta rama del derecho internacional. La interacción entre la CONVEMAR y otros instrumentos vinculantes y no vinculantes es un aspecto que en el futuro podría adquirir mayor relevancia en la creación de normas de derecho internacional consuetudinario[126].

En esa perspectiva de flexibilidad con relación a los nuevos usos de los mares y océanos en el siglo XXI, se puede anticipar la relevancia de la CONVEMAR para abordar asuntos de reciente preocupación para la comunidad internacional, entre los que cabe mencionar la elevación del nivel del mar[127], la protección de los derechos humanos en el mar, los impactos del cambio climático en el medio marino, la regulación de los buques autónomos y la contaminación por plásticos.

En suma, en este capítulo se ha examinado el desarrollo histórico de la alta mar en paralelo a la evolución del derecho del mar. A lo largo de la historia se observa una situación de permanente tensión entre las libertades de la alta mar —incluyendo la libertad de pesca— y las competencias que los Estados ribereños han reclamado sobre las aguas adyacentes a sus costas. El principio de la libertad de los mares, de acuerdo con lo analizado en este capítulo, ha sufrido diversas limitaciones, ya sea por medio de actos unilaterales de ciertos Estados ribereños, o por la construcción de regímenes jurídicos convencionales con una importante base consuetudinaria, particularmente en el siglo XX.

---

[125]   *Vid.*: por ejemplo, NACIONES UNIDAS, Asamblea General, *Los océanos y el derecho del mar*, A/RES/77/248, de 9 de enero de 2023.

[126]   TANAKA, Yoshifumi, *op. cit.*, p. 47.

[127]   A propósito del tema «La elevación del nivel del mar en relación con el derecho internacional», la Comisión de Derecho Internacional, en el contexto de su 73.º período de sesiones, resaltó el papel central de la CONVEMAR y la necesidad de preservar su integridad al momento de abordar este problema de alcance global. *Vid.*: NACIONES UNIDAS, Asamblea General, *Informe de la Comisión de Derecho Internacional*, 73.º período de sesiones, A/77/10, 2022, p. 362.

3

EL RÉGIMEN JURÍDICO DE LA ALTA MAR EN EL DERECHO DEL MAR CONTEMPORÁNEO, CON ESPECIAL REFERENCIA A LA LIBERTAD DE PESCA

El presente capítulo abordará en detalle el actual régimen jurídico de la alta mar con el fin de conocer fundamentalmente las limitaciones a la libertad de pesca a la luz de los instrumentos internacionales más importantes en la materia: la CONVEMAR y el Acuerdo de Nueva York de 1995.

Asimismo, es propósito de este capítulo identificar los vacíos normativos del actual derecho del mar, en lo que respecta al régimen de pesca en la alta mar, para sustentar la idea de que la CONVEMAR no es el final de la regulación jurídica de los mares y océanos. Es, como todo instrumento jurídico, producto de su tiempo pero, además, susceptible de diversas interpretaciones en cuestiones en las que los negociadores optaron por no regular (voluntaria o involuntariamente).

Justamente, ante la imprecisión o el vacío normativo de la CONVEMAR respecto de la conservación y gestión de ciertas poblaciones de peces, tanto en las zonas de jurisdicción nacional como en la alta mar, fue necesario negociar un instrumento suplementario para establecer disposiciones relativas a la ordenación de dichas especies, en el que la cooperación internacional juega un rol preponderante. El Acuerdo de Nueva York de 1995 busca remediar algunas de las omisiones de la CONVEMAR a este respecto.

1. LA CONVEMAR

1.1. La alta mar y su condición de *res communis omnium* en el derecho internacional contemporáneo

En el derecho internacional contemporáneo el concepto de *res communis* se distingue por dos características: en primer lugar, no puede ser objeto de apropiación; en segundo lugar, pertenece a todos por igual, lo que también implica que sus recursos pueden ser aprovechados por cualquier Estado[1]. Tradicionalmente, y en la práctica, este concepto se ha establecido sobre la base de los intereses individuales de los Estados. Ello, como apunta Baslar, significa que «the *res communis* concept is not community-oriented, but rather promotes the self-interest of each and every member of the community»[2].

Dichas peculiaridades diferencian el concepto de *res communis* del de patrimonio común de la humanidad. En el caso específico del régimen jurídico de la Zona, el concepto de patrimonio común de la humanidad se sustenta en cuatro corolarios normativos que a la vez constituyen elementos configuradores del mismo: no apropiación y exclusión de la soberanía, uso pacífico, beneficio en favor de la humanidad y utilización sostenible de los recursos[3]. Adicionalmente, la aplicación específica de este concepto en la Zona está dotada de una dimensión institucional, la cual la distingue de otros espacios en donde el mencionado principio carece de mecanismos que permitan que la humanidad se beneficie directamente de su utilización[4].

---

[1]   CHURCHILL, Robin R.; y LOWE, Alan V., *The Law of the* Sea, 3.ª ed., Manchester, Manchester University Press, 1999, p. 225; LARSCHAN, Bradley; y BRENNAN, Bonnie C., «Common Heritage of Mankind Principle in International Law», *Columbia Journal of Transnational Law*, vol. 21, 1983, n.º 2, pp. 305-338. Es preciso recordar que el contenido de la expresión *res communis omnium* en el derecho romano no coincide con el utilizado actualmente en el derecho internacional —y particularmente en el derecho del mar—. Sin perjuicio de ello, en lo que respecta al concepto de *res communis* romano vale la pena agregar, siguiendo a González Giménez, que «[d]e la sustentación fáctica de la doctrina romana, que es el dominio, impuesto por la fuerza, sobre la totalidad del Mediterráneo, los romanos piensan que lo más interesante es mantener el orden y la seguridad de cara al aprovechamiento de este monopolio; es decir, garantizar las condiciones en que la libre navegación pueda desenvolverse y generar beneficios. De ahí que el principio que establecieran en relación con el mar, y que se mantuvo hasta el final de su dominio, fuera el de su consideración como *res communis omnium*, conjugado con el ejercicio de su *imperium*. No se planteaban, por tanto, la moderna controversia *mare liberum* o *mare clausum* ni concebían, sobre una base jurídico-internacional, que se pudieran ejercer derechos sobre el mar de la manera que actualmente aceptamos. A efectos prácticos, su conceptuación jurídica unilateral acerca del mar era estrictamente mediterránea y, en definitiva, sobre la totalidad de esta cuenca pretendían ejercer una función protectora de la navegación frente a los ataques de los piratas, es decir, les preocupaba por encima de cualquier otra consideración hacer posible ese libre uso». GONZÁLEZ GIMÉNEZ, Jesús, «La evolución del Derecho del Mar desde el punto de vista de un mar semicerrado como el Mediterráneo», *Revista Electrónica de Estudios Internacionales*, 2007, n.º 14, pp. 5-6.

[2]   BASLAR, Kemal, *The Concept of the Common Heritage of Mankind in International Law*, La Haya, Martinus Nijhoff, 1998, p. 41.

[3]   GUTIÉRREZ FIGUEROA, Francisco, «Principio de Patrimonio Común de la Humanidad en la Zona Internacional de los Fondos Marinos», *Ius Inter Gentes. Revista de Derecho Internacional*, vol. 7, 2010, n.º 7, pp. 40-41.

[4]   Es el caso, por ejemplo, del Acuerdo que debe regir las actividades de los Estados en la Luna y otros cuerpos celestes de 1979, cuyo artículo 11 determina que la «luna y sus recursos naturales son patrimonio común de la humanidad», sin haber establecido mecanismo institucional alguno.

La Convención de Ginebra de 1958 sobre la Alta Mar ya delineaba el criterio de *res communis* con relación al espacio marino ubicado más allá del mar territorial. Así, de conformidad con el artículo 2 de este acuerdo:

> Estando la alta mar abierta a todas las naciones, ningún Estado podrá pretender legítimamente someter cualquier parte de ella a su soberanía. La libertad de la alta mar se ejercerá en las condiciones fijadas por estos artículos y por las demás normas del derecho internacional. Comprenderá, entre otras, para los Estados con litoral o sin él:
> 1) La libertad de navegación;
> 2) La libertad de pesca;
> 3) La libertad de tender cables y tuberías submarinos;
> 4) La libertad de volar sobre la alta mar.
>
> Estas libertades, y otras reconocidas por los principios generales del derecho internacional, serán ejercidas por todos los Estados con la debida consideración para con los intereses de otros Estados en su ejercicio de la libertad de alta mar.

También cabe resaltar que el principio de la libertad de los mares, al igual que el carácter inalienable de la alta mar, fue reiterado por el juez Federico de Castro en el asunto «Jurisdicción en materia de pesquerías (Reino Unido c. Islandia)», sometido a la CIJ, y cuyo fallo se emitió el 25 de julio de 1974. En la opinión separada de dicho magistrado, «the high seas, *res communis omnium*, is not something that lends itself to ownership; its use is common to everybody, and this applies also to fishing»[5]. Esta afirmación reflejaba la opinión de la comunidad jurídica internacional acerca del estatus de la alta mar como *res communis* y el derecho a ejercer la libertad de pesca en esta parte del mar, en tanto espacio excluido de la soberanía de cualquier Estado. Para ese entonces ya se reconocía el principio de la libertad de los mares como regla general de derecho internacional[6].

Posteriormente, la CONVEMAR revalidó la condición de *res communis* de la alta mar y, en atención a los nuevos avances tecnológicos, agregó dos libertades a las cuatro tradicionales enumeradas en la Convención de Ginebra de 1958: la libertad de construir islas artificiales y la libertad de investigación científica[7].

1.2. Régimen jurídico de la alta mar

La Parte VII de la CONVEMAR está dedicada al desarrollo del régimen jurídico de la alta mar, esto es, un sistema normativo organizado y coordinado con los

---

[5]   *Fisheries Jurisdiction (United Kingdom v. Iceland)*, Sentencia del 25 de julio de 1974, I. C. J. Reports 1974, Opinión separada del juez de Castro, p. 81.

[6]   SAHOVIC, Milan y BISHOP, William W., Jr., «Autoridad del Estado: su alcance en relación con las personas y lugares», en *Manual de Derecho Internacional Público*, SORENSEN, Max (ed.), Dotación Carnegie para la Paz Internacional (trad.), México D. F., Fondo de Cultura Económica, 1973, p. 343.

[7]   CONVEMAR, art. 87.1.

regímenes jurídicos de los demás espacios marinos contemplados en ese instrumento internacional y cubierto de manera integral por los principios del nuevo derecho del mar[8].

La alta mar se define en la Convención en términos negativos[9], ya que las normas relativas a este espacio marino se aplican a todas las partes del mar que no están comprendidas en la ZEE, en el mar territorial, en las aguas interiores o en las aguas archipelágicas[10].

El criterio fundamental de que ningún Estado puede ejercer soberanía territorial sobre la alta mar aparece como elemento central en las codificaciones sucesivas de este régimen. En el caso de la CONVEMAR, el artículo 89 establece que «ningún Estado podrá pretender legítimamente someter cualquier parte de la alta mar a su soberanía».

Por otro lado, en atención a su carácter de *res communis omnium*, la alta mar también ha sido concebida como un espacio abierto a todos los Estados para que puedan ejercer las libertades correspondientes, de conformidad con la Parte VII de la CONVEMAR y otras normas de derecho internacional[11].

1.3. Principios fundamentales

1.3.1. *Principio de igualdad*

El régimen jurídico de la alta mar encuentra su razón de ser en este principio debido a que, desde la sistematización y formulación del principio de la libertad de los mares por parte de Grocio, este espacio marino ha estado sujeto al uso común de todos los Estados. De ahí que la CONVEMAR haya establecido que «la alta mar está abierta a todos los Estados, sean ribereños o sin litoral»[12].

Este principio comprende dos aspectos complementarios. De un lado, involucra la igualdad de acceso de los buques de todos los Estados, ribereños o sin litoral, a la alta mar. Con el fin de alcanzar ese objetivo, la Parte X de la CONVEMAR regula el derecho de acceso al mar y desde el mar de los Estados sin litoral, así como la libertad de tránsito.

---

[8]   Silva Chau, Marisela, «Zonas Marítimas previstas en la Convención sobre el Derecho del Mar: El caso de la Alta Mar y la Zona Internacional de los Fondos Marinos. Convergencias y Divergencias», en *Derecho del Mar: Análisis de la Convención de 1982*, Namihas, Sandra (ed.), Lima, Pontificia Universidad Católica del Perú, 2001, pp. 145-146.

[9]   La Convención de Ginebra de 1958 sobre la Alta Mar también sigue este criterio. De conformidad con su artículo 1, «se entenderá por "alta mar" la parte del mar no perteneciente al mar territorial ni a las aguas interiores de un Estado».

[10]   *Vid.*: CONVEMAR, art. 86.

[11]   *Vid.*: CONVEMAR, art. 87.

[12]   CONVEMAR, art. 87.1.

Por otro lado, este principio implica la igualdad de uso por todos los Estados mediante la adopción del criterio de «utilización razonable»[13], que en la CONVEMAR se traduce en el ejercicio de las libertades de la alta mar de manera razonable «teniendo debidamente en cuenta los intereses de otros Estados en su ejercicio de la libertad de la alta mar»[14].

1.3.2. *Principio de ilegitimidad de las reivindicaciones de soberanía en la alta mar*

Se trata de un principio fundamental que va ligado al principio de igualdad y que aparece como elemento central en las sucesivas codificaciones del régimen de la alta mar. En el informe de la Comisión de Derecho Internacional a la Asamblea General de las Naciones Unidas en 1956, que sirvió de base para los debates de los Estados en la I Conferencia de las Naciones Unidas sobre el Derecho del Mar, se explicaba que «el principio de derecho internacional generalmente admitido de que la alta mar está abierta a todas las naciones domina toda la reglamentación de esta materia» y que «ningún Estado puede someter una parte cualquiera de la alta mar a su soberanía»[15].

El artículo 89 de la CONVEMAR —que formula este principio en términos similares al de la Convención de Ginebra sobre la Alta Mar[16]— determina que «ningún Estado podrá pretender legítimamente someter cualquier parte de la alta mar a su soberanía». Ello hace alusión a la prohibición del Estado de ejercer soberanía territorial sobre la alta mar con la intención de ocupar parte de ella; sin embargo, se deja a salvo la competencia *ratio personae* del Estado sobre las embarcaciones que enarbolan su pabellón.

1.3.3. *Principio de jurisdicción exclusiva del Estado del pabellón*

Este principio, que se encuentra bien establecido en el derecho internacional consuetudinario[17], también es reconocido por la CONVEMAR. Al respecto, esta señala que:

> Los buques navegarán bajo el pabellón de un solo Estado y, salvo en los casos excepcionales previstos de modo expreso en los tratados internacionales o en esta Convención, estarán sometidos, en la alta mar, a la jurisdicción exclusiva de dicho

---

[13]　Meseguer Sánchez, José Luis, *op. cit.*, p. 212.
[14]　CONVEMAR, art. 87.2.
[15]　Naciones Unidas, Asamblea General, *Anuario de la Comisión de Derecho Internacional (1956): Documentos correspondientes al octavo período de sesiones, incluso el informe de la Comisión a la Asamblea General*, vol. II, Nueva York, Naciones Unidas, 1956, p. 274.
[16]　*Vid.*: Convención de Ginebra de 1958 sobre la Alta Mar, art. 2.
[17]　Tanaka, Yoshifumi, *op. cit.*, p. 189.

Estado. Un buque no podrá cambiar de pabellón durante un viaje ni en una escala, salvo en caso de transferencia efectiva de la propiedad o de cambio de registro[18].

Del artículo anteriormente citado, se desprende que el principio entraña una doble dimensión. En sentido negativo prescribe la exclusión del ejercicio de la jurisdicción por cualquier otro Estado que no sea el del pabellón que enarbola el buque y, en sentido positivo, exige que los buques naveguen bajo el pabellón de un solo Estado en el transcurso de un viaje o una escala, excepto en los casos establecidos por la propia CONVEMAR[19].

En ausencia de una autoridad supranacional que gobierne la alta mar, el principio de jurisdicción exclusiva del Estado del pabellón se convierte en un mecanismo lógico, si no perfecto, para imponer una cuota de orden en las actividades de los buques en los espacios marinos fuera de la jurisdicción nacional. A todo lo expresado, Robin Warner agrega que:

> Although Grotius doctrine of the freedom of the high seas did not incorporate the notion of flag State jurisdiction or propose that ships possess a nationality, later jurists [...] were convinced of the indispensable character of this mode of jurisdiction if the activities of multiple vessels on the high seas were not to descend into chaos[20].

A propósito, cabe resaltar la importancia que adquiere en este escenario el vínculo de nacionalidad del buque, el cual no es exclusivo de naves al servicio de un Estado, sino que también es inherente a las embarcaciones de propiedad privada[21]. En este caso, la nacionalidad es un vínculo entre el buque y el Estado que se exterioriza a través del pabellón[22]. El artículo 91 de la CONVEMAR reconoce el derecho a otorgar la nacionalidad a los buques según los requisitos que cada Estado establezca. Sin embargo, con el fin de evitar la proliferación de los denominados «pabellones de conveniencia» —que constituyen más del 40 % de la flota mundial actual en términos de tonelaje de peso muerto[23]— el mismo artículo indica que para el otorgamiento del uso del pabellón «ha de existir una relación auténtica entre el Estado y el buque».

---

[18]   CONVEMAR, art. 92.1.
[19]   REMIRO BROTÓNS, Antonio *et al.*, *op. cit.*, p. 977.
[20]   WARNER, Robin, *Protecting the Oceans Beyond National Jurisdiction: Strengthening the International Law Framework*, Leiden, Martinus Nijhoff, 2009, p. 35.
[21]   SILVA CHAU, Marisela, *op. cit.*, p. 147.
[22]   DIEZ DE VELASCO, Manuel, *op. cit.*, p. 544. Para este mismo autor, en términos generales, la nacionalidad debe entenderse como «un *vínculo* que liga a un individuo con una determinada organización política estatal, determinando la pertenencia jurídica de una persona a la población de un Estado», *ibid.*, p. 612. Esta definición, *mutatis mutandis*, también puede aplicarse a los buques con la finalidad de identificar al Estado que ejercerá jurisdicción sobre ellos. Sobre este tema, *vid.*: REMIRO BROTÓNS, Antonio *et al.*, *op. cit.*, pp. 830-831.
[23]   UNCTAD, *Review of Maritime Transport 2022: Navigating stormy waters*, Ginebra, Naciones Unidas, 2022, p. 42.

Además de asegurar la libertad de actividades de los Estados en la alta mar (a través de sus embarcaciones), el principio de jurisdicción exclusiva del Estado del pabellón confiere a este la responsabilidad de asegurar que los buques que enarbolen su bandera en la alta mar desarrollen sus actividades en cumplimiento de las normas de derecho interno e internacional[24].

Este principio tiene un alcance absoluto con respecto a los buques de guerra[25] y los buques pertenecientes a un Estado o explotados por él y utilizados únicamente

---

[24]　Al respecto, es preciso ver en detalle lo señalado en el artículo 94 de la CONVEMAR, el cual se refiere ampliamente a los deberes del Estado del pabellón en la alta mar: «1. Todo Estado ejercerá de manera efectiva su jurisdicción y control en cuestiones administrativas, técnicas y sociales sobre los buques que enarbolen su pabellón. 2. En particular, todo Estado: a) Mantendrá un registro de buques en el que figuren los nombres y características de los que enarbolen su pabellón, con excepción de aquellos buques que, por sus reducidas dimensiones, estén excluidos de las reglamentaciones internacionales generalmente aceptadas; y b) Ejercerá su jurisdicción de conformidad con su derecho interno sobre todo buque que enarbole su pabellón y sobre el capitán, oficiales y tripulación, respecto de las cuestiones administrativas, técnicas y sociales relativas al buque. 3. Todo Estado tomará, en relación con los buques que enarbolen su pabellón, las medidas necesarias para garantizar la seguridad en el mar en lo que respecta, entre otras cuestiones, a: a) La construcción, el equipo y las condiciones de navegabilidad de los buques; b) La dotación de los buques, las condiciones de trabajo y la capacitación de las tripulaciones, teniendo en cuenta los instrumentos internacionales aplicables; c) La utilización de señales, el mantenimiento de comunicaciones y la prevención de abordajes. 4. Tales medidas incluirán las que sean necesarias para asegurar: a) Que cada buque, antes de su matriculación en el registro y con posterioridad a ella en intervalos apropiados, sea examinado por un inspector de buques calificado y lleve a bordo las cartas, las publicaciones náuticas y el equipo e instrumentos de navegación que sean apropiados para la seguridad de su navegación; b) Que cada buque esté a cargo de un capitán y de oficiales debidamente calificados, en particular en lo que se refiere a experiencia marinera, navegación, comunicaciones y maquinaria naval, y que la competencia y el número de los tripulantes sean los apropiados para el tipo, el tamaño, las máquinas y el equipo del buque; c) Que el capitán, los oficiales y, en lo que proceda, la tripulación conozcan plenamente y cumplan los reglamentos internacionales aplicables que se refieran a la seguridad de la vida en el mar, la prevención de abordajes, la prevención, reducción y control de la contaminación marina y el mantenimiento de comunicaciones por radio. 5. Al tomar las medidas a que se refieren los párrafos 3 y 4, todo Estado deberá actuar de conformidad con los reglamentos, procedimientos y prácticas internacionales generalmente aceptados, y hará lo necesario para asegurar su observancia. 6. Todo Estado que tenga motivos fundados para estimar que no se han ejercido la jurisdicción y el control apropiados en relación con un buque podrá comunicar los hechos al Estado del pabellón. Al recibir dicha comunicación, el Estado del pabellón investigará el caso y, de ser procedente, tomará todas las medidas necesarias para corregir la situación. 7. Todo Estado hará que se efectúe una investigación por o ante una persona o personas debidamente calificadas en relación con cualquier accidente marítimo o cualquier incidente de navegación en la alta mar en el que se haya visto implicado un buque que enarbole su pabellón y en el que hayan perdido la vida o sufrido heridas graves nacionales de otro Estado o se hayan ocasionado graves daños a los buques o a las instalaciones de otro Estado o al medio marino. El Estado del pabellón y el otro Estado cooperarán en la realización de cualquier investigación que éste efectúe en relación con dicho accidente marítimo o incidente de navegación».

[25]　CONVEMAR, art. 95.

para un servicio oficial no comercial[26]. Para el resto de las embarcaciones existen dos limitaciones claramente definidas: el derecho de visita y el derecho de persecución (*hot pursuit*).

El derecho de visita es ejercido por los buques de guerra o aeronaves militares de conformidad con el artículo 110 de la CONVEMAR, cuya primera parte se cita a continuación:

> 1. Salvo cuando los actos de injerencia se ejecuten en ejercicio de facultades conferidas por un tratado, un buque de guerra que encuentre en la alta mar un buque extranjero que no goce de completa inmunidad de conformidad con los artículos 95 y 96 no tendrá derecho de visita, a menos que haya motivo razonable para sospechar que el buque:
> a) Se dedica a la piratería;
> b) Se dedica a la trata de esclavos;
> c) Se utiliza para efectuar transmisiones no autorizadas, siempre que el Estado del pabellón del buque de guerra tenga jurisdicción con arreglo al artículo 109;
> d) No tiene nacionalidad; o
> e) Tiene en realidad la misma nacionalidad que el buque de guerra, aunque enarbole un pabellón extranjero o se niegue a izar su pabellón.

El artículo 110.1 distingue dos casos en donde los buques de guerra o aeronaves militares pueden ejercer ese derecho. El primero ocurre cuando los actos de injerencia se ejecutan en ejercicio de facultades conferidas por tratados específicos. En tal supuesto, solo los Estados partes de un acuerdo internacional están facultados para ejercer el derecho de visita sobre los buques que enarbolan el pabellón de otros Estados partes del mismo instrumento. En el segundo caso, el derecho de visita se ejerce sobre los buques extranjeros con relación a las actividades enumeradas en el artículo 110.1 de la CONVEMAR. En este supuesto, el buque de guerra puede enviar al buque sospechoso una lancha, al mando de un oficial, con el fin de verificar el derecho del buque a enarbolar su pabellón y, si aún después de examinar los documentos persisten las sospechas, podrá proseguir el examen a bordo del buque[27]. Sin embargo, como se advierte en el mismo artículo, «si las sospechas no resultan fundadas, y siempre que el buque visitado no haya cometido ningún acto que las justifique, dicho buque será indemnizado por todo perjuicio o daño sufrido»[28].

Por su parte, el derecho de persecución otorga a los Estados ribereños la facultad de perseguir y arrestar en la alta mar a un buque extranjero que ha cometido una infracción a sus leyes y reglamentos dentro de los límites de la jurisdicción nacional[29], incluyendo aquellas normas relativas a la conservación y administración

---

[26]   *Ibid.*, art. 96.
[27]   *Ibid.*, art. 110.2.
[28]   *Ibid.*, art. 110.3.
[29]   *Vid.: ibid.*, arts. 111.1 y 111.2.

EL RÉGIMEN JURÍDICO DE LA ALTA MAR EN EL DERECHO DEL MAR CONTEMPORÁNEO...

71

de los recursos pesqueros[30]. Se trata de una norma de derecho internacional consuetudinario, codificada en la Convención de Ginebra sobre la Alta Mar[31] y en la CONVEMAR[32].

El derecho de persecución que, en esencia, es una extensión temporal de la jurisdicción del Estado ribereño en la alta mar[33], está delimitado por una serie de condiciones para su ejercicio. En primer lugar, la persecución será llevada a cabo por buques de guerra o aeronaves militares, «o por otros buques o aeronaves que lleven signos claros y sean identificables como buques o aeronaves al servicio del gobierno y autorizados a tal fin»[34]. A la ya mencionada ubicación del barco presumiblemente infractor dentro de una de las zonas de jurisdicción nacional, la persecución debe ser ininterrumpida y solo podrá iniciarse cuando el buque perseguidor haya emitido una señal visual o auditiva de detenerse desde una distancia que permita al buque extranjero verla u oírla[35]. Asimismo, la persecución terminará cuando el buque perseguido ingrese en el mar territorial del Estado de su pabellón o en el de un tercer Estado[36]. Por último, cuando la persecución resulte injustificada, el buque detenido o apresado será resarcido de todo perjuicio o daño que haya sufrido[37].

1.3.4. *Principio de utilización exclusiva con fines pacíficos*

Este principio, de reciente incorporación en el derecho internacional[38], y derivado de la Carta de las Naciones Unidas[39], determina que «la alta mar será utilizada exclusivamente con fines pacíficos»[40]. Y no podía ser de otra manera, pues el uso contrario

---

[30] PALMA, Mary Ann; TSAMENYI, Martin; y EDESON, William, *Promoting Sustainable Fisheries: The International Legal and Policy Framework to Combat Illegal, Unreported and Unregulated Fishing*, Leiden, Martinus Nijhoff, 2010, p. 148.

[31] Convención de Ginebra de 1958 sobre la Alta Mar, art. 23.

[32] CONVEMAR, art. 111.

[33] TANAKA, Yoshifumi, *op. cit.*, p. 203.

[34] CONVEMAR, art. 111.5.

[35] *Ibid.*, art. 111.4.

[36] *Ibid.*, art. 111.3.

[37] *Ibid.*, art. 111.8.

[38] Su origen se encuentra en el proceso de formulación de los principios para regular los fondos marinos y oceánicos y su subsuelo fuera de los límites de la jurisdicción nacional, a partir de la resolución 2340 (XXII) de la Asamblea General de las Naciones Unidas, de 18 de diciembre de 1967. En el ámbito convencional, el principio de utilización exclusiva con fines pacíficos se encuentra en el Tratado Antártico de 1959 y en el Tratado sobre los principios que deben regir las actividades de los Estados en la exploración y utilización del espacio ultraterrestre, incluso la Luna y otros cuerpos celestes, de 1967.

[39] Uno de los principios de la Carta de las Naciones Unidas, contenido en el artículo 2.4, señala que «los Miembros de la Organización, en sus relaciones internacionales, se abstendrán de recurrir a la amenaza o al uso de la fuerza contra la integridad territorial o la independencia política de cualquier Estado, o en cualquier otra forma incompatible con los Propósitos de las Naciones Unidas».

[40] CONVEMAR, art. 88.

a dichos fines podría colocar en riesgo de pérdida este espacio de interés internacional, en especial los recursos naturales allí ubicados.

El mantenimiento de la paz y la seguridad internacionales es un asunto fundamental en el derecho internacional, y en el derecho del mar ello no constituye una excepción. Al respecto, cabe precisar que el principio en cuestión no prohíbe el uso de los mares con fines militares, sino que se refiere, *inter alia*, a las experiencias nucleares en la alta mar y los fondos marinos, al ejercicio de maniobras militares que pudieran afectar a terceros Estados y, en general, a toda actuación que menoscabe los derechos de los demás miembros de la comunidad internacional[41], tal como se desprende del artículo 301 de la CONVEMAR:

> Al ejercer sus derechos y cumplir sus obligaciones de conformidad con esta Convención, los Estados Partes se abstendrán de recurrir a la amenaza o al uso de la fuerza contra la integridad territorial o la independencia política de cualquier Estado o en cualquier otra forma incompatible con los principios de derecho internacional incorporados en la Carta de las Naciones Unidas.

1.4. Las libertades de la alta mar según la CONVEMAR

Como ha sido señalado anteriormente, el régimen de la alta mar se inspira en la idea de libertad de todos los Estados para que desarrollen sus actividades dentro de «un marco jurídico que permite desarrollar relaciones interestatales democráticas y justas»[42] con relación al uso de los mares y océanos. En ese sentido, la CONVEMAR establece que, «entre otras» (expresión que fija el criterio de *numerus apertus*), la libertad de la alta mar comprende:

a) La libertad de navegación;

b) La libertad de sobrevuelo;

c) La libertad de tender cables y tuberías submarinos, con sujeción a las disposiciones de la Parte VI;

d) Libertad de construir islas artificiales y otras instalaciones permitidas por el derecho internacional, con sujeción a las disposiciones de la Parte VI;

e) La libertad de pesca, con sujeción a las condiciones establecidas en la sección 2;

f) La libertad de investigación científica, con sujeción a las disposiciones de las Partes VI y XIII[43].

Las libertades de la alta mar no son absolutas, sino que se encuentran sujetas a ciertas limitaciones o restricciones que la propia CONVEMAR se encarga

---

[41]   Tanaka, Yoshifumi, *op. cit.*, p. 452.
[42]   Silva Chau, Marisela, *op. cit.*, p. 146.
[43]   CONVEMAR, art. 87.1.

de precisar cuando indica que estas deben ser ejercidas «teniendo debidamente en cuenta los intereses de otros Estados en su ejercicio de la libertad de la alta mar»[44]. Esta limitación, que también se recoge en la Convención de Ginebra de 1958 sobre la Alta Mar, puede ser considerada expresión de un principio bien establecido en el derecho internacional consuetudinario[45].

En general, es la idea de solidaridad la que impone esa restricción, lo cual implica que el derecho de cada Estado tiene que limitarse en proporción a los derechos de otros o, en similares términos, que un Estado no puede hacer uso de las libertades de la alta mar de forma tal que dificulte o suponga un obstáculo al ejercicio del mismo derecho que poseen los demás Estados.

1.4.1. *La libertad de pesca en la alta mar*

1.4.1.1. *Aspectos generales*

Como se verá en el presente apartado, la libertad de pesca en la alta mar ha pasado de ser un amplio derecho de acceso a convertirse en un derecho sujeto a estrictas condiciones[46]. La CONVEMAR se refiere a la conservación y administración de los recursos vivos en la alta mar en la sección 2 de la Parte VII (artículos 116 a 120). Los tres primeros artículos están dedicados a los derechos y deberes de los Estados con respecto a la actividad pesquera de sus nacionales en la alta mar; el artículo 119 se refiere a la conservación de los recursos vivos en este espacio marino; y el artículo 120 reenvía al artículo 65, el cual se aplica a la conservación y administración de los mamíferos marinos. En suma, la sección 2 de la Parte VII desarrolla la libertad restringida de pesca en la alta mar, enunciada en el artículo 87.1.e).

Con todo, manteniendo la premisa que afirma que la CONVEMAR no es el fin de la regulación jurídica de los mares y océanos[47], se hizo evidente que este instrumento necesitaba de criterios más específicos que desarrollasen las normas de conservación y gestión de los recursos vivos previstas en las Partes V (ZEE) y VII (alta mar). Con este propósito, se negoció y adoptó el Acuerdo de Nueva York de 1995, el cual será examinado en este capítulo a la luz de la libertad de pesca en la alta mar en el derecho internacional contemporáneo[48].

---

[44] *Ibid.*, art. 87.2.
[45] Casado Raigón, Rafael, *La pesca en alta mar*, Sevilla, Junta de Andalucía, Consejería de Agricultura y Pesca, 1994, p. 17.
[46] Meseguer Sánchez, José Luis, *op. cit.*, p. 234.
[47] *Vid.: supra*, cap. 2.6.
[48] *Vid.: infra*, cap. 3.2.

1.4.1.2. *La libertad de pesca como derecho condicionado*

La libertad de pesca en la alta mar, como norma consuetudinaria, fue codificada en el artículo 2.2 de la Convención de Ginebra sobre la Alta Mar[49] y desarrollada en la Convención de Ginebra sobre Pesca y Conservación de los Recursos Vivos de la Alta Mar, cuyo artículo 1 formula que:

> 1. Todos los Estados tienen el derecho de que sus nacionales se dediquen a la pesca en alta mar, a reserva de:
>   a. Sus obligaciones convencionales;
>   b. Los interesas y derechos del Estado ribereño, que se estipulan en la presente Convención, y
>   c. Las disposiciones sobre la conservación de los recursos vivos de la alta mar que figuran en los artículos siguientes.
> 2. Los Estados tendrán la obligación de adoptar o de colaborar con otros Estados en la adopción de las medidas que, en relación con sus respectivos nacionales, puedan ser necesarias para la conservación de los recursos vivos de la alta mar.

La CONVEMAR reitera esta libertad en el artículo 87.1, pero, a diferencia del artículo 2.2 de la Convención de Ginebra sobre la Alta Mar, supedita el ejercicio de la libertad de pesca a las «condiciones establecidas en la sección 2», la cual está dedicada a la conservación y administración de los recursos vivos en la alta mar. Así las cosas, si tomamos en cuenta esta restricción particular y el condicionamiento general del artículo 87.2 («estas libertades serán ejercidas teniendo debidamente en cuenta los intereses de otros Estados en su ejercicio de la libertad de la alta mar, así como los derechos previstos en esta Convención con respecto a las actividades en la Zona»), podemos afirmar que en el actual régimen jurídico del mar la libertad de pesca en la alta mar se encuentra formalmente reglamentada por el derecho internacional.

El ejercicio de la libertad de pesca observando los intereses de otros Estados también ha de considerarse con respecto a actividades llevadas a cabo en otros espacios marinos, como en la Zona y en el caso de una plataforma continental extendida. Con respecto a la Zona, esta afirmación implica que la pesca y la minería deben

---

[49]   Con relación a la libertad de pesca como norma codificada en el derecho internacional, es importante resaltar los comentarios de Takei cuando afirma que «[...] Article 2 of the [Convention on the High Seas] was formulated to balance the exercises of freedom of the high seas, whether in fisheries by two or more states or between different uses of the high seas, despite the original intention to restrict the use of the high seas for nuclear tests [...]. In fact, among the most important contributions of the [International Law Commission] at the early stage of its work was the explicit recognition that, contrary to the concept of absolute freedom, freedom of fishing on the high seas had limitations under general international law». TAKEI, Yoshinobu, *Filling Regulatory Gaps in High Seas Fisheries: Discrete High Seas Fish Stocks, Deep-sea Fisheries and Vulnerable Marine Ecosystems*, Leiden-Boston, Martinus Nijhoff, 2013, p. 20.

encontrar un punto de equilibrio en caso de conflicto entre dichas actividades en el medio marino. En esa dirección apunta una lectura conjunta de los artículos 87.2 y 147.1 de la CONVEMAR («las actividades en la Zona se realizarán teniendo razonablemente en cuenta otras actividades en el medio marino»). Específicamente, el artículo 147.2.b) determina que las instalaciones utilizadas para la realización de actividades en la Zona no serán establecidas en áreas de intensa actividad pesquera, por lo que, *a contrario sensu*, es posible afirmar que allí donde las actividades pesqueras no sean intensas pueden establecerse instalaciones e iniciar actividades mineras en la Zona[50]. Lo mismo habrá de tenerse en cuenta cuando exista una plataforma continental extendida. En tal supuesto, los derechos de soberanía del Estado ribereño tendrán que conciliarse con el ejercicio de las libertades en la alta mar por parte de otros Estados.

Volviendo al artículo 87.2 de la CONVEMAR, conviene reflexionar sobre sus alcances y repercusiones en vista de lo expresado anteriormente. Al respecto, Takei ha comentado pertinentemente que es el respeto al equilibrio de intereses entre los miembros de la comunidad internacional lo que es requerido con arreglo a dicho párrafo[51]. En efecto, esta obligación implica que los Estados deben ser conscientes de la existencia de intereses de terceros Estados, absteniéndose de realizar actividades que interfieran con el ejercicio de las libertades de la alta mar.

En cualquier caso, el requisito de la debida consideración a los intereses de otros Estados puede jugar un rol importante en la resolución de disputas sobre intereses pesqueros, como quedó de manifiesto en los asuntos «Jurisdicción en materia de pesquerías (Reino Unido c. Islandia y República Federal de Alemania c. Islandia)» de 1974. En aquella oportunidad, la CIJ señaló que uno de los avances del derecho del mar, como consecuencia de la intensificación de las actividades pesqueras, era el reemplazo del antiguo tratamiento de *laissez faire* de los recursos vivos de la alta mar por el reconocimiento de la obligación de tener debidamente en cuenta los derechos de otros Estados y las necesidades de conservación para beneficio de todos[52]. Por lo tanto, se consideraba que la libertad de pesca en la alta mar no era absoluta.

---

[50] Es importante resaltar que la CONVEMAR no otorga primacía a una u otra actividad. Esta afirmación se desprende de una lectura conjunta de los artículos 147 y 87.2. En un supuesto conflicto pesca-minería, son varias las consideraciones que deberían tomarse detalladamente en cuenta, a saber: la magnitud de esas actividades en términos espaciales y económicos, el potencial impacto de las actividades mineras en grandes áreas de pesca y cualquier otro posible impacto ambiental. *Vid.*: *ibid.*, p. 37.

[51] *Ibid.*, p. 35.

[52] *Vid.*: *Fisheries Jurisdiction (United Kingdom v. Iceland)*, Sentencia del 25 de julio de 1974, I. C. J. Reports 1974, párrs. 71-72; *Fisheries Jurisdiction (Federal Republic of Germany v. Iceland)*, Sentencia del 25 de julio de 1974, I. C. J. Reports 1974, párrs. 63-64.

Justamente, el derecho de libre acceso a la pesca se encuadra dentro de este marco de limitaciones que el orden jurídico internacional impone a los Estados. A este respecto, el artículo 116 de la CONVEMAR detalla que:

> Todos los Estados tienen derecho a que sus nacionales se dediquen a la pesca en la alta mar con sujeción a:
> a) Sus obligaciones convencionales;
> b) Los derechos y deberes así como los intereses de los Estados ribereños que se estipulan, entre otras disposiciones, en el párrafo 2 del artículo 63 y en los artículos 64 a 67; y
> c) Las disposiciones de esta sección.

Como puede apreciarse, existe una relación directa entre la libertad de pesca y las restricciones al derecho de pesca en la alta mar. Este artículo confirma la existencia de la regla que reconoce que la atribución de un derecho comporta necesariamente una obligación[53]. En ese sentido, otros principios generales contenidos en la CONVEMAR, como el de buena fe y prohibición de abuso de derecho, también delimitan el ejercicio de la libertad de pesca. Tal como señala el artículo 300 de la CONVEMAR, los Estados están obligados a cumplir de buena fe las obligaciones contraídas de conformidad con este tratado[54]. De hecho, el mismo artículo expresa que los Estados ejercerán los derechos, competencias y libertades reconocidos en la convención de manera que no constituya un abuso de derecho. Esta disposición —que surgió originalmente con la intención de restringir el poder discrecional del Estado ribereño— se aplica en la CONVEMAR de manera general a toda su normativa y no solamente al abuso del derecho ejercido por los Estados ribereños[55].

A continuación, se examinarán las dos principales obligaciones de los Estados con relación a la pesca en la alta mar —la obligación de conservación y la obligación de cooperación—, que a efectos de este trabajo serán estudiadas por separado.

1.4.1.3. *La obligación de conservación*

El artículo 117 de la CONVEMAR establece el deber de los Estados de adoptar «las medidas que, en relación con sus respectivos nacionales, puedan ser necesarias para la conservación de los recursos vivos de la alta mar, o de cooperar con otros

---

[53]   TAKEI, Yoshinobu, *op. cit.*, p. 44.

[54]   Tal como señalara la CIJ en 1974 en los asuntos relativos a los «Ensayos Nucleares (Australia c. Francia y Nueva Zelandia c. Francia)», el principio de buena fe es «one of the basic principles governing the creation and performance of legal obligations, whatever their source». *Vid.: Nuclear Tests (Australia v. France)*, Sentencia del 20 de diciembre de 1974, I. C. J. Reports 1974, párr. 46; *Nuclear Tests (New Zealand v. France)*, Sentencia del 20 de diciembre de 1974, I. C. J. Reports 1974, párr. 49.

[55]   TAKEI, Yoshinobu, *op. cit.*, p. 37.

EL RÉGIMEN JURÍDICO DE LA ALTA MAR EN EL DERECHO DEL MAR CONTEMPORÁNEO...

77

Estados en su adopción»[56]. Esta disposición deja en claro que, mientras en la ZEE la responsabilidad de conservar los recursos vivos recae en el Estado ribereño, en la alta mar esa responsabilidad es asumida por todos los Estados, sean ribereños o no[57]. De ahí que se haya afirmado que esta obligación se encuentra directamente vinculada con el principio de jurisdicción exclusiva del Estado del pabellón[58].

La conservación, entendida como una obligación que requiere el acuerdo de los Estados interesados[59], viene complementada por el artículo 119 de la CONVEMAR, el cual determina los criterios que deben tenerse en cuenta al momento de establecer las medidas de conservación[60]. Sin embargo, salvo la determinación del total admisible de capturas plasmada en el primer párrafo del artículo 119[61], la CONVEMAR

[56]   CONVEMAR, art. 117.

[57]   El artículo 61.2 de la CONVEMAR establece que «el Estado ribereño, teniendo en cuenta los datos científicos más fidedignos de que disponga, asegurará, mediante medidas adecuadas de conservación y administración, que la preservación de los recursos vivos de su zona económica exclusiva no se vea amenazada por un exceso de explotación».

[58]   CASADO RAIGÓN, Rafael. *La pesca en...*, *op. cit.*, p. 20. Adicionalmente, Takei afirma que «flag states are required to effectively exercise jurisdiction and control not only in respect of administrative, technical and social matters but also in respect of other matters regulated by the [United Nations Convention on the Law of the Sea] including the conservation and management of the living resources of the high seas». TAKEI, Yoshinobu, *op. cit.*, p. 70.

[59]   CONVEMAR, art. 118.

[60]   El artículo 119 señala lo siguiente: «1. Al determinar la captura permisible y establecer otras medidas de conservación para los recursos vivos en la alta mar, los Estados: a) Tomarán, sobre la base de los datos científicos más fidedignos de que dispongan los Estados interesados, medidas con miras a mantener o restablecer las poblaciones de las especies capturadas a niveles que puedan producir el máximo rendimiento sostenible con arreglo a los factores ambientales y económicos pertinentes, incluidas las necesidades especiales de los Estados en desarrollo, y teniendo en cuenta las modalidades de la pesca, la interdependencia de las poblaciones y cualesquiera normas mínimas internacionales, sean subregionales, regionales o mundiales, generalmente recomendadas; b) Tendrán en cuenta los efectos sobre las especies asociadas con las especies capturadas o dependientes de ellas, con miras a mantener o restablecer las poblaciones de tales especies asociadas o dependientes por encima de los niveles en los que su reproducción pueda verse gravemente amenazada. 2. La información científica disponible, las estadísticas sobre capturas y esfuerzos de pesca y otros datos pertinentes para la conservación de las poblaciones de peces se aportarán e intercambiarán periódicamente por conducto de las organizaciones internacionales competentes, sean subregionales, regionales o mundiales, cuando proceda, y con la participación de todos los Estados interesados. 3. Los Estados interesados garantizarán que las medidas de conservación y su aplicación no entrañen discriminación de hecho o de derecho contra los pescadores de ningún Estado». Los criterios plasmados en el artículo 119 coinciden en buena parte con los del artículo 61, relativo a la conservación de los recursos vivos en la ZEE. La principal diferencia estriba en que el artículo 61 atribuye al Estado ribereño la responsabilidad en la adopción de las medidas de conservación, en tanto que el artículo 119 asigna esa responsabilidad a «los Estados» en general. *Vid.*: CASADO RAIGÓN, Rafael, *La pesca en...*, *op. cit.*, pp. 20-21; TAKEI, Yoshinobu, *op. cit.*, pp. 71-72.

[61]   Casado Raigón comenta que «la captura permisible de la que habla el artículo 119 constituye, lógicamente, una medida de conservación; pero al ser la única referencia que a la misma se hace en la Convención en lo que respecta al alta mar, e incluso por razones técnicas y de mayor claridad, se ha

no menciona cuáles serán esas medidas, dejando en la expresión «otras medidas de conservación» un gran abanico de posibilidades. Al respecto, Iglesias Berlanga ha comentado que el carácter impreciso de esa expresión puede motivar la arbitrariedad de los Estados, «si bien no cabe duda de que esa discrecionalidad debe concretarse en la adopción de verdaderas medidas de conservación, excluyendo otras que, como el uso de la fuerza, resulten ajenas a la preservación de las especies»[62].

Con el objetivo de lograr la conservación de los recursos vivos de la alta mar, la CONVEMAR, a diferencia de la Convención de Ginebra de 1958 sobre Pesca y Conservación de los Recursos Vivos de la Alta Mar, no consagra ni el denominado «interés especial» de los Estados ribereños ni tampoco la posibilidad de adoptar, de manera unilateral, medidas de conservación en ese espacio marino. En la alta mar, de acuerdo con el artículo 118, los Estados cuyos nacionales exploten idénticos o diferentes recursos vivos situados en la misma zona, celebrarán negociaciones para lograr la conservación de tales recursos. Las negociaciones, en opinión de cierto sector de la doctrina, deben desembocar en acuerdos voluntarios suscritos por los Estados interesados, cuyos efectos —básicamente las medidas concretas de conservación— vinculen exclusivamente a aquellos que voluntariamente se comprometan a cumplirlos[63].

1.4.1.4. *La obligación de cooperación*

La cooperación entre Estados es uno de los elementos esenciales del régimen jurídico de la alta mar en el marco de la CONVEMAR. En palabras de Pastor Ridruejo, «la cada vez mayor interdependencia entre los Estados hace de la cooperación internacional, más que un deber, una necesidad a la que los Estados no se pueden sustraer»[64]. En el ámbito de la pesca en la alta mar dicha necesidad ha ido adquiriendo una importancia ascendente.

El artículo 117 *in fine* de la CONVEMAR enuncia el deber de todos los Estados de cooperar entre sí en la adopción de las medidas de conservación necesarias con relación a los recursos vivos de la alta mar. Esta obligación, que no puede ser omitida

---

debido evitar que nos encontremos de sopetón con ese concepto. Esta disposición se basó en una propuesta norteamericana según la cual "States, acting individually and through regional and international fisheries organizations, have the duty to apply...conservation measures", mencionándose posteriormente entre tales medidas el establecimiento de la captura permisible. Desgraciadamente, esta fórmula no se recogió en la Convención». Casado Raigón, Rafael, *La pesca en...*, *op. cit.*, p. 20.

[62]   Iglesias Berlanga, Marta, *La regulación jurídica de los recursos vivos de la alta mar: Especial referencia a los intereses españoles*, Madrid, Dilex, 2003, p. 45.

[63]   Casado Raigón, Rafael, *La pesca en...*, *op. cit.*, p. 21; Iglesias Berlanga, Marta, *op. cit.*, p. 45.

[64]   Pastor Ridruejo, José Antonio, «El Derecho Internacional del Mar y su evolución incesante», en *La cooperación internacional en la ordenación de los mares y océanos*, Pueyo Losa, Jorge; y Jorge Urbina, Julio (coords.), Madrid, Iustel, 2009, p. 38.

mediante la adopción de medidas unilaterales de conservación, es reforzada por el artículo 118:

> Los Estados cooperarán entre sí en la conservación y, administración de los recursos vivos en las zonas de la alta mar. Los Estados cuyos nacionales exploten idénticos recursos vivos, o diferentes recursos vivos situados en la misma zona, celebrarán negociaciones con miras a tomar las medidas necesarias para la conservación de tales recursos vivos. Con esta finalidad cooperarán, según proceda, para establecer organizaciones subregionales o regionales de pesca.

De igual forma, la idea (obligación) de cooperación entre Estados se encuentra implícita en el artículo 119 de la CONVEMAR ya que las medidas de conservación a las que hace referencia son, esencialmente, resultado de la cooperación[65]. Por lo tanto, la obligación de cooperar no puede separarse de las medidas de conservación previstas en aquel artículo. De ahí que se haya afirmado que del deber de conservación se deriva la obligación de cooperar[66] o, expresado de otra forma, que la obligación de cooperar es un prerrequisito para la conservación de los recursos vivos de la alta mar[67].

Si bien la conservación implica claramente una obligación de resultado, surgen discrepancias al momento de determinar si la cooperación en este ámbito constituye una obligación de resultado o de comportamiento. Quienes se encuentran a favor de la primera posición afirman que la responsabilidad de negociar involucra «una obligación de resultado, inconcebible sin la buena fe de las partes»[68], aunque, como ha advertido Casado Raigón, «su control no deja de ser muy problemático»[69]. Esta posición encuentra apoyo en la jurisprudencia de la CIJ. En efecto, en los asuntos «Plataforma Continental del Mar del Norte (República Federal de Alemania c. Dinamarca y República Federal de Alemania c. Países Bajos)» de 1969, ese tribunal internacional señaló que:

> [T]he parties are under an obligation to enter into negotiations with a view to arriving at an agreement, and not merely to go through a formal process of negotiation as a sort of prior condition for the automatic application of a certain method of delimitation in the absence of agreement; they are under an obligation so to conduct themselves that the negotiations are meaningful, which will not be the case when either of them insists upon its own position without contemplating any modification of it[70].

---

[65]   Casado Raigón, Rafael, *La pesca en...*, *op. cit.*, p. 21.

[66]   Iglesias Berlanga, Marta, *op. cit.*, p. 47.

[67]   Tanaka, Yoshifumi, *op. cit.*, p. 288.

[68]   Iglesias Berlanga, Marta, *op. cit.*, p. 46.

[69]   Casado Raigón, Rafael, *La pesca en...*, *op. cit.*, p. 22.

[70]   *North Sea Continental Shelf (Federal Republic of Germany v. Denmark; Federal Republic of Germany v. Netherlands)*, Sentencia del 20 de febrero de 1969, I. C. J. Reports 1969, párr. 85. Debe reiterarse que esta sentencia se refiere a negociaciones para establecer un límite marítimo.

Más recientemente, en el asunto relativo a las «Plantas de celulosa en el río Uruguay (Argentina c. Uruguay)» de 2010, la CIJ manifestó que el mecanismo de cooperación entre Estados está gobernado por el principio de buena fe, agregando que:

> [A]ccording to customary international law, as reflected in Article 26 of the 1969 Vienna Convention on the Law of Treaties, «[e]very treaty in force is binding upon the parties to it and must be performed by them in good faith». That applies to all obligations established by a treaty, including procedural obligations which are essential to co-operation between States[71].

Por su parte, otro sector de la doctrina sostiene que la cooperación constituye solamente una obligación de comportamiento. Fundamenta esta posición en la expresión «con miras a (tomar las medidas necesarias para la conservación de tales recursos vivos)» del artículo 118 de la CONVEMAR, la cual —para esta corriente de opinión— no implica necesariamente que se deba alcanzar la adopción de medidas concretas de conservación[72]. Con relación al ya mencionado artículo 300, Yturriaga argumenta que el compromiso derivado de la buena fe «se refiere al comportamiento que los Estados deberán seguir en las negociaciones, pero ello no lleva necesariamente a un resultado, pues para ello no basta la sola voluntad de una de las partes»[73].

En nuestra opinión, consideramos que la cooperación es una obligación de comportamiento. Queda claro que los Estados incurren en violación del deber de cooperar en la alta mar cuando arbitrariamente rechazan negociar. Cuando ello acontece se transgreden los artículos 117 y 118, así como el principio de buena fe (artículo 300). Sin embargo, debe considerarse suficiente la negociación que no tenga por desenlace un acuerdo pero que haya sido conducida de buena fe. El abuso de derecho al que hace alusión el artículo 300 de la CONVEMAR implica que los Estados no pueden exigir a otros Estados negociar *ad infinitum* si han fracasado en acordar medidas de conservación.

Por último, es preciso referirse a la cooperación institucionalizada, la cual se materializa a través de las organizaciones internacionales de pesca competentes. Así, la última sección del artículo 118 de la CONVEMAR se refiere a la cooperación entre los Estados para el establecimiento de «organizaciones subregionales o regionales de pesca», mientras que el artículo 119.2 añade que «la información científica disponible, las estadísticas sobre capturas y esfuerzos de pesca y otros datos pertinentes para

---

[71]   *Pulp Mills on The River Uruguay (Argentina v. Uruguay)*, Sentencia del 20 de abril de 2010, I. C. J. Reports 2010, párr. 145.

[72]   MESEGUER SÁNCHEZ, José Luis, *op. cit.*, p. 238.

[73]   YTURRIAGA BARBERÁN, José Antonio de, *Ámbitos de Jurisdicción en la Convención de las Naciones Unidas sobre el Derecho del Mar: Una perspectiva española*, Madrid, Ministerio de Asuntos Exteriores, 1996, p. 357.

la conservación de las poblaciones de peces se aportarán e intercambiarán periódicamente por conducto de las organizaciones internacionales competentes, sean subregionales, regionales o mundiales».

Aunque la expresión «según proceda» de la última parte del artículo 118 podría sugerir que la cooperación a través de organizaciones internacionales de pesca, en particular regionales o subregionales, se considera «deseable», lo cierto es que en ese marco no existe una obligación general expresa de cooperar a través de esas organizaciones[74]. La cooperación puede adoptar distintas formas y la cooperación institucionalizada es solo una de ellas[75]. Con todo, no puede dejar de reconocerse la conveniencia de abordar la problemática de la administración y conservación de los recursos vivos de la alta mar desde una perspectiva institucionalizada toda vez que, «como implícitamente puede desprenderse de la Convención de 1982, [parece ser] el cauce más adecuado para la consecución de un racional aprovechamiento de estos recursos»[76].

1.5. Regímenes especiales de conservación y administración de determinadas especies marinas

La CONVEMAR establece regímenes especiales de conservación y administración para determinadas especies marinas. Estos regímenes —que se estudiarán enseguida— responden a las características biológicas singulares de esas poblaciones de peces y figuran en la Parte V de la CONVEMAR (dedicada a la ZEE), salvo el caso de las especies sedentarias, a las cuales les corresponde la aplicación de la Parte VI (dedicada a la plataforma continental).

Como se ha advertido al analizar las obligaciones de conservación y cooperación de los recursos vivos en la alta mar, a estos regímenes le son aplicables, con carácter general, las disposiciones incluidas en la sección 2 de la Parte VII de la CONVEMAR.

1.5.1. *Especies transzonales*

La consolidación de la ZEE como institución sobresaliente del nuevo derecho del mar ha dado lugar a que extensas áreas que antes eran consideradas como alta mar se transformen en zonas de jurisdicción nacional de uno o varios Estados. Este acontecimiento, sin duda, ha reducido espacialmente el ámbito de aplicación de la libertad de pesca en la alta mar.

Con respecto a las poblaciones de peces transzonales, el artículo 63 de la CONVEMAR distingue entre las poblaciones que se encuentran entre las ZEE

---

[74]   TAKEI, Yoshinobu, *op. cit.*, p. 58.

[75]   «Arguably, participation in regional fisheries bodies is one method of fulfilling the obligation to cooperate in the conservation of the living resources of the high seas». TANAKA, Yoshifumi, *op. cit.*, p. 288.

[76]   VÁZQUEZ GÓMEZ, Eva María, *op. cit.*, p. 80.

de dos o más Estados ribereños (primer párrafo) y aquellas que se ubican tanto en la ZEE de un Estado ribereño como en la zona de la alta mar adyacente a ese espacio de jurisdicción estatal (segundo párrafo).

En el primer caso, el artículo 63.1 determina que los Estados en cuyas ZEE se encuentren las mismas especies «procurarán, directamente o por conducto de las organizaciones subregionales o regionales apropiadas, acordar las medidas necesarias para coordinar y asegurar la conservación y el desarrollo de dichas poblaciones», sin perjuicio de las demás disposiciones de la Parte V. Este enunciado no resuelve el problema de la administración de este tipo de poblaciones, sino que solamente señala un procedimiento para solucionarlo[77]. Estamos, pues, ante una obligación de comportamiento: la expresión «procurarán» no deja lugar a dudas y hace que el carácter de las posibles medidas adquiera un carácter potestativo[78]. Sin embargo, como ya ha sido explicado en el subcapítulo anterior, la obligación de comportamiento no está exenta del cumplimiento, por parte de los Estados involucrados, del artículo 300 de la CONVEMAR, relativo al principio de buena fe y prohibición de abuso de derecho.

Aunque el artículo 63.1 no obliga a un procedimiento específico, es de esperar que cualquier tipo de cooperación —ya sea directa o institucionalizada— redunde en una administración conjunta de las especies transzonales con el fin de asegurar la unidad biológica de las mismas[79]. Solo de esa manera podría darse efectivo cumplimiento al mandato de «coordinar y asegurar la conservación y el desarrollo de dichas poblaciones». Unas negociaciones conducidas en sentido contrario, es decir, sin considerar un acuerdo común para la administración de esas especies, sin tomar en cuenta criterios biológicos y basadas exclusivamente en intereses económicos, traería como consecuencia un aprovechamiento ineficaz de las poblaciones de peces transzonales, especies que, como se ha recordado, «ignoran las líneas imaginarias y artificiales que los hombres han dibujado sobre el mar»[80].

En el segundo caso, el artículo 63.2 establece que «el Estado ribereño y los Estados que pesquen esas poblaciones en el área adyacente procurarán, directamente o por conducto de las organizaciones subregionales o regionales apropiadas, acordar las medidas necesarias para la conservación de esas poblaciones en el área adyacente». El ámbito de aplicación del segundo párrafo del artículo 63 se circunscribe exclusivamente a la zona de alta mar adyacente a una ZEE con relación a las especies que se encuentran entre ambos espacios marinos. Esta situación deja entrever que una

---

[77]   Villalobos Urquiaga, Jorge, «El régimen de pesca en la Convención de las Naciones Unidas sobre el Derecho del Mar de 1982», en *Derecho del Mar: Análisis de la Convención de 1982*, Namihas, Sandra (ed.), Lima, Pontificia Universidad Católica del Perú, 2001, p. 187.

[78]   Vázquez Gómez, Eva María, *op. cit.*, p. 43.

[79]   *Ibid.*, pp. 43-44.

[80]   Casado Raigón, Rafael, *La pesca en...*, *op. cit.*, p. 25.

misma población de peces podría estar sujeta a dos regímenes distintos de conservación: el de la ZEE, por un lado, y el de la alta mar adyacente a la ZEE, por otro. De ahí que se haya advertido la necesidad de compatibilizar ambos regímenes, de manera que no se genere un resultado ineficaz o destructivo para las poblaciones transzonales en cuestión[81].

Al igual que en el primer párrafo del artículo 63, nos encontramos ante una obligación de comportamiento. En ese sentido, mientras las negociaciones no conduzcan a un acuerdo adecuado para la administración de las poblaciones de peces transzonales, la pesca en la zona adyacente a la ZEE podría estar realizándose sin la aplicación de las debidas medidas de conservación. A falta de acuerdo, una interpretación sugiere que debería ser de aplicación el principio de la libertad de pesca de manera irrestricta[82]. Sin embargo, esta alternativa no contribuiría al uso sostenible de los recursos naturales porque abriría el camino a una eventual pesca indiscriminada en esta zona de la alta mar.

Por otro lado, se presenta el caso de ciertos Estados ribereños que sostienen que las medidas de conservación y administración adoptadas en su ZEE deben ser aplicadas a la zona de la alta mar adyacente con el fin de establecer mecanismos de gestión eficaces en el caso de que no exista o no se haya llegado a un acuerdo entre los Estados involucrados. Incluso algunos Estados han sostenido que el fracaso de las negociaciones al amparo del artículo 63 les permitiría adoptar medidas unilaterales. Medidas que en ciertos casos ya han sido ejecutadas y que han propiciado el nacimiento de la denominada «jurisdicción rampante», una práctica que será estudiada con detenimiento en el siguiente capítulo. En todo caso, adelantamos que la CONVEMAR no reconoce ni la jurisdicción rampante ni el interés especial o preferente de los Estados ribereños sobre las zonas de la alta mar adyacentes a sus respectivas ZEE.

1.5.2. *Especies altamente migratorias*

Las especies altamente migratorias son aquellas que durante su ciclo vital son capaces de desplazarse por extensas regiones del mar, coincidiendo con un alto grado de movilidad a través de los espacios marinos creados por el derecho internacional. Por eso se afirma que, por el hecho de recorrer tanto las aguas de la alta mar como las aguas jurisdiccionales de numerosos Estados, su vínculo con un determinado Estado ribereño es accidental[83].

Tomando en cuenta esa característica, el régimen especial para las especies altamente migratorias, recogido en el artículo 64 de la CONVEMAR, determina que:

---

[81]   VILLALOBOS URQUIAGA, Jorge, *op. cit.*, p. 188.
[82]   REMIRO BROTÓNS, Antonio *et al.*, *op. cit.*, p. 983.
[83]   CASADO RAIGÓN, Rafael, *La pesca en...*, *op. cit.*, p. 25.

El Estado ribereño y los otros Estados cuyos nacionales pesquen en la región las especies altamente migratorias enumeradas en el Anexo I cooperarán, directamente o por conducto de las organizaciones internacionales apropiadas, con miras a asegurar la conservación y promover el objetivo de la utilización óptima de dichas especies en toda la región, tanto dentro como fuera de la zona económica exclusiva. En las regiones en que no exista una organización internacional apropiada, el Estado ribereño y los otros Estados cuyos nacionales capturen esas especies en la región cooperarán para establecer una organización de este tipo y participar en sus trabajos.

Como puede apreciarse, la obligación de cooperar del artículo 64 revela un carácter mucho más vinculante que el establecido para las especies transzonales (artículo 63). Así pues, en el presente caso, tanto el Estado ribereño como los Estados que pescan en la alta mar se encuentran obligados no solamente a cooperar, sino que además se ha especificado dicha obligación al establecer la necesidad de asegurar la conservación, promover la utilización óptima de las especies altamente migratorias tanto dentro como fuera de las zonas de jurisdicción nacional y, de ser el caso, participar en la creación de una organización internacional de pesca. Por ello se ha afirmado que la obligación de cooperación relativa a las especies altamente migratorias, a diferencia de la que corresponde a las especies transzonales, comprende más que un simple deber de comportamiento, en vista del carácter reforzado de dicha obligación y la ampliación del objetivo que persigue[84].

Es preciso reconocer que el establecimiento de medidas de conservación para las especies altamente migratorias plantea mayores dificultades debido a que comprende aspectos científicos, técnicos, sociales y políticos «de tal naturaleza que, para llegar a concretar acuerdos que permitan la realización de operaciones de pesca exitosas, será necesaria una dosis muy grande de cooperación»[85]. A pesar de ello, existen varios ejemplos de organizaciones internacionales de pesca encargadas de la gestión de estos recursos. Así, por ejemplo, tenemos la Comisión Interamericana del Atún Tropical (CIAT), la Comisión Internacional para la Conservación del Atún del Atlántico (CICAA), la Comisión del Atún para el Océano Índico (IOTC por sus siglas en inglés), la Comisión de Pesca del Pacífico Occidental y Central (WCPFC por sus siglas en inglés), entre otras.

Por otro lado, la cooperación en materia de especies altamente migratorias tiene su ámbito de aplicación en toda la región en donde estas especies desarrollen su ciclo vital; en consecuencia, se extenderá tanto en la ZEE como en la alta mar, con el fin de mantener la integridad y el funcionamiento de los ecosistemas a los que pertenecen. En ese entendido, si el ámbito de cooperación comprende la ZEE de uno o varios Estados ribereños, los derechos soberanos del Estado ribereño con respecto a la

---

[84]   VÁZQUEZ GÓMEZ, Eva María, *op. cit.*, p. 46.
[85]   VILLALOBOS URQUIAGA, Jorge, *op. cit.*, p. 188.

explotación, conservación y administración de las especies altamente migratorias quedarán limitados, aunque es precisa la aclaración de Casado Raigón cuando advierte a quién corresponde la aplicación efectiva de las medidas acordadas conjuntamente entre los Estados cuyos nacionales pescan en la alta mar. En este escenario, la ZEE no queda convertida en un área libre de pesca en lo que respecta a las especies altamente migratorias:

> Una cosa es que las medidas de conservación sean adoptadas colectivamente y otra bien distinta que la aplicación efectiva de esas medidas no corresponda al Estado ribereño. Por lo tanto, será ese Estado quien decida, en particular, si en la explotación de este recurso en su ZEE pueden participar otros Estados. El párrafo 2.º [del artículo 64 de la CONVEMAR] se cuida en advertirlo[86].

En efecto, el segundo párrafo del artículo 64 señala que «lo dispuesto en el párrafo 1 se aplicará conjuntamente con las demás disposiciones de esta Parte», en tanto que el artículo 61.1 claramente expresa que el Estado ribereño es quien determinará la captura permisible de los recursos vivos en su ZEE, aunque sin excluir las sujeciones a la libertad de pesca en la alta mar plasmadas en el artículo 116 de la CONVEMAR.

Por último, la jurisdicción del Estado ribereño con respecto a las especies altamente migratorias no puede extenderse más allá de los límites de su ZEE, ya que estaría alterando la *ratio essendi* del régimen especial establecido por el artículo 64, el cual se refiere a la «región» —situada tanto dentro como fuera de la ZEE— como el ámbito de aplicación de las normas internacionales relativas a esas especies. Por ello, cualquier práctica estatal destinada a extender de manera irrestricta los derechos soberanos del Estado ribereño sobre las especies altamente migratorias carece de legitimidad en el marco de la CONVEMAR.

1.5.3. *Mamíferos marinos*

La CONVEMAR también establece regímenes específicos para poblaciones marinas con comportamientos especiales porque, además de tener características biológicas diferentes, son más vulnerables a la captura. Es el caso de los mamíferos marinos, las poblaciones anádromas y las especies catádromas.

Ninguna de las convenciones de Ginebra de 1958 consideró medidas específicas de conservación y administración para estas poblaciones. Durante el proceso de elaboración de la CONVEMAR, algunos Estados consideraron que el régimen propuesto para la generalidad de las pesquerías resultaba insuficiente para la conservación de aquellas especies con comportamientos especiales, además de los problemas

---

[86]　Casado Raigón, Rafael, *La pesca en...*, *op. cit.*, p. 26.

que generaba la falta de medidas eficaces para la conservación, por ejemplo, de las ballenas, las focas y ciertas poblaciones anádromas como el salmón[87].

Con respecto a los mamíferos marinos, en el contexto de la Tercera Conferencia de las Naciones Unidas sobre el Derecho del Mar se incorporó, a solicitud de la delegación estadounidense (influenciada por grupos conservacionistas de cetáceos), una norma especial para proteger esas especies[88]. Así, se logró excluir para ellas el concepto de «utilización óptima», que se aplica a las especies altamente migratorias. El artículo 65, aplicable dentro de la ZEE, tiene muy en cuenta la amenaza de extinción de los mamíferos marinos al detallar que:

> Nada de lo dispuesto en esta Parte menoscabará el derecho de un Estado ribereño a prohibir, limitar o reglamentar la explotación de los mamíferos marinos en forma más estricta que la establecida en esta Parte o, cuando proceda, la competencia de una organización internacional para hacer lo propio. Los Estados cooperarán con miras a la conservación de los mamíferos marinos y, en el caso especial de los cetáceos, realizarán, por conducto de las organizaciones internacionales apropiadas, actividades encaminadas a su conservación, administración y estudio.

Por su parte, el artículo 120 determina que «el artículo 65 se aplicará asimismo a la conservación y administración de los mamíferos marinos en la alta mar». Esta referencia permite concluir que la «conservación, administración y estudio» expresada en el artículo 65 es de aplicación tanto en la ZEE como en la alta mar por medio de la cooperación internacional institucionalizada. Esta conclusión también se apoya en el hecho de que muchas especies de mamíferos marinos son asimismo especies altamente migratorias; por ello, se requiere de un tratamiento jurídico homogéneo aplicable en todos los espacios marinos por los que esas especies se desplazan durante su ciclo biológico.

En atención a las disposiciones del artículo 65, parece ser que el tratamiento otorgado a estas especies va dirigido especialmente a su conservación, en lugar de regular un régimen de explotación[89]. En ese sentido, el Estado ribereño estaría facultado para obviar sus obligaciones convencionales en lo que respecta a la administración de los recursos vivos en la ZEE, «si esto conlleva una mayor estrictez en las medidas para la conservación de los mamíferos marinos en dicha zona, como prohibir o limitar, según convenga, su explotación»[90].

La cooperación institucionalizada en la materia se ha visto reflejada a través de la Comisión Ballenera Internacional (en adelante «CBI»), organización internacional a la que se le reconoce competencia tanto dentro como fuera de las zonas

---

[87] VILLALOBOS URQUIAGA, Jorge, *op. cit.*, p. 190.
[88] LLANOS MANSILLA, Hugo, *op. cit.*, pp. 313-314.
[89] VÁZQUEZ GÓMEZ, Eva María, *op. cit.*, p. 48.
[90] VILLALOBOS URQUIAGA, Jorge, *op. cit.*, p. 191.

EL RÉGIMEN JURÍDICO DE LA ALTA MAR EN EL DERECHO DEL MAR CONTEMPORÁNEO...

87

de jurisdicción nacional con el fin de asegurar una adecuada y efectiva conservación y desarrollo de las poblaciones de ballenas[91]. También han surgido otros regímenes internacionales cuyas competencias, a diferencia de la CBI, se limitan a determinadas zonas geográficas. Así tenemos la Comisión para los Mamíferos Marinos del Atlántico Norte (NAMMCO por sus siglas en inglés); el Acuerdo para la Conservación de los Pequeños Cetáceos del Mar Báltico y Mar del Norte (ASCOBANS por sus siglas en inglés); el Acuerdo para la Conservación de los Cetáceos en el Mar Negro, el Mar Mediterráneo y la Zona Atlántica Contigua (ACCOBAMS por sus siglas en inglés); entre otros.

1.5.4. *Especies anádromas*

Las poblaciones anádromas son aquellas que nacen en los ríos, permanecen en agua dulce durante la primera etapa de su ciclo vital, luego se desplazan hacia el mar, y posteriormente remontan sus ríos de origen para desovar. Las especies por antonomasia de este grupo son el salmón y el esturión.

Al respecto, los dos primeros párrafos del artículo 66 de la CONVEMAR disponen que:

1. Los Estados en cuyos ríos se originen poblaciones anádromas tendrán el interés y la responsabilidad primordiales por tales poblaciones.

2. El Estado de origen de las poblaciones anádromas asegurará su conservación mediante la adopción de medidas regulatorias apropiadas tanto para la pesca en todas las aguas en dirección a tierra a partir del límite exterior de su zona económica exclusiva como para la pesca a que se refiere el apartado b) del párrafo 3. El Estado de origen podrá, previa consulta con los otros Estados mencionados en los párrafos 3 y 4 que pesquen esas poblaciones, fijar las capturas totales permisibles de las poblaciones originarias de sus ríos[92].

---

[91] El segundo párrafo del artículo I de la Convención Internacional para la Regulación de la Caza de Ballenas (suscrita el 2 de diciembre de 1946 en Washington, D. C.) establece que «this Convention applies to factory ships, land stations, and whale catchers under the jurisdiction of the Contracting Governments and to all waters in which whaling is prosecuted by such factory ships, land stations, and whale catchers».

[92] Los demás párrafos del artículo 65 establecen lo siguiente: «3. a) La pesca de especies anádromas se realizará únicamente en las aguas en dirección a tierra a partir del límite exterior de las zonas económicas exclusivas, excepto en los casos en que esta disposición pueda acarrear una perturbación económica a un Estado distinto del Estado de origen. Con respecto a dicha pesca más allá del límite exterior de la zona económica exclusiva, los Estados interesados celebrarán consultas con miras a llegar a un acuerdo acerca de las modalidades y condiciones de dicha pesca, teniendo debidamente en cuenta las exigencias de la conservación de estas poblaciones y las necesidades del Estado de origen con relación a estas especies; b) El Estado de origen cooperará para reducir al mínimo la perturbación económica causada en aquellos otros Estados que pesquen esas poblaciones, teniendo en cuenta la captura normal, la forma en que realicen sus actividades esos Estados y todas las áreas en que se haya llevado a cabo esa pesca; c) Los Estados a que se refiere el apartado b) que, por acuerdo con el Estado de origen, participen

Este régimen especial se fundamenta en el interés y la responsabilidad del Estado de origen, cuya jurisdicción sobre las especies anádromas se extiende más allá de sus zonas de jurisdicción nacional[93]. Como regla general, de acuerdo con el artículo 66.3.a), estas especies solo pueden ser pescadas en la ZEE del Estado de origen. La única excepción se produce cuando la aplicación de esa regla «pueda acarrear una perturbación económica a un Estado distinto del Estado de origen».

Con relación a la pesca de especies anádromas en la alta mar, esta se ve supeditada a los intereses del Estado de origen. El artículo 66.3.a) es claro al señalar que con respecto a la pesca de poblaciones anádromas en zonas fuera de jurisdicción nacional, «los Estados interesados celebrarán consultas con miras a llegar a un acuerdo acerca de las modalidades y condiciones de dicha pesca, teniendo debidamente en cuenta las exigencias de la conservación de estas poblaciones y las necesidades del Estado de origen con relación a estas especies». En este supuesto, aunque los Estados interesados (distintos del Estado de origen) no se encuentran totalmente excluidos de la pesca de especies anádromas, la libertad en dicho ámbito —como ha señalado Gutiérrez Espada— «resulta enormemente distorsionada» por la serie de condiciones impuestas por el tercer párrafo del artículo 66[94]. Por lo mencionado, algunos autores han afirmado que estamos ante una evidente prolongación de la jurisdicción del Estado de origen sobre las poblaciones anádromas en la alta mar y, en consecuencia, ante una clara limitación de la libertad de pesca en ese espacio marino[95]. Sin embargo, creemos que estas afirmaciones requieren ser matizadas.

En efecto, en atención al artículo 66.3.a), debe entenderse que, a falta de acuerdo acerca de las modalidades y condiciones de la pesca de especies anádromas en la alta mar, dicha actividad debe considerarse prohibida[96]. Empero, las negociaciones condu-

---

en las medidas para renovar poblaciones anádromas, en particular mediante desembolsos hechos con ese fin, recibirán especial consideración del Estado de origen en relación con la captura de poblaciones originarias de sus ríos; d) La ejecución de los reglamentos relativos a las poblaciones anádromas más allá de la zona económica exclusiva se llevará a cabo por acuerdo entre el Estado de origen y los demás Estados interesados. 4. Cuando las poblaciones anádromas migren hacia aguas situadas en dirección a tierra a partir del límite exterior de la zona económica exclusiva de un Estado distinto del Estado de origen, o a través de ellas, dicho Estado cooperará con el Estado de origen en lo que se refiera a la conservación y administración de tales poblaciones. 5. El Estado de origen de las poblaciones anádromas y los otros Estados que pesquen esas poblaciones harán arreglos para la aplicación de las disposiciones de este artículo, cuando corresponda, por conducto de organizaciones regionales».

[93] Cabe resaltar que el Estado de origen no necesariamente tiene que ser ribereño; podría tratarse de un Estado sin litoral en cuyo territorio tiene origen un río.

[94] GUTIÉRREZ ESPADA, Cesáreo, «Desventuras contemporáneas de la libertad de pesca en alta mar», *Anales de Derecho. Universidad de Murcia*, 1999, n.º 17, p. 236.

[95] *Id.*; CASADO RAIGÓN, Rafael, *La pesca en...*, *op. cit.*, p. 27; MESEGUER SÁNCHEZ, José Luis, *op. cit.*, p. 306.

[96] TANAKA, Yoshifumi, *op. cit.*, p. 298.

centes al acuerdo deben regirse por los principios de buena fe y prohibición de abuso del derecho —principios recogidos en el artículo 300 de la CONVEMAR y mencionados reiteradamente a lo largo de este capítulo— por parte del Estado de origen. En tal sentido, se espera que el Estado de origen acuda a las negociaciones con el propósito de concluir un acuerdo y, aunque se trate de una obligación de comportamiento (la expresión «con miras a» del artículo 66.3.a) ratifica esta opinión), la mala fe de aquel Estado en el desarrollo de las negociaciones comprendería una prolongación de la jurisdicción del Estado de origen en la alta mar con relación a una o más poblaciones anádromas, sin perjuicio de la responsabilidad internacional en la que dicho Estado incurriría[97], pues estaría violando la obligación de negociar de buena fe respecto de otros Estados con intereses económicos en dichas especies.

1.5.5. *Especies catádromas*

Las especies catádromas son aquellas que se desarrollan en agua dulce y, al contrario de las anádromas, se desplazan al mar para desovar. La anguila es un ejemplo representativo de este grupo.

En lo que respecta a estas poblaciones, los dos primeros párrafos del artículo 67 de la CONVEMAR disponen que:

> 1. El Estado ribereño en cuyas aguas especies catádromas pasen la mayor parte de su ciclo vital será responsable de la administración de esas especies y asegurará la entrada y la salida de los peces migratorios.
>
> 2. La captura de las especies catádromas se realizará únicamente en las aguas situadas en dirección a tierra a partir del límite exterior de las zonas económicas exclusivas. Cuando dicha captura se realice en zonas económicas exclusivas, estará sujeta a lo dispuesto en este artículo y en otras disposiciones de esta Convención relativas a la pesca en esas zonas.

En comparación con el tratamiento jurídico del artículo 66, en el presente caso el Estado ribereño deja de tener interés y responsabilidad primordiales para pasar a ser simplemente el «responsable de la administración de esas especies». Asimismo, a diferencia del régimen de pesca para las poblaciones anádromas, la captura de especies catádromas se realizará exclusivamente en las aguas jurisdiccionales, de lo cual se deduce que su captura en la alta mar se encuentra totalmente prohibida[98]. Esta

---

[97] VÁZQUEZ GÓMEZ, Eva María, *op. cit.*, p. 50.

[98] TANAKA, Yoshifumi, *op. cit.*, pp. 299-300. En el mismo sentido se ha pronunciado Gutiérrez Espada, quien ha sostenido que la CONVEMAR «prohíbe indirectamente la pesca en alta mar de las *especies catádromas*. [E]l artículo 67 [de la CONVEMAR] se refiere, precisamente, a las especies catádromas, respecto de la que se establece que su pesca sólo es posible en la ZEE, ya del Estado de origen ya de otro Estado; no se plantea siquiera [...] la posibilidad de su pesca más allá de la ZEE, con lo que parece clara la

prohibición implícita se sustenta en razones biológicas: la pesca en la alta mar de tales especies entrañaría la captura de ejemplares juveniles, actividad que es contraria a cualquier estrategia razonable de conservación de la biodiversidad marina.

Por otro lado, en concordancia con el tercer párrafo del artículo 67, cuando las especies catádromas migren a través de la ZEE de otro Estado, la administración, incluyendo la captura, será reglamentada por acuerdo entre el Estado responsable y el otro Estado interesado. Tal acuerdo, evidentemente, debe asegurar «la administración racional de las especies y tendrá en cuenta las responsabilidades del Estado mencionado en el párrafo 1 [del artículo 67] en cuanto a la conservación de esas especies»[99]. De esta norma se puede inferir válidamente que la captura de especies catádromas por Estados distintos del «responsable» no está prohibida dentro de sus respectivas ZEE. Asimismo, aunque el tercer párrafo del artículo 67 no ofrece ninguna pauta en el hipotético caso de que los Estados fracasasen en la consecución de un acuerdo en la materia, es lógico afirmar que el régimen establecido para las especies catádromas no permite al Estado responsable ejercer unilateralmente su jurisdicción en la ZEE del Estado a la que estas especies migren[100].

1.6. Régimen especial de conservación y administración ajeno a la alta mar: especies sedentarias

Con respecto a las especies sedentarias, el artículo 68 establece que no les corresponde la aplicación de las disposiciones de la Parte V de la CONVEMAR (relativa a la ZEE), sino que estarán regidas por la Parte VI (relativa a la plataforma continental). En esta Parte se define las especies sedentarias como aquellas que «en el período de explotación están inmóviles en el lecho del mar o en su subsuelo o sólo pueden moverse en constante contacto físico con el lecho o el subsuelo»[101].

En una muestra de «pereza legislativa», como ha sido señalado por Yturriaga, los redactores de la CONVEMAR optaron por referirse solo implícitamente a la

---

exclusión de esta última posibilidad y, en consecuencia, una importante excepción al conocido principio de que en alta mar pesca quien quiere y lo que quiere». Gutiérrez Espada, Cesáreo, *op. cit.*, p. 235.

[99]   CONVEMAR, art. 67.3.

[100]   Tanaka, Yoshifumi, *op. cit.*, p. 300. Para una opinión en contrario, *vid.*: Vázquez Gómez, Eva María, *op. cit.*, p. 51.

[101]   CONVEMAR, art. 77.4. De manera complementaria se puede añadir que estas especies se caracterizan por encontrarse «casi siempre en dependencia con la naturaleza del fondo; así les sucede, por ejemplo, á los *Blennius, Gobius* y *Labrus*, que buscan las algas y rocas, mientras que otros, como los *Gadus, Lophius* y *Triglas*, buscan los fondos arenosos. Además, cada especie sedentaria vive á una profundidad determinada, por encima y debajo de la cual no llega á su completo desarrollo ó desaparece; reclama también una alimentación que le es propia, y exige una temperatura y presión especiales, acomodándose á vivir en la luz más ó menos difusa del sol, ó privada de ella y en relativa ó completa obscuridad». Navarrete, Adolfo, *Manual de Ictiología Marina*, Valladolid, Maxtor, 2014 [1898], p. 28.

regulación de las especies sedentarias en la ZEE, haciendo alusión a la norma que se refiere a dichas especies en la Parte VI[102]. En todo caso, el tratamiento consolidado de los recursos no vivos (minerales) y vivos de plataforma continental ha sido severamente criticado debido a su falta de consistencia; por ello, incluso se desaconsejó su incorporación como norma positiva en los trabajos preparatorios de la I Conferencia de las Naciones Unidas sobre el Derecho del Mar[103]. La CONVEMAR, no obstante, ha mantenido el mismo enfoque que el de la Convención de Ginebra de 1958 sobre la Plataforma Continental[104].

En teoría, el Estado ribereño ejercerá «derechos de soberanía sobre la plataforma continental a los efectos de su exploración y de la explotación de sus recursos naturales»[105], que incluye también a los recursos vivos, exclusivamente especies sedentarias[106]. Bajo este supuesto, el Estado ribereño no estaría obligado por los criterios de conservación y utilización de los recursos vivos del régimen general de pesca en la ZEE[107] como, por ejemplo, determinar la captura permisible de las especies, promover una utilización óptima de dichos recursos o garantizar el máximo rendimiento sostenible, entre otros.

Sin embargo, atendiendo al innegable paralelismo entre la ZEE y la plataforma continental, se ha sostenido que las especies sedentarias no deberían ser excluidas de las reglas de conservación y utilización de los recursos pesqueros dentro de la ZEE, visto que, al amparo de una interpretación teleológica[108], dichas poblaciones también estarían comprendidas en los derechos de soberanía que tiene el Estado ribereño «para los fines de exploración y explotación, conservación y administración de los recursos naturales, tanto vivos como no vivos, de las aguas suprayacentes al lecho y del lecho y el subsuelo del mar»[109]. Como quiera que no se trata de una interpretación unánime ni libre de cuestionamientos, también se ha argumentado que no existe obligación

---

[102]   YTURRIAGA, José Antonio de, *The International Regime of Fisheries: From UNCLOS 1982 to the Presential Sea*, La Haya, Martinus Nijhoff, 1997, p. 136. Para explorar las razones históricas de esta decisión, vid.: ODA, Shigeru, *Fifty Years of the Law of the Sea: With a Special Section on the International Courts of Justice*, La Haya, Martinus Nijhoff, 2003, pp. 121-136 y 619-620.

[103]   KWIATKOWSKA, Barbara, *op. cit.*, pp. 74-75.

[104]   La redacción del artículo 77 de la CONVEMAR es idéntica a la del artículo 2 del Convenio de Ginebra sobre la Plataforma Continental, salvo por unas ligeras modificaciones de forma en el párrafo 4 de este último instrumento, el cual menciona textualmente lo siguiente: «4. A los efectos de estos artículos, se entiende por "recursos naturales" los recursos minerales y otros recursos no vivos del lecho del mar y del subsuelo. Dicha expresión comprende, asimismo, los organismos vivos, pertenecientes a especies sedentarias, es decir, aquellos que en el período de explotación están inmóviles en el lecho del mar o en su subsuelo, o sólo pueden moverse en constante contacto físico con dichos lecho y subsuelo».

[105]   CONVEMAR, art. 77.1.

[106]   *Ibid.*, art. 77.4.

[107]   *Vid.: ibid.*, arts. 61-62.

[108]   KWIATKOWSKA, Barbara, *op. cit.*, p. 76; VÁZQUEZ GÓMEZ, Eva María, *op. cit.*, p. 52.

[109]   CONVEMAR, art. 56.1.a).

específica de conservar estas especies en la plataforma continental[110], toda vez que la exploración y explotación de los recursos (tanto vivos como no vivos) de este espacio marino se realizará sin mayores restricciones que las establecidas en la Parte VI. Y la Parte VI nada establece acerca de un tratamiento diferenciado a los recursos vivos de la plataforma continental. Por último, el propio artículo 68 excluye expresamente la aplicación de la Parte V a las especies sedentarias.

De otro lado, es preciso recordar que allí donde termina el límite exterior de la plataforma continental comienza otro espacio marino: la Zona. Si nos atenemos a la definición de especies sedentarias de acuerdo con la CONVEMAR, es imposible que estas especies se encuentren en la alta mar pues ellas habitan en el lecho o el subsuelo del mar. Más allá de los límites de la jurisdicción nacional, las especies sedentarias habitan en los fondos marinos y oceánicos, cuyo régimen (Parte XI) nada menciona acerca del tratamiento de los recursos vivos.

Aunque el estudio de las especies sedentarias escapa del objeto del presente trabajo —nos centramos en el análisis de la libertad de pesca con especial referencia a la alta mar—, hemos considerado pertinente abordarlo brevemente con el fin de exponer de manera sistemática los distintos regímenes especiales de gestión y administración de las especies marinas incorporados en la CONVEMAR. Sin perjuicio de ello, el propósito también ha sido advertir sobre el vacío normativo en torno a esta materia y evidenciar que se trata de un tema poco explorado por la doctrina iusinternacionalista.

2. EL ACUERDO DE NUEVA YORK DE 1995

Como se ha adelantado al comenzar este capítulo, el Acuerdo de Nueva York de 1995 constituye uno de los instrumentos internacionales más importantes en materia de pesca. Su adopción y entrada en vigor ha configurado un nuevo orden en la administración y conservación de los recursos pesqueros en la alta mar; de ahí la pertinencia de estudiar cómo este régimen jurídico influye en la aplicación del principio de la libertad de los mares en el derecho internacional contemporáneo.

En tal sentido, interesa conocer el modo en que el Acuerdo de Nueva York conduce al establecimiento de mayores restricciones a la libertad de pesca en la alta mar, restricciones que no necesariamente deben considerarse como un perjuicio para los Estados, sino más bien como una preocupación de la comunidad internacional por asegurar una gestión integral colectiva de conservación y administración de los recursos pesqueros en beneficio de los usuarios presentes y futuros de los mares y océanos.

---

[110] Al respecto, *vid.*: AUST, Anthony, *Handbook of International Law*, 2.ª ed., Cambridge, Cambridge University Press, 2010, p. 299; TANAKA, Yoshifumi, *op. cit.*, pp. 410-411; YTURRIAGA, José Antonio de, *The International Regime of...*, *op. cit.*, pp. 136-137; ODA, Shigeru, *op. cit.*, p. 620.

2.1. **Preliminares**

Los antecedentes de este Acuerdo se encuentran en el Programa 21, aprobado en la Conferencia de las Naciones Unidas sobre el Medio Ambiente y el Desarrollo (Cumbre de la Tierra) celebrada del 3 al 12 de junio de 1992 en Río de Janeiro (Brasil). En el parágrafo 49 del capítulo 17 del Programa 21, alusivo a la protección de los océanos y de los mares de todo tipo, se recomendó:

> e) [...] convocar, lo antes posible, una conferencia intergubernamental bajo los auspicios de las Naciones Unidas, teniendo en cuenta las actividades pertinentes en los planos subregional, regional y mundial, con vistas a promover la aplicación efectiva de las disposiciones de la Convención de las Naciones Unidas sobre el Derecho del Mar sobre las poblaciones compartidas de peces y especies de peces altamente migratorias. f) La conferencia, que debería basarse, entre otras cosas, en estudios científicos y técnicos de la FAO, debería determinar y evaluar los problemas actuales relacionados con la conservación y la ordenación de esas poblaciones de peces, y estudiar los medios de mejorar la cooperación sobre la pesca entre los Estados, y formular las recomendaciones del caso. La labor y los resultados de la conferencia deberían ser plenamente compatibles con las disposiciones de la Convención de las Naciones Unida sobre el Derecho del Mar, en particular con los derechos y obligaciones de los Estados ribereños y los Estados que pescan en la alta mar[111].

En atención a dicha recomendación, la Asamblea General de las Naciones Unidas convocó, en 1992, la «Conferencia de las Naciones Unidas sobre las poblaciones de peces cuyos territorios se encuentran dentro y fuera de las zonas económicas exclusivas y las poblaciones de peces altamente migratorias», cuyo primer período de sesiones tuvo lugar del 19 al 23 de abril de 1993[112].

La Conferencia finalizó el 4 de agosto de 1995, después de seis periodos de sesiones[113], con la adopción, sin votación, del «Acuerdo sobre la aplicación de las disposiciones de la Convención de las Naciones Unidas sobe el Derecho del Mar de 10 de diciembre de 1982 relativas a la conservación y ordenación de las poblaciones de peces transzonales y las poblaciones de peces altamente migratorios», el cual entró en vigor el 11 de diciembre de 2001, tras el depósito del trigésimo instrumento de adhesión (por parte de Malta). El Acuerdo de Nueva York de 1995 cuenta con un preámbulo, 50 artículos distribuidos en 13 partes, y dos anexos.

---

[111]   NACIONES UNIDAS, Asamblea General, *Informe de la Conferencia de las Naciones Unidas sobre el Medio Ambiente y el Desarrollo*, vol. II, A/CONF.151/26 (vol. II), de 13 de agosto de 1992, párr. 17.49.e.

[112]   NACIONES UNIDAS, Asamblea General, *Conferencia de las Naciones Unidas sobre las poblaciones de peces cuyos territorios se encuentran dentro y fuera de las zonas económicas exclusivas y las poblaciones de peces altamente migratorias*, A/RES/47/192, de 29 de enero de 1993, num.1.

[113]   Para un estudio en detalle de los antecedentes de esta Conferencia, *vid.*: IGLESIAS BERLANGA, Marta, *op. cit.*, pp. 135-155.

El acuerdo presenta la forma de un reglamento de aplicación en la medida en que desarrolla y especifica las normas establecidas en la CONVEMAR sobre la materia. La razón de este nuevo instrumento respondió a la necesidad de complementar las disposiciones relativas a la conservación y administración de los recursos transzonales y altamente migratorios que en la CONVEMAR resultaban insuficientes. Con el Acuerdo de Nueva York de 1995 se introducen criterios más firmes o detallados destinados a garantizar la sostenibilidad de las especies marinas. Del mismo modo, establece los lineamientos generales para la creación y reforzamiento de las organizaciones regionales de ordenación pesquera en la gestión de los recursos ictiológicos a largo plazo.

Pese a que este tratado tiene la denominación de acuerdo de aplicación de determinadas disposiciones de la CONVEMAR, un Estado no requiere, para llegar a ser parte de él, estar vinculado por el instrumento que es su fundamento. De ahí que resulte paradójico que un Estado pueda ser parte del Acuerdo de 1995 no siendo parte, previa o simultáneamente, de la CONVEMAR (como es el caso de los Estados Unidos e Irán)[114].

La Conferencia de Revisión del Acuerdo de Nueva York de 1995 se reunió del 22 al 26 de mayo de 2006 con el fin de evaluar la eficacia de este instrumento «a los efectos de asegurar la conservación y ordenación de las poblaciones de peces transzonales y las poblaciones de peces altamente migratorios»[115] y, de ser necesario, proponer medidas para reforzar el contenido y los métodos de aplicación de dichas disposiciones con el fin de afrontar mejor los problemas persistentes referentes a la conservación y la ordenación de esas poblaciones de peces[116]. La conferencia ha sido reanudada en tres ocasiones: del 24 al 28 de mayo de 2010, del 23 al 27 de mayo de 2016 y del 22 al 26 de mayo de 2023.

En la reunión de 2023 se recordó, entre otros asuntos, que, a pesar de los avances, varias poblaciones de peces transzonales y altamente migratorios continúan siendo sobreexplotadas[117]. Al respecto, la conferencia reafirmó el compromiso de reducir con urgencia la capacidad de las flotas pesqueras del mundo a niveles acordes con la sostenibilidad de las poblaciones de peces[118], además de recomendar la aplicación

---

[114]   Algunos autores, como Casado Raigón, han denominado a esta situación «derecho del mar a la carta». *Vid.*: CASADO RAIGÓN, Rafael, «El Acuerdo de Nueva York sobre especies transzonales y altamente migratorias», en *Cuadernos de Derecho Pesquero 2*, SOBRINO HEREDIA, José Manuel (dir.), La Coruña, Fundación Pedro Barrié de la Maza, 2003, p. 52.

[115]   Acuerdo de Nueva York de 1995, art. 36.1.

[116]   *Ibid.*, art. 36.2.

[117]   NACIONES UNIDAS, Asamblea General, *Informe de la reanudación de la Conferencia de Revisión del Acuerdo sobre la Aplicación de las Disposiciones de la Convención de las Naciones Unidas sobre el Derecho del Mar de 10 de Diciembre de 1982 relativas a la Conservación y Ordenación de las Poblaciones de Peces Transzonales y las Poblaciones de Peces Altamente Migratorios*, A/CONF.210/2023/6, de 20 de junio de 2023, anexo, p. 32.

[118]   *Ibid.*, anexo, p. 35.

de los enfoques precautorio y ecosistémico a las actividades pesqueras con miras a lograr el compromiso de gestionar y proteger de manera sostenible los ecosistemas marinos y costeros a fin de evitar efectos adversos importantes[119].

2.2. **Principios generales**

El Acuerdo de Nueva York de 1995 se propone «asegurar la conservación a largo plazo y el uso sostenible de las poblaciones de peces transzonales y las poblaciones de peces altamente migratorios mediante la aplicación efectiva de las disposiciones pertinentes de la Convención»[120].

Por su parte, la aplicación del presente acuerdo se enfoca, principalmente, en la conservación y ordenación de las especies transzonales y altamente migratorias en la alta mar, salvo en determinados casos (los artículos 6 y 7) en que también se aplicará a «la conservación y ordenación de esas poblaciones de peces dentro de las zonas sometidas a jurisdicción nacional»[121].

Los principios enunciados en el artículo 5 del Acuerdo de Nueva York de 1995 constituyen estándares mínimos internacionales de ordenación y preservación sustentados fundamentalmente en las disposiciones de la CONVEMAR. De hecho, el propio artículo señala que dichos principios se derivan de la obligación de cooperar plasmada en el instrumento de 1982.

En primer lugar, se encuentran los principios que obligan tanto a los Estados ribereños como a los Estados que pescan en la alta mar a «adoptar medidas para asegurar la supervivencia a largo plazo de las poblaciones de peces transzonales y las poblaciones de peces altamente migratorios y promover el objetivo de su aprovechamiento óptimo»[122] mediante la adopción de datos científicos fidedignos, con el fin de preservar o restablecer las poblaciones a niveles que puedan producir el máximo rendimiento sostenible[123]. De igual manera, se establece el deber de adoptar las medidas necesarias para «la conservación y ordenación de las especies que pertenecen al mismo ecosistema o que son dependientes de las poblaciones objeto de la pesca o están asociadas con ellas»[124] y la adopción de medidas para prevenir o eliminar la pesca excesiva o el exceso de capacidad de pesca[125]; todo ello con el objeto de dar cumplimiento a la obligación de proteger la biodiversidad en el medio marino[126].

---

[119]   *Ibid.*, anexo, p. 32.
[120]   Acuerdo de Nueva York de 1995, art. 2.
[121]   *Ibid.*, art. 3.1.
[122]   *Ibid.*, art. 5.a.
[123]   *Ibid.*, art. 5.b.
[124]   *Ibid.*, art. 5.e.
[125]   *Ibid.*, art. 5.h.
[126]   *Ibid.*, art. 5.g.

En segundo lugar, se ubican los principios dirigidos a evaluar «los efectos de la pesca, de otras actividades humanas y de los factores medioambientales sobre las poblaciones objeto de la pesca y sobre las especies que son dependientes de ellas o están asociadas con ellas o que pertenecen al mismo ecosistema»[127], y a considerar «los intereses de los pescadores que se dedican a la pesca artesanal y de subsistencia»[128].

En tercer lugar, basado en las preocupaciones medioambientales, se reconoce el deber de «reducir al mínimo la contaminación, el desperdicio, los desechos, la captura por aparejos perdidos o abandonados, [y] la captura accidental de especies no objeto de la pesca»[129]. En cuarto lugar, se encuentran los principios que refuerzan la necesidad de «reunir y difundir oportunamente datos completos y precisos acerca de las actividades pesqueras»[130] y fomentar la investigación científica marina[131].

Por último, ha de mencionarse el principio relativo a la aplicación efectiva de los sistemas de seguimiento, control y vigilancia para materializar las medidas de conservación y ordenación[132].

Todos estos principios generales, correctamente aplicados, podrían ayudar a mejorar la conservación de los recursos marinos en el mundo, particularmente de las poblaciones de peces transzonales y las poblaciones de peces altamente migratorios; así como a subsanar los perjuicios derivados de malas prácticas pesqueras alrededor del mundo[133], situación advertida en la Conferencia de Revisión del Acuerdo de Nueva York de 1995 y sus respectivas reanudaciones.

2.3.   El criterio o enfoque precautorio[134]

La noción de precaución fue introducida durante el período posterior a la Tercera Conferencia de las Naciones Unidas sobre el Derecho del Mar;

---

[127]   *Ibid.*, art. 5.d.
[128]   *Ibid.*, art. 5.i.
[129]   *Ibid.*, art. 5.f.
[130]   *Ibid.*, art. 5.j.
[131]   *Ibid.*, art. 5.k.
[132]   *Ibid.*, art. 5.l.
[133]   Villalobos Urquiaga, Jorge, *op. cit.*, p. 210.
[134]   Dejando constancia de la actual divergencia doctrinaria en torno a la delimitación conceptual de la noción de precaución, en el presente trabajo se utilizarán indistintamente los términos «criterio» y «enfoque». En el marco de este debate, Casado Raigón, por ejemplo, ha sostenido que «el "criterio" de precaución, entraña una mayor flexibilidad al admitir la posibilidad de adaptar tecnología que sea compatible con la exigencia de sostenibilidad. Con el "criterio" precautorio se supone que la intervención humana es nociva mientras no se demuestre lo contrario (inversión de la carga de la prueba). Así, todas las actividades de pesca tienen efectos ambientales y no es correcto considerar que éstos son insignificantes mientras no se pruebe lo contrario, pero ello no quiere decir que no pueda efectuar ningún tipo de pesca mientras no se hayan evaluado todos los posibles impactos». Casado Raigón, Rafael, «El Acuerdo de Nueva York...», *op. cit.*, p. 54. Por su parte, Miguel A. Recuerda distingue entre «principio»

por lo tanto, al momento de redactar la CONVEMAR aún no se encontraba concretada conceptualmente. Se trata, pues, de una noción relativamente nueva en el derecho internacional.

La formulación más aceptada de este criterio o enfoque se encuentra en la Declaración de Río sobre el Medio Ambiente y el Desarrollo de 1992[135]. El principio 15 contenido en este documento proclama que:

> Con el fin de proteger el medio ambiente, los Estados deberán aplicar ampliamente el criterio de precaución conforme a sus capacidades. Cuando haya peligro de daño grave o irreversible, la falta de certeza científica absoluta no deberá utilizarse como razón para postergar la adopción de medidas eficaces en función de los costos para impedir la degradación del medio ambiente.

El criterio o enfoque precautorio exige que los Estados coloquen una mayor atención en la incertidumbre científica al regular graves riesgos ambientales. Aunque existen diversas definiciones en función de los variados documentos que lo recogen[136], se entiende que aquel necesariamente toma en cuenta la naturaleza del riesgo ambiental, la ausencia de certeza científica y la envergadura de los daños previstos[137]. En ese orden de ideas, la noción de precaución no debe interpretarse como una recomendación automática de abstinencia, sino como un método de gestión de los riesgos en caso de sospecha y duda[138].

---

y «enfoque», pero admite que la distinción es difusa y, en algunos casos, controvertida. El término «principio», en su opinión, «has special connotations in legal language, due to the fact that a "principle of law" is a source of law. This means that it is compulsory [...]. In this sense, the precautionary principle is not a simple idea or a desideratum but a source of law». Por otro lado, el término «enfoque» usualmente no porta el mismo significado en todos los casos. En efecto, «a precautionary approach is a particular "lens" used to identify risk that every prudent person possesses. Precaution, as an approach, has been present in the last few years in all of the debates on environmental policies, and it has been extended to all those matters in which there was a potential to affect health rights». RECUERDA, Miguel A., «Dangerous Interpretations of the Precautionary Principle and the Foundational Values of European Union Food Law: Risk versus Risk», *Journal of Food Law & Policy*, vol. 4, 2008, n.º 1, p. 5.

[135]   Adoptada en la Conferencia de las Naciones Unidas sobre el Medio Ambiente y el Desarrollo, celebrada del 3 al 14 de junio de 1992.

[136]   A título informativo pueden mencionarse, entre otros, el Convenio de Helsinki sobre la Protección y Utilización de los Cursos de Aguas Transfronterizos y de los Lagos Internacionales (1992), la Convención Marco de las Naciones Unidas sobre el Cambio Climático (1992), el Convenio sobre la Protección del Medio Marino del Nordeste Atlántico (1992) y el Código de Conducta para la Pesca Responsable de la FAO (1995).

[137]   DE SOUZA PATU, Georgia Nogueira, *Scope and Evolution of Ocean Governance: Improving cross-sectoral Management by the adoptions of Principles of International Law*, Tesis de Doctorado, Wollongong, Universidad de Wollongong, Australian National Centre for Ocean Resources and Security, 2011, p. 46.

[138]   TAKEI, Yoshinobu, *op. cit.*, p. 96.

Aunque aún no existe unanimidad en torno al alcance y las consecuencias jurídicas de este criterio o enfoque, es importante reconocer que se trata de un concepto fundamental en el sistema de la CONVEMAR[139], y que, en opinión de algunos, ya constituiría una norma de derecho internacional consuetudinario[140].

En virtud del artículo 3 del Acuerdo de Nueva York de 1995, el criterio de precaución se aplica tanto a la alta mar como a las zonas de jurisdicción nacional. Aunque este instrumento no define el criterio en cuestión, el artículo 6 contempla los lineamientos para su puesta en práctica:

> 1. Los Estados aplicarán ampliamente el criterio de precaución a la conservación, ordenación y explotación de las poblaciones de peces transzonales y las poblaciones de peces altamente migratorios a fin de proteger los recursos marinos vivos y preservar el medio marino.
>
> 2. Los Estados deberán ser especialmente prudentes cuando la información sea incierta, poco fiable o inadecuada. La falta de información científica adecuada no se aducirá como razón para aplazar la adopción de medidas de conservación y ordenación o para no adoptarlas.

Asimismo, el Acuerdo de Nueva York de 1995 también reconoce la necesidad de adoptar medidas precautorias especiales (como por ejemplo la limitación de las capturas y de los esfuerzos de pesca) cuando se realicen nuevas pesquerías o pesquerías exploratorias, las cuales deben ejecutarse lo antes posible[141]. Tales medidas son eventuales, pues, como señala el propio texto del acuerdo, una vez que se disponga de los datos suficientes para evaluar los efectos de la actividad pesquera sobre la supervivencia a largo plazo de las poblaciones, estas deberán ser reemplazadas por las medidas que resulten de la evaluación[142].

Con el mismo tenor provisional que en el supuesto anterior, la aplicación del criterio de precaución en el contexto del Acuerdo de Nueva York de 1995 dispone la adopción de medidas de conservación y ordenación de emergencia cuando un fenómeno natural (como el fenómeno de El Niño, por ejemplo) tenga efectos perjudiciales importantes para la situación de una o más especies transzonales o altamente

---

[139]   El criterio o enfoque precautorio no se encuentra incorporado en la CONVEMAR debido a que su desarrollo es posterior a 1982. Sin embargo, el hecho de que no esté incluido en ese tratado no significa que sea irrelevante en el contexto de esta convención y del Acuerdo de Nueva York de 1995. Al respecto, *vid.*: OUDE ELFERINK, Alex G., «Governance Principles for Areas beyond National Jurisdiction», *The International Journal of Marine and Coastal Law*, vol. 27, 2012, n.º 1, p. 225.

[140]   *Ibid.*, p. 226; BROGGIATO, Arianna, *Il Regime Giuridico delle Risorse Genetiche delle Aree Marine al di là della Giurisdizione Nazionale*, Tesis de Doctorado, Milán, Universidad de Estudios de Milán, 2009, pp. 191-193; LEARY, David Kenneth, *International Law and the Genetic Resources of the Deep Sea*, Leiden, Martinus Nijhoff, 2007, p. 32.

[141]   Acuerdo de Nueva York de 1995, art. 6.6.

[142]   *Id.*

migratorias; medidas que se ejecutarán a fin de que la actividad pesquera no agrave los efectos perjudiciales que pudiera originar una situación anómala[143].

En suma, el artículo 6 del acuerdo contiene una descripción bastante completa de cómo el criterio o enfoque precautorio puede ser interpretado y aplicado en la conservación de especies transzonales y altamente migratorias. Las medidas derivadas de su aplicación están vinculadas con otras nociones de derecho ambiental como el desarrollo sostenible, el uso de la mejor evidencia científica, la evaluación de impacto ambiental, el enfoque ecosistémico, entre otros[144]. Debido a que el alcance del criterio o enfoque en cuestión depende de los intereses y necesidades de los actores internacionales involucrados en la gobernanza pesquera en un momento determinado, también puede ser considerado un concepto jurídico dinámico[145].

2.4. Compatibilidad de las medidas de conservación y ordenación

El problema de la incompatibilidad entre las medidas de conservación y ordenación establecidas por el Estado ribereño en su ZEE y las normas internacionales adoptadas en la alta mar constituyó uno de los aspectos jurídicos más complicados durante la negociación del Acuerdo de Nueva York de 1995[146]. El inconveniente consiste en la diversidad de fuentes normativas para la regulación de las actividades de pesca, tanto dentro como fuera de las zonas de jurisdicción nacional. Como se sabe, mientras en la ZEE rigen las normas de conservación y administración establecidas por el Estado ribereño, en la alta mar rigen las normas del derecho internacional (sean consuetudinarias o convencionales), principalmente la CONVEMAR, el acuerdo que estamos comentando en esta sección, y las medidas adoptadas en el marco de organizaciones internacionales de pesca.

Esta coexistencia normativa no ha dejado de ser problemática para los Estados ribereños en el momento de acordar medidas compatibles con los Estados que pescan en la alta mar respecto de la conservación y ordenación de las especies transzonales y las especies altamente migratorias. Por ello, para autores como Iglesias Berlanga, dicha coexistencia replantea «el conflicto entre la autoridad de los países costeros y la libertad de pesca en la alta mar», y agrega que:

> Se trata de discernir [...] a quién compete la definición del régimen de conservación aplicable a dichos recursos. Partiendo de la cooperación directa o institucionalizada, fomentada por la Convención, los Estados ribereños «hicieron valer» que dicha

---

[143] Acuerdo de Nueva York de 1995, art. 6.7.
[144] WARNER, Robin, *op. cit.*, p. 104.
[145] CASADO RAIGÓN, Rafael, «Nuevas tendencias en materia de conservación de los recursos marinos vivos», en *Mares y Océanos en un mundo en cambio: Tendencias jurídicas, actores y factores*, SOBRINO HEREDIA, José Manuel (coord.), Valencia, Tirant lo Blanch, 2007, p. 83.
[146] IGLESIAS BERLANGA, Marta, *op. cit.*, p. 164.

colaboración debía concretarse en la compatibilidad de las medidas aplicables en la alta mar «con» las normas acordadas para la ZEE. Por consiguiente, no era menester flexibilizar las posturas para llegar a un entendimiento común, sino reafirmar los intereses costeros admitiendo la «coherencia hacia fuera» o aplicación instintiva de las reglas estipuladas dentro de las 200 millas. Distanciados de este enfoque imperativo, los países de pesca a distancia defendieron la consagración de una responsabilidad compartida y coherente, en todo caso, con la interdependencia y distribución de los *stocks*. Se trataba, pues, de resolver un «problema preposicional» que favoreciese la compatibilidad «entre» y no «con» las medidas pertinentes de conservación y gestión[147].

Al respecto, el artículo 7 del Acuerdo de Nueva York de 1995 reconoce que ambas medidas «habrán de ser compatibles» a fin de asegurar la conservación y ordenación de las poblaciones de peces involucradas y, con este fin, los Estados —tanto ribereños como los que pesquen en la alta mar— «tienen la obligación de cooperar para lograr medidas compatibles con respecto a dichas poblaciones»[148]. Además, señala que al adoptar las medidas compatibles los Estados se asegurarán de que las disposiciones establecidas para la alta mar no menoscaben la eficacia de las establecidas en la ZEE[149]. En este sentido, el acuerdo ha tratado de establecer un equilibrio entre los intereses de los dos grupos de Estados al intentar, a través de la cooperación, atenuar los conflictos que pudieran surgir entre las medidas adoptados en uno y otro lado del límite de las 200 millas marinas de jurisdicción nacional[150].

Uno de los criterios más relevantes en el contexto del artículo 7 es el reconocimiento de la unidad biológica o «dependencia recíproca de las especies dentro y fuera de la ZEE»[151]. Con ello se busca asegurar que las medidas de conservación y ordenación se adopten de manera uniforme en toda el área de migración. Esta visión unitaria también requiere un enfoque integrado a nivel político y legislativo que permita abordar de manera sistemática la compleja realidad de las especies transzonales y las especies altamente migratorias, sobre todo en lo que se refiere a armonizar los intereses de los diversos actores involucrados en el aprovechamiento de los recursos vivos, tanto dentro como fuera de las zonas de jurisdicción nacional. El Acuerdo de Nueva York de 1995 se orienta a ese propósito; por ello, las organizaciones de ordenación pesquera deberían estar capacitadas para adoptar este criterio, que es de suma

---

[147]   *Ibid.*, pp. 164-165.
[148]   Acuerdo de Nueva York de 1995, art. 7.2.
[149]   *Ibid.*, art. 7.2.a.
[150]   Pueyo Losa, Jorge, «Derecho del Mar y libertad de pesca. Sobre las organizaciones regionales de ordenación pesquera y el Acuerdo de 1995», en *La cooperación internacional en la ordenación de los mares y océanos*, Pueyo Losa, Jorge; y Jorge Urbina, Julio (coords.), Madrid, Iustel, 2009, p. 171.
[151]   Iglesias Berlanga, Marta, *op. cit.*, p. 165.

importancia en el mantenimiento de la integridad, el funcionamiento y la salud de los ecosistemas[152], con el fin de garantizar el uso sostenible de los recursos marinos.

No cabe duda de que el reconocimiento expreso de la unidad biológica del ecosistema marino en el Acuerdo de Nueva York de 1995 sustenta el criterio de compatibilidad entre las medidas adoptadas por el Estado ribereño en sus zonas de jurisdicción nacional y las medidas de conservación y ordenación adoptadas en la alta mar (que incluye las medidas adoptadas, por ejemplo, por una organización de ordenación pesquera). Por lo tanto, como sostiene Sobrino Heredia, en opinión que compartimos:

> [El Acuerdo de Nueva York de 1995] lo que intenta es proteger los recursos pesqueros en interés del conjunto de la comunidad internacional y hasta cierto punto obra en favor de una internacionalización de las especies transzonales y [especies] altamente migratorias apostando, respecto de las medidas de conservación y gestión, en pro de una cooperación institucionalizada en la que participen todos los Estados interesados[153].

2.5. Mecanismos de cooperación internacional: la cooperación institucionalizada

De conformidad con la CONVEMAR, el Acuerdo de Nueva York de 1995 promueve la cooperación entre los Estados para la conservación y ordenación eficaces de las poblaciones de peces transzonales y las poblaciones de peces altamente migratorios. Dicha cooperación se llevará a cabo «directamente o por conducto de las organizaciones o los arreglos regionales o subregionales de ordenación pesquera competentes, teniendo en cuenta las características propias de la subregión o región»[154].

El rol que juegan los Estados en el contexto de la cooperación internacional es de suma importancia en la medida que se trata del núcleo del régimen de conservación y administración de los recursos vivos en la alta mar establecido por la CONVEMAR[155], premisa que es aún más concreta en el Acuerdo de Nueva York de 1995 al privilegiar la cooperación institucionalizada.

---

[152]   El término «salud del ecosistema» se refiere a un ecosistema que conserva su estructura, actividad y resistencia en el tiempo, en otras palabras, que es sostenible. Sobre este aspecto y sobre la importancia de una visión unitaria de los ecosistemas marinos, *vid.*: GUTIÉRREZ FIGUEROA, Francisco, «La construcción de un régimen especial para los recursos genéticos marinos en zonas fuera de la jurisdicción nacional», *Política Internacional*, 2014, n.° 112, pp. 13-16.

[153]   SOBRINO HEREDIA, José Manuel, «La Progresiva Reducción del Principio de Libertad de Pesca», en *Cuadernos de Derecho Pesquero 1*, SOBRINO HEREDIA, José Manuel (dir.), La Coruña, Fundación Pedro Barrié de la Maza, 2000, p. 84.

[154]   Acuerdo de Nueva York de 1995, art. 8.1. Por «arreglo», según el texto del Acuerdo de 1995 (artículo 1.1.d), debe entenderse «un mecanismo de cooperación establecido de conformidad con la Convención y el presente Acuerdo por dos o más Estados, en particular para establecer medidas de conservación y de ordenación en una subregión o región respecto de una o más poblaciones de peces transzonales o poblaciones de peces altamente migratorios».

[155]   CASADO RAIGÓN, Rafael, «El Acuerdo de Nueva York...», *op. cit.*, p. 55.

En efecto, el acuerdo refuerza el papel protagónico de las organizaciones internacionales de ordenación pesquera al establecer que:

> En los casos en que una organización o un arreglo subregional o regional de ordenación pesquera tenga competencia para establecer medidas de conservación y ordenación respecto de determinadas poblaciones de peces transzonales o poblaciones de peces altamente migratorios, los Estados que pescan esas poblaciones en alta mar y los Estados ribereños correspondientes cumplirán su obligación de cooperar haciéndose miembros de la organización o participantes en el arreglo, o comprometiéndose a aplicar las medidas de conservación y ordenación establecidas por la organización o el arreglo. Los Estados que tengan un interés real en las pesquerías podrán hacerse miembros de dicha organización o participantes en ese arreglo. Las condiciones de participación en tal organización o arreglo no impedirán que dichos Estados adquieran la condición de miembros o participantes; ni se aplicarán de tal manera que se discrimine contra cualquier Estado o grupo de Estados que tenga un interés real en las pesquerías de que se trate[156].

De esta manera, el Acuerdo de Nueva York de 1995 —a diferencia de la CONVEMAR— hace efectiva la obligación de cooperar a través de la cooperación institucionalizada y va más allá al determinar que solo los Estados que cumplan con las exigencias anteriormente citadas tendrán acceso a los recursos de pesca[157]. Estas disposiciones resultan alentadoras en tanto constituyen un esfuerzo convencional por alcanzar el aprovechamiento sostenible de los recursos pesqueros en la alta mar. Se trata, pues, de un paso adelante en la «progresiva sustitución del principio de libertad individual para uso de la alta mar por el de primacía del interés de la comunidad internacional en la utilización de la misma»[158], lo cual implica también la sustitución de soluciones unilaterales (como el caso de la jurisdicción rampante) por medidas concertadas para lograr un fin común.

En el mismo sentido, el acuerdo dispone que, cuando no exista una organización o arreglo, los Estados ribereños y los Estados que pescan en la alta mar poblaciones de peces transzonales o poblaciones de peces altamente migratorios cooperarán para establecerla o concertarlo, según corresponda[159].

Es posible afirmar que el Acuerdo de 1995 resalta favorablemente la importancia de las organizaciones internacionales al desarrollar, precisar y reforzar la obligación de los Estados en la conservación y ordenación de los recursos pesqueros en la alta mar. Sin embargo, debe aclararse que una verdadera materialización de la cooperación

---

[156] Acuerdo de Nueva York de 1995, art. 8.3.

[157] *Ibid.*, art. 8.4.

[158] Manteca Valdelande, Víctor, «Organizaciones Pesqueras Internacionales», en *Cuadernos de Derecho Pesquero 1*, Sobrino Heredia, José Manuel (dir.), La Coruña, Fundación Pedro Barrié de la Maza, 2000, p. 50.

[159] Acuerdo de Nueva York de 1995, art. 8.5.

en el contexto de la CONVEMAR solo será posible si las organizaciones de ordenación pesquera poseen un adecuado grado de institucionalización y facultades normativas eficaces. En última instancia, se trata de que aquellas se desempeñen como «instrumentos de autorregulación de la actividad pesquera y de concienciación de la necesidad de conseguir un rendimiento sostenible a base de la modificación de conductas»[160] en un escenario internacional de nuevos problemas y desafíos surgidos después de la adopción de la CONVEMAR.

2.6. Cumplimiento y ejecución de las medidas de conservación y ordenación

La efectividad de una política de conservación y gestión de los recursos pesqueros en la alta mar se fundamenta en la previsión de un mecanismo concreto que garantice su cabal cumplimiento[161]. Como se ha observado en las páginas precedentes, en lo que respecta al desarrollo de actividades en zonas fuera de la jurisdicción nacional, rige el principio de jurisdicción exclusiva del Estado del pabellón, tal como viene estipulado en el artículo 92.1 de la CONVEMAR y en el derecho internacional consuetudinario.

Al respecto, el Acuerdo de Nueva York de 1995 atribuye derechos y obligaciones a los Estados del pabellón y a los Estados ribereños; en el caso de estos, ya sea que actúen como Estado inspector o como Estado del puerto.

En lo que atañe al Estado del pabellón, el acuerdo aumenta la lista de obligaciones enumeradas en el artículo 94 de la CONVEMAR y establece en su artículo 18 que:

> 1.   Todo Estado cuyos buques pesquen en alta mar adoptará las medidas que sean necesarias para que los buques que enarbolen su pabellón cumplan las medidas subregionales y regionales de conservación y ordenación y para que esos buques no realicen actividad alguna que pueda ir en detrimento de la eficacia de esas medidas.
>
> 2.   Todo Estado autorizará a los buques que enarbolen su pabellón a pescar en alta mar **sólo en los casos en que pueda asumir eficazmente sus responsabilidades** con respecto a tales buques en virtud de la Convención y del presente Acuerdo[162] [resaltado agregado].

---

[160]   MANTECA VALDELANDE, Víctor, *op. cit.*, p. 61.

[161]   IGLESIAS BERLANGA, Marta, *op. cit.*, pp. 174-175.

[162]   El tercer párrafo de este artículo dispone detalladamente que «todo Estado adoptará, en particular, respecto de los buques que enarbolen su pabellón las medidas siguientes: a) El control de dichos buques en alta mar mediante la expedición de licencias, autorizaciones o permisos de pesca, de conformidad con los procedimientos aplicables convenidos en los planos subregional, regional o mundial, si los hubiere; b) La promulgación de reglamentos con el fin de: i) Incluir condiciones en la licencia, autorización o permiso que sean suficientes para dar cumplimiento a las obligaciones que incumban al Estado del pabellón en los planos subregional, regional o mundial; ii) Prohibir la pesca en alta mar a los buques que no tengan la licencia o autorización debidas o que pesquen de manera distinta a la establecida en los términos y condiciones de la licencia, autorización o permiso; iii) Exigir que los

Con dichas disposiciones, el Acuerdo de Nueva York de 1995 avanza un paso más con respecto a la CONVEMAR en la armonización de las medidas colectivas adoptadas en un ámbito subregional o regional para asegurar el correcto cumplimiento de esas medidas por parte de los Estados que pescan a distancia.

De otro lado, la función del Estado ribereño como Estado inspector está prevista en el artículo 21 del acuerdo cuando establece que, en las zonas de alta mar cubiertas por una organización o arreglo de ordenación pesquera, los inspectores debidamente autorizados de un Estado parte, que sea miembro de la organización o participante en el arreglo, podrán subir a bordo e inspeccionar los buques pesqueros que enarbolen el pabellón de otro Estado parte del Acuerdo de Nueva York de 1995, sea o no miembro de dicha organización o participante en ese arreglo, con el fin de asegurar el cumplimiento de las medidas de conservación y ordenación de las poblaciones de peces

---

buques que pesquen en alta mar lleven a bordo en todo momento la licencia, autorización o permiso y los presenten para su inspección a toda persona debidamente autorizada; y iv) Asegurar que los buques que enarbolen su pabellón no pesquen sin autorización dentro de zonas que se encuentran bajo la jurisdicción nacional de otros Estados; c) El establecimiento de un registro nacional de buques pesqueros autorizados para pescar en alta mar y el otorgamiento de acceso a la información contenida en dicho registro a los Estados directamente interesados que la soliciten, teniendo en cuenta la legislación nacional pertinente del Estado del pabellón sobre la comunicación de esa información; d) La adopción de reglas para la marca de buques y aparejos de pesca a los efectos de su identificación de conformidad con sistemas uniformes e internacionalmente reconocidos, como las Especificaciones Uniformes para el marcado e identificación de las embarcaciones pesqueras, establecidas por la Organización de las Naciones Unidas para la Agricultura y la Alimentación; e) El establecimiento de reglas sobre registro y comunicación oportuna de la posición del buque, la captura de especies objeto de la pesca y las capturas accidentales, el esfuerzo de pesca y demás datos pertinentes concernientes a la pesca de conformidad con las normas subregionales, regionales y mundiales para la obtención de tales datos; f) El establecimiento de reglas para la verificación de la captura de especies objeto de la pesca y de las capturas accidentales por medio de programas de observación, planes de inspección, informes sobre descarga, supervisión del trasbordo y control de las capturas descargadas y las estadísticas de mercado; g) El seguimiento, el control y la vigilancia de tales buques, y de sus operaciones pesqueras y actividades conexas, en particular mediante: i) La puesta en práctica de mecanismos de inspección nacionales y mecanismos subregionales y regionales de cooperación en la ejecución con arreglo a los artículos 21 y 22, que incluyan la obligación para dichos buques de autorizar el acceso a bordo de inspectores debidamente autorizados de otros Estados; ii) La puesta en práctica de programas de observación nacionales, subregionales y regionales en los que participe el Estado del pabellón, que incluyan la obligación para dichos buques de autorizar el acceso a bordo de observadores de otros Estados para que cumplan las funciones convenidas en virtud del programa; y iii) La elaboración y puesta en práctica de sistemas de vigilancia de buques, que incluyan, cuando sea adecuado, sistemas de transmisión por satélite, de conformidad con los programas nacionales y los que se hubiesen acordado en los planos subregional, regional y mundial entre los Estados interesados; h) La reglamentación del trasbordo en alta mar a fin de asegurar que no se menoscabe la eficacia de las medidas de conservación y ordenación; e i) La reglamentación de las actividades pesqueras a fin de asegurar el cumplimiento de las medidas subregionales, regionales o mundiales, incluidas las medidas para minimizar las capturas accidentales».

objeto de regulación por la respectiva organización o arreglo[163]. En el mismo sentido, esas organizaciones o arreglos deberán establecer procedimientos para realizar las visitas e inspecciones, a los cuales se les dará la debida publicidad[164].

Asimismo, los buques autorizados a realizar inspecciones deberán llevar signos claros y ser identificables como buques de Estado[165] y el Estado inspector velará por que sus inspectores eviten el uso de la fuerza «salvo cuando y en la medida en que ello sea necesario para garantizar la seguridad de los inspectores y cuando se obstaculiza a los inspectores en el cumplimiento de sus funciones»[166]. Aunque el propio texto dispone que el grado de fuerza empleado no debe exceder el que razonablemente exijan las circunstancias, es evidente que esta disposición involucra un alto grado de discrecionalidad, pues es el Estado inspector el que determinará si el buque sujeto a inspección dificulta el procedimiento, situación que puede conducir a interpretaciones arbitrarias. La posibilidad de recurrir a la fuerza por el solo hecho de obstaculizar la actuación de los inspectores resulta discutible y contraria al principio de prohibición del uso de la fuerza si no se incorporan medidas que garanticen la proporcionalidad del acto[167].

En esa misma línea, el Acuerdo de Nueva York de 1995 establece que los inspectores tendrán autoridad para «inspeccionar el buque, su licencia, aparejos, equipo, registros, instalaciones, pescado y productos derivados y cualquier otro documento que sea necesario para verificar el cumplimiento de las medidas de conservación y de ordenación pertinentes»[168]. Cuando, después de realizar la inspección, existiesen motivos claros para creer que el buque ha incurrido en una actividad contraria a las medidas de conservación y ordenación de las poblaciones de peces transzonales y poblaciones de peces altamente migratorios, el Estado inspector reunirá pruebas y notificará prontamente la presunta infracción al Estado del pabellón[169]. Una vez informado, o debe responder a la notificación dentro de los tres días hábiles siguientes a la fecha en la que la reciba para cumplir con su deber de investigar y convenir medidas de ejecución correctivas, o autorizará al Estado inspector a llevar a cabo una investigación[170]. En este último caso, el Estado inspector comunicará sin demora al Estado del pabellón los resultados de esa investigación. El Estado del pabellón, o bien cumplirá su obligación de adoptar medidas de ejecución con respecto al buque, o bien autorizará al Estado inspector la adopción de medidas especificadas por aquel[171].

---

[163] Acuerdo de Nueva York de 1995, art. 21.1.
[164] *Ibid.*, art. 21.2.
[165] *Ibid.*, art. 21.4.
[166] *Ibid.*, art. 22.1.f.
[167] SOBRINO HEREDIA, José Manuel, «La Progresiva Reducción...», *op. cit.*, p. 85.
[168] Acuerdo de Nueva York de 1995, art. 22.2.
[169] *Ibid.*, art. 21.5.
[170] *Ibid.*, art. 21.6.
[171] *Ibid.*, art. 21.7.

Por otra parte, cuando haya motivos claros para creer que un buque ha cometido una infracción grave —y el Estado del pabellón no ha respondido en el plazo de tres días útiles, no ha cumplido su obligación de adoptar medidas de ejecución con respecto al buque infractor, o no ha delegado esa función al Estado inspector[172]—, los inspectores podrán permanecer a bordo para reunir pruebas e, incluso, exigir al capitán que dirija el buque al puerto más cercano para proseguir la investigación[173]. Esta disposición, que consagra la figura del «consentimiento tácito», puede resultar conveniente en los supuestos en los que el buque inspeccionado enarbole un pabellón de conveniencia, circunstancia que no es infrecuente en el desarrollo de actividades de pesca en la alta mar[174]. Sin embargo, también es cierto que su aplicación podría conllevar un gran margen de discrecionalidad para el Estado inspector. De hecho, el escaso tiempo de reacción concedido al Estado del pabellón (tres días hábiles) no le otorga muchas facilidades para cumplir a cabalidad las obligaciones establecidas en el Acuerdo de Nueva York de 1995.

Frente a ello, el propio acuerdo trata de equilibrar la posición desventajosa del Estado del pabellón al establecer una serie de exigencias para que la actuación del Estado inspector no cause perjuicio a las actividades pesqueras del buque inspeccionado ni ponga en riesgo la seguridad del buque y la tripulación. En ese sentido, «los Estados que realizan la inspección velarán por que la visita e inspección no se lleven a cabo de una manera que pudiere constituir un hostigamiento para cualquier buque pesquero»[175]. Igualmente, las medidas adoptadas por los Estados deberán ser proporcionales a la gravedad de la infracción[176] y estos serán responsables por los daños o perjuicios que les sean imputables como consecuencia de las

---

[172]   En el ámbito del Acuerdo de Nueva York de 1995 se entiende por infracción grave: «a) Pescar sin licencia, autorización o permiso válido expedido por el Estado del pabellón de acuerdo con el inciso a) del párrafo 3 del artículo 18; b) La falta de mantenimiento de registros precisos de datos sobre las capturas y actividades relacionadas, según lo exigido por la organización o el arreglo subregional o regional de ordenación pesquera pertinente, o proporcionar información considerablemente inexacta sobre la captura, en contravención de los requisitos sobre declaración de la captura vigentes en dicha organización o arreglo; c) Pescar en un área cerrada, pescar durante el cierre de la temporada de pesca o pescar sin cuota o después de alcanzar la cuota establecida por la organización o arreglo subregional o regional de ordenación pesquera pertinente; d) La pesca dirigida a una población sujeta a moratoria o cuya pesca ha sido prohibida; e) Utilizar aparejos de pesca prohibidos; f) Falsificar u ocultar las marcas, la identidad o el registro de un buque pesquero; g) Ocultar, manipular o destruir pruebas relacionadas con una investigación; h) Cometer violaciones múltiples que, en su conjunto, constituyen una inobservancia grave de las medidas de conservación y de ordenación; o i) Cualquier otra violación que pueda especificarse en procedimientos establecidos por la organización o el arreglo subregional o regional de ordenación pesquera pertinente». *Ibid*, art. 21.11.

[173]   *Ibid.*, art. 21.8.

[174]   Sobrino Heredia, José Manuel, «La Progresiva Reducción...», *op. cit.*, p. 85.

[175]   Acuerdo de Nueva York de 1995, art. 21.10.

[176]   *Ibid.*, art. 21.16.

medidas adoptadas cuando ellas sean ilícitas o excedan las medidas razonablemente necesarias[177].

Finalmente, la función del Estado ribereño como Estado del puerto se establece en el artículo 23 del Acuerdo de Nueva York de 1995, en el cual se prevé el derecho y el deber de dicho Estado de actuar, con arreglo al derecho internacional, para fomentar la eficacia de las medidas de conservación y ordenación en todos los ámbitos[178]. A ese propósito podrá, *inter alia*, inspeccionar los documentos, aparejos de pesca y la captura de especies de los buques pesqueros que se encuentren voluntariamente en sus puertos[179]. Asimismo, podrá adoptar reglamentos para facultar a sus autoridades nacionales competentes a «prohibir desembarcos y transbordos cuando se hubiera demostrado que la captura se ha obtenido de una manera que menoscaba la eficacia de las medidas subregionales, regionales o mundiales de conservación y ordenación en alta mar»[180]; todo lo mencionado sin perjuicio de la soberanía que los Estados ejercen sobre los puertos ubicados en su territorio conforme al derecho internacional[181]. La amplitud de estas disposiciones en favor del Estado del puerto debería manejarse con cautela, pues podría involucrar severos perjuicios, en caso de una incorrecta interpretación, para los Estados que pescan a distancia —incluyendo un eventual abuso de los derechos reconocidos a aquel en el marco de la CONVEMAR y el Acuerdo de Nueva York de 1995[182]—.

2.7. Apreciación general

Las disposiciones del Acuerdo de Nueva York de 1995 toman en cuenta, de manera equilibrada, las posiciones e intereses tanto de los Estados ribereños como de los Estados que pescan en la alta mar. La importancia de este instrumento radica en los nuevos enfoques de ordenación pesquera introducidos (particularmente los criterios de precaución, de unidad biológica del ecosistema y de compatibilidad, en los términos del artículo 7) y en el fortalecimiento de las organizaciones internacionales de pesca como principal mecanismo para la cooperación internacional en la conservación y ordenación de las poblaciones de peces transzonales y poblaciones de peces altamente migratorios. Sobre este último aspecto el acuerdo refuerza el papel de estas

---

[177]　*Ibid.*, art. 21.18.
[178]　*Ibid.*, art. 23.1.
[179]　*Ibid.*, art. 23.2.
[180]　*Ibid.*, art. 23.3.
[181]　*Ibid.*, art. 23.4.
[182]　Al ya citado artículo 300 de la CONVEMAR, relativo a la buena fe y abuso de derecho, debe añadirse el artículo 34 del Acuerdo de Nueva York de 1995, el cual, en similares términos, determina que «los Estados Partes cumplirán de buena fe las obligaciones contraídas de conformidad con el presente Acuerdo y ejercerán los derechos reconocidos en él de manera que no constituya un abuso de derecho».

organizaciones como medio para garantizar la utilización de dichas especies en el largo plazo, de manera que su disfrute se extienda también a las generaciones futuras.

Con todo, el Acuerdo de Nueva York de 1995 no ha estado exento de polémica debido fundamentalmente a la determinación del ámbito de aplicación de las obligaciones formuladas en dicho texto normativo. En efecto, como parte de un debate doctrinal, se ha sostenido que algunos artículos de este instrumento atentan contra el principio *pacta tertis nec nocent nec prosunt*, codificado en el artículo 34 de la Convención de Viena sobre el Derecho de los Tratados de 1969, según el cual «un tratado no crea obligaciones ni derechos para un tercer Estado sin su consentimiento». Básicamente, la referencia es con respecto a los artículos 8.3, 8.4, 17, 21 y 22, relacionados con la articulación y funcionamiento de las organizaciones internacionales de ordenación pesquera[183].

Sobre el particular, se ha argumentado que las obligaciones formuladas en dichos artículos alcanzarían a todos los Estados, sean partes o no del Acuerdo de Nueva York de 1995, en razón a la aparente redacción en sentido genérico de esas normas, las cuales disponen que cuando exista una organización de ordenación pesquera con competencias para establecer medidas de conservación respecto de determinadas poblaciones de peces transzonales o poblaciones de peces altamente migratorios, tanto los Estados que pescan esas poblaciones como los Estados ribereños correspondientes

---

[183]   Con excepción del artículo 17, las demás disposiciones han sido mencionadas en el presente capítulo. Ese artículo textualmente señala lo siguiente: «1. El Estado que no sea miembro de una organización o participante en un arreglo subregional o regional de ordenación pesquera y que no acepte, por cualquier otro concepto, aplicar las medidas de conservación y ordenación adoptadas por dicha organización o arreglo, no estará exento de la obligación de cooperar, de conformidad con la Convención y el presente Acuerdo, en la conservación y ordenación de las poblaciones de peces transzonales y las poblaciones de peces altamente migratorios de que se trate. 2. Dicho Estado no autorizará a los buques que enarbolen su pabellón a realizar operaciones de pesca respecto de poblaciones de peces transzonales o poblaciones de peces altamente migratorios que estén sujetas a las medidas de conservación y ordenación establecidas por tal organización o arreglo. 3. Los Estados que sean miembros de una organización o participantes en un arreglo subregional o regional de ordenación pesquera pedirán individual o colectivamente a las entidades pesqueras a que se refiere el párrafo 3 del artículo 1, cuando éstas tengan barcos pescando en la zona de que se trate, que cooperen plenamente con la organización o arreglo en la aplicación de las medidas de conservación y ordenación establecidas por tal organización o arreglo con el fin de que esas medidas sean aplicadas de facto lo más ampliamente posible a las actividades pesqueras en la zona de que se trate. Dichas entidades pesqueras gozarán de los beneficios derivados de la participación en las pesquerías en forma proporcional a su compromiso de cumplir las medidas de conservación y ordenación respecto de las poblaciones. 4. Los Estados que sean miembros de una organización o participantes en un arreglo subregional o regional de ordenación pesquera intercambiarán información con respecto a las actividades de los buques pesqueros que enarbolen los pabellones de Estados que no sean miembros de la organización o participantes en el arreglo y que lleven a cabo actividades de pesca respecto de las poblaciones de que se trate. Adoptarán medidas compatibles con el presente Acuerdo y el derecho internacional para disuadir a esos buques de realizar actividades que menoscaben la eficacia de las medidas de conservación y ordenación subregionales o regionales».

cumplirán su obligación de cooperar haciéndose miembros de la organización o comprometiéndose a aplicar las medidas de conservación y ordenación establecidas por ella (artículo 8.3), entendiéndose, *a contrario sensu*, que los Estados que no sean miembros de la organización, o no se comprometan a aplicar las medidas aludidas, no tendrán acceso a los recursos de pesca en el contexto de dichas medidas (artículo 8.4). De igual manera, los Estados que no sean miembros de una organización de ordenación pesquera tendrán la obligación de no autorizar a los buques que enarbolen su pabellón a realizar operaciones de pesca en áreas en las que tal organización haya establecido medidas de conservación y ordenación (artículo 17.2); y aquellos que sean miembros de la organización adoptarán medidas compatibles con el Acuerdo de Nueva York de 1995 y con el derecho internacional para disuadir a esos buques de realizar actividades que menoscaben la eficacia de las medidas de conservación y ordenación adoptadas (artículo 17.4).

Como se ha mencionado, este conjunto de disposiciones ha generado discrepancias doctrinales en lo que respecta a la determinación del ámbito de aplicación de las obligaciones desplegadas por el Acuerdo de Nueva York de 1995. En ese sentido, con relación al asunto en cuestión, Remiro Brotóns ha comentado que «se trata de una auténtica provocación normativa que hace tambalear principios fundamentales del Derecho de los Tratados y las libertades de la alta mar, atendiendo a la satisfacción de un designio superior que *impone* la cooperación»[184]. Y, por su parte, Yturriaga ha afirmado que:

> The drafters of the Agreement have overvalued its standing and that of regional fishing organizations, and have provided for the application of their provisions to any State, irrespective of its being or not a Party to them [...]. These provisions seem to ignore one of the basic principles of the International Law of Treaties: that is, «*pacta tertiis nec nocent nec prosunt*»[185].

Sin embargo, creemos que estas apreciaciones no son del todo precisas, debido a que la Parte IX del Acuerdo de Nueva York de 1995 (relativa a los Estados no partes) no se pronuncia sobre los efectos de las obligaciones creadas por este instrumento internacional con respecto a terceros Estados. A mayor detalle, el artículo 33 solo dispone que los Estados partes alienten a los demás Estados que no lo sean a que se hagan partes del acuerdo y a que aprueben leyes y reglamentos compatibles con sus disposiciones[186] y que, de conformidad con ese instrumento y el derecho internacional, adopten medidas para disuadir a los buques que enarbolan el pabellón de Estados

---

[184]   REMIRO BROTÓNS, Antonio *et al.*, *op. cit.*, p. 985.

[185]   YTURRIAGA, José Antonio de, «Fishing in the High Seas: from the 1982 UN Convention on the Law of the Sea to the 1995 Agreement on Straddling and Highly Migratory Fish Stocks», *African Yearbook of International Law*, vol. 3, 1995, n.º 1, pp. 178-179.

[186]   Acuerdo de Nueva York de 1995, art. 33.1.

no partes de realizar actividades que menoscaben la aplicación eficaz del acuerdo[187]. Entre las medidas disuasorias que actualmente se vienen aplicando en el marco de las organizaciones internacionales de ordenación pesquera pueden mencionarse la creación de registros de buques que realizan actividades de pesca ilegal, no declarada y no reglamentada (listas negativas) con la finalidad de que los Estados miembros de aquellas organizaciones no autoricen el desembarco o transbordo en puertos de las capturas realizadas por esas embarcaciones; y el registro de buques autorizados a realizar actividades en la zona donde la organización tenga competencia (listas positivas)[188].

Por todo lo expuesto, debería quedar claro que solo los Estados partes en el Acuerdo de Nueva York de 1995 se encuentran sujetos a la obligación de cooperar con la organización pesquera correspondiente, especialmente en lo que respecta al artículo 8.4, uno de los puntos de mayor preocupación de los críticos del acuerdo. Al respecto, cabe agregar que dicha disposición, antes que reflejar la codificación del derecho internacional contemporáneo, en virtud de su carácter innovador denota más bien un desarrollo progresivo en la materia, por lo que, fuera del estricto marco convencional, esta disposición permanece ineficaz[189]. Sin perjuicio de ello, un Estado del puerto miembro de una organización internacional de ordenación pesquera podría prohibir a un Estado no miembro (y en general, a cualquier Estado)[190] el acceso a sus puertos cuando se hubiera demostrado que los buques de este han realizado capturas de tal manera que menoscaban «la eficacia de las medidas subregionales, regionales o mundiales de conservación y ordenación en alta mar»[191].

En lo que concierne a los mecanismos de vigilancia e inspección de los buques pesqueros en la alta mar (artículos 21 y 22), un sector de la doctrina ha estimado que dicha cuestión, en el contexto del Acuerdo de Nueva York de 1995, «rompe con la práctica centenaria del monopolio en alta mar de los poderes del Estado del pabellón»[192]. Frente a esta interpretación, es preciso resaltar que una lectura textual de los artículos correspondientes comprueba que la aplicación de estos mecanismos de cumplimiento y ejecución solo alcanza a los Estados partes en el Acuerdo y que el tradicional principio de jurisdicción exclusiva del Estado del pabellón se mantiene inalterado para los Estados no partes de ese tratado, al menos formalmente.

---

[187]   *Ibid.*, art. 33.2.

[188]   Pueyo Losa, Jorge, *op. cit.*, p. 166.

[189]   Franckx, Erik, «*Pacta Tertiis* and the Agreement for the Implementation of the Provisions of the United Nations Convention on the Law of the Sea of 10 December 1982 relating to the Conservation and Management of Straddling Fish Stocks and Highly Migratory Fish Stocks», *FAO Legal Papers Online*, 2000, n.º 8, p. 14, http://www.fao.org/fileadmin/user_upload/legal/docs/lpo8.pdf.

[190]   Acuerdo de Nueva York de 1995, arts. 23.1 y 23.4.

[191]   *Ibid.*, art. 29.3.

[192]   Casado Raigón, Rafael, «Nuevas tendencias en materia de...», *op. cit.*, p. 92.

Evidentemente, un Estado que es parte del Acuerdo de Nueva York de 1995 ha consentido, voluntariamente, una limitación al principio de jurisdicción exclusiva del Estado del pabellón sin que ello implique una vulneración a las disposiciones de la CONVEMAR y al derecho internacional consuetudinario en la materia. Por ello, como ha sostenido Pueyo Losa, una vez que un Estado se obliga por el acuerdo «queda vinculado por los mecanismos cooperativos que [en] el mismo se articulan y, por tanto, cualquier actividad ilícita de pesca [...] determina consecuentemente la puesta en marcha de los mecanismos de control y ejecución aceptados por el [propio Estado]»[193].

De acuerdo con lo señalado anteriormente, los Estados no partes en el Acuerdo de Nueva York de 1995 no se encuentran vinculados jurídicamente por las obligaciones contendidas en dicho instrumento y, en ese entendido, solo pueden ser objeto de medidas disuasivas —de conformidad con el derecho internacional— para evitar la realización de cualquier actividad pesquera que vulnere las medidas de conservación adoptadas por una organización internacional de ordenación pesquera.

En general, puede afirmarse que el Acuerdo de Nueva York de 1995 de ninguna manera pretende ubicarse por encima del principio *pacta tertiis*. Erik Franckx ha condensado adecuadamente esta idea al concluir que un análisis cuidadoso del texto del acuerdo parece demostrar que este no crea obligaciones para terceros Estados, sino solo para aquellos que se han constituido como partes del tratado. En particular, ha sostenido que:

> Sometimes this is explicitly stated by the terms of the 1995 Agreement, in which case there is not the slightest doubt. In other instances the text of the agreement is not that explicit, but even then the context appears to suggest that its drafters did not intend to break new ground with respect to the *pacta tertiis* rule[194].

Sin embargo, en la práctica, varias Organizaciones Regionales de Ordenamiento Pesquero (en adelante «OROP») llevan a cabo inspecciones a buques de Estados no miembros de estas en virtud de sus propias medidas regionales de conservación y gestión, lo cual requiere una atención especial en vista de su cuestionada legitimidad.

Así, por ejemplo, algunas OROP[195] han dispuesto, a través de medidas regulatorias, la presunción del menoscabo de las medidas de conservación y control por parte de las embarcaciones de Estados no miembros que sean vistas o identificadas participando en actividades de pesca en el área de competencia de esas organizaciones regionales. Esta presunción invierte la carga de la prueba sobre los buques de Estados

---

[193]　Pueyo Losa, Jorge, *op. cit.*, p. 168.
[194]　Franckx, Erik, *op. cit.*, p. 21.
[195]　Es el caso de las siguientes OROP: CPANE, OPANO, IOTC, ICCAT y CCRVMA. Para el significado de estas siglas, *vid.*: *infra*, capítulo 4.3.

no miembros de las OROP. Puede afirmarse que dicha presunción es contraria al principio de la libertad de los mares, en donde la pesca en la alta mar es, *prima facie*, lícita y acorde con el derecho internacional[196], pero teniendo en cuenta las restricciones que ese mismo ordenamiento jurídico impone a la libertad de pesca.

De acuerdo con el principio *pacta tertiis*, un acuerdo regional no es vinculante para los Estados no partes, a no ser que ciertas normas del tratado constituyan una costumbre internacional. En el derecho internacional positivo no existe la obligación para los Estados no partes de aceptar automáticamente las medidas regulatorias adoptadas por una OROP. Sería arriesgado afirmar que estos se encuentran en la obligación de aceptar tales medidas sin su consentimiento expreso[197]. Al respecto, una posible solución para facilitar la legitimidad de las medidas regulatorias regionales consistiría en que las OROP invitasen a los Estados no miembros con intereses en las áreas de competencia de estas organizaciones a participar en sus reuniones en calidad de Estados no partes cooperantes. Al amparo de esta figura, dichos Estados podrían comprometerse a cumplir e implementar las medidas de conservación, circunstancia que reforzaría la cooperación internacional en la alta mar en cumplimiento del derecho internacional.

En suma, en este capítulo se ha analizado los alcances del principio de la libertad de los mares, en particular la libertad de pesca, a través de las disposiciones de la CONVEMAR y del Acuerdo de Nueva York de 1995. Se puede afirmar, en concordancia con el estudio de los dos primeros capítulos, que actualmente el régimen jurídico de la alta mar se encuentra sujeto a mayores restricciones. Restricciones que, en el ordenamiento jurídico internacional contemporáneo, están orientadas a la gestión razonable de los recursos vivos de la alta mar, espacio marino considerado *res communis omnium*.

La cooperación institucionalizada desempeña un papel sumamente relevante en la ordenación jurídica de los recursos vivos de la alta mar en el marco del derecho internacional contemporáneo. Aunque dicha cooperación constituye una limitación a la libertad de pesca, no menos cierto es que también persigue armonizar los intereses de los diversos actores involucrados en el aprovechamiento de los recursos vivos tanto dentro como fuera de las zonas de jurisdicción nacional.

---

[196]   Algunas excepciones a esta regla, como ya se ha visto, son la pesca de especies catádromas y anádromas en la alta mar.

[197]   TANAKA, Yoshifumi, *op. cit.*, p. 315.

4

NUEVOS FENÓMENOS E INTERESES EN LA ALTA MAR A LA LUZ DEL DERECHO INTERNACIONAL CONTEMPORÁNEO

El propósito fundamental de este último capítulo es analizar los nuevos fenómenos e intereses que condicionan actualmente la libertad de pesca en la alta mar. En ese sentido, se propone el análisis de cuatro fenómenos o intereses, según corresponda, con el fin de comprobar que las limitaciones a la libertad de pesca conllevan consecuencias concretas en las relaciones internacionales de ese ámbito. Adicionalmente, se ha incorporado una quinta y última sección con reflexiones preliminares acerca del Acuerdo BBNJ, adoptado el 19 de junio de 2023. En su totalidad, el presente capítulo responde a un ejercicio que trasciende el aspecto meramente teórico.

Como se verá a continuación, algunos de los fenómenos e intereses son totalmente contrarios al derecho internacional contemporáneo; mientras que otros, aunque aún cuentan con una base jurídica precaria, sostienen la idea de conservación sostenible de los recursos marinos a largo plazo en beneficio de los intereses de la comunidad internacional. Esta perspectiva parece sustituir la tendencia individualista de los Estados en el aprovechamiento de los recursos vivos en zonas fuera de la jurisdicción nacional.

¿Cuál es el futuro del régimen jurídico de la alta mar? A la luz de los fenómenos e intereses estudiados en este capítulo, será posible confirmar lo que hemos argumentado en las páginas anteriores de esta investigación: debido al carácter dinámico del ordenamiento jurídico internacional, el conjunto de normas y principios que regulan la alta mar se dirige hacia un régimen sujeto gradualmente a mayores restricciones.

1. EXTENSIÓN DE COMPETENCIAS ESTATALES EN MATERIA DE PESCA MÁS ALLÁ DE LOS LÍMITES DE LA JURISDICCIÓN NACIONAL

Tras la adopción de la CONVEMAR han surgido nuevas manifestaciones mediante las cuales se pretende ampliar las competencias estatales en materia de pesca más allá de las 200 millas marinas de jurisdicción nacional. Se trata de nuevas presiones a las que se ve sometida la libertad de pesca en la alta mar, ya sensiblemente reducida y lejos de la concepción tradicional formulada por Hugo Grocio. Con ello se evidencia una situación de crisis del derecho del mar que refleja la tensión entre los intereses de los Estados y los intereses generales de la comunidad internacional[1].

1.1.   La jurisdicción rampante o progresiva (*creeping jurisdiction*)

Tomando en cuenta que la pesca en la alta mar es gobernada por el principio de cooperación internacional, y tomando en consideración los regímenes especiales de pesca en la ZEE, es lógico comprender que la conservación y administración de los recursos vivos de la alta mar constituye una tarea a cargo de todos los Estados, sin que esto implique la extensión de competencias de los Estados ribereños más allá de sus respectivas zonas de jurisdicción nacional. Ello conforma en buena cuenta un criterio equilibrado para el régimen jurídico de la pesca, particularmente en lo que respecta a las especies transzonales y las especies altamente migratorias.

Por otro lado, aunque las normas relativas a la conservación y administración de los recursos vivos contenidas en la CONVEMAR imponen obligaciones a los Estados como contrapartida a su derecho de pesca en la alta mar, no deja de ser cierto que, en algunos aspectos, la propia convención solamente ha establecido obligaciones de comportamiento y no de resultado[2]. Con todo, es claro que las disposiciones de la CONVEMAR impiden que el Estado ribereño pueda imponer unilateralmente medidas de conservación para los recursos vivos fuera de su respectiva ZEE, ya que esa misma obligación requiere que el Estado en cuestión y por lo menos uno de sus pares negocien los términos en los que se logrará la susodicha conservación[3].

Es precisamente sobre este punto que se ha generado controversia debido a que ciertos Estados con amplia proyección marítima mantienen la pretensión de adoptar medidas unilaterales en el caso de que la cooperación con otros Estados para la conservación de las poblaciones de peces transzonales y poblaciones de peces altamente migratorios no prospere. En ese sentido, sostienen que las medidas acogidas en sus ZEE no son efectivas frente a la presencia de buques de pabellón extranjero que ejecutan actividades de extracción de recursos marinos en las aguas de la alta mar adyacentes. Por su parte, los Estados que faenan en la alta mar justifican sus actividades en el principio de la libertad de pesca y en la viabilidad de esa actividad[4].

Al amparo de aquella interpretación, desde la década de 1990 diversos Estados ribereños —especialmente aquellos con una gran presencia en el sector pesquero— han establecido normas de derecho interno relativas a la conservación y administración de los recursos marinos vivos más allá de las 200 millas marinas de jurisdicción

---

[1]   Badenes Casino, Margarita, *La Crisis de la Libertad de Pesca en Alta Mar*, Madrid, McGraw-Hill, 1997, pp. 281-282.

[2]   *Vid.: supra* cap. 3.1.4.1.3.

[3]   *Vid.: supra* cap. 3.1.4.1.2.

[4]   Vázquez Gómez, Eva María, *op. cit.*, p. 53.

nacional. Este proceso, acuñado con la denominación de «jurisdicción rampante» o «jurisdicción progresiva», ha impactado sobremanera en la libertad de pesca en la alta mar. Si bien en el derecho internacional contemporáneo dicha libertad no es absoluta, tampoco se puede afirmar que ha sido anulada. El hecho de que las libertades del mar se disfruten teniendo en cuenta los intereses de otros Estados no involucra el reconocimiento unilateral de un interés especial o preferente por parte del Estado ribereño con relación a la zona de la alta mar adyacente a su ZEE.

La jurisdicción rampante o jurisdicción progresiva constituye una práctica mediante la cual ciertos Estados ribereños buscan ampliar sus competencias en materia pesquera, extendiéndolas hacia la alta mar (sobre el espacio colindante con sus ZEE), particularmente con respecto a las especies transzonales y las especies altamente migratorias.

1.1.1. *El Mar Presencial chileno*

La doctrina del mar presencial fue formulada por primera vez por el comandante en jefe de la Armada chilena, Almirante Jorge Martínez Busch, en una clase magistral titulada «La gran tarea de esta generación es la ocupación efectiva de nuestro mar», pronunciada el 4 de mayo de 1990 en Viña del Mar (Chile). El creador de esta tesis chilena la definió como «el espacio oceánico comprendido entre el límite de nuestra Zona Económica Exclusiva y el meridiano que pasando por el borde occidental de la plataforma continental de Isla de Pascua se prolonga desde el paralelo de Arica (Hito N.ª 1) hasta el Polo Sur, con la salvedad de las Zonas Económicas Exclusivas que generan las islas chilenas al interior de dicho espacio marítimo»[5].

Asimismo, para este autor la figura del mar presencial no comporta el desconocimiento de la alta mar como tal, o sea, no niega el principio de la libertad de los mares, sino que reconoce una «continuidad espacial» entre el territorio continental y antártico y la isla de Pascua, «derivada de la necesidad de ejercer acciones que resguarden nuestra soberanía y, mediante éstas, dar seguridad a la Zona Económica Exclusiva y al mar territorial»[6]. Martínez Busch considera que el mar presencial conlleva «la idea y la voluntad» de estar presentes en la alta mar, observando y participando en las actividades que en ella desarrollan otros Estados. En ese entendido, sostiene que:

> [A]ctuando dentro de la normativa establecida por la Convención de Naciones Unidas sobre el Derecho del Mar deberíamos realizar aquellas actividades económicas y científicas que contribuyan al desarrollo del país, las que al mismo tiempo nos permitirían cautelar los intereses nacionales y contrarrestar intereses ajenos, directos

---

[5] MARTÍNEZ BUSCH, Jorge, *Oceanopolítica: una alternativa para el desarrollo*, Santiago de Chile, Andrés Bello, 1993, p. 218.

[6] MARTÍNEZ BUSCH, Jorge, «Ocupación efectiva de nuestro mar. La gran tarea de esta generación», *Revista de Marina*, 1990, n.º 3, p. 242.

o indirectos, que puedan afectar nuestro patrimonio marítimo y, por lo tanto, nuestra seguridad[7].

El mar presencial chileno comprende una extensa área que cubre aproximadamente 18 000 000 de kilómetros cuadrados[8]. La justificación para la elaboración de esta doctrina reside en la indefinición de la CONVEMAR (en especial los artículos 63.2, 89 y 118) respecto a la aplicación del régimen jurídico de la conservación, administración y explotación de los recursos vivos de la alta mar; y en la búsqueda de una respuesta a los problemas generados por la explotación de las poblaciones de peces asociadas a la ZEE chilena por parte de embarcaciones de pabellón extranjero. Inicialmente, estas flotas provenían de la otrora Unión Soviética y demás Estados del bloque socialista, las cuales realizaban sus faenas de pesca cerca del límite externo de las aguas jurisdiccionales chilenas. Actualmente, son las embarcaciones de pabellón chino las que predominan en la realización de estas actividades[9].

Otra fundamentación del concepto de mar presencial se encuentra en el reconocimiento de la existencia de un gran ecosistema marino que vincula estrechamente a la ZEE y a la alta mar, circunstancia que sustenta la necesidad de proteger los recursos pesqueros adyacentes a las zonas de jurisdicción nacional chilenas. De esta manera, se pretende evitar la depredación y la ruptura del equilibrio natural en la mencionada zona de interacción. Al respecto, Martínez Busch concluye que:

> Contra lo ilícito del uso abusivo de la explotación indiscriminada, la respuesta debiera ser precaver que esto suceda y la única forma de hacerlo, ante la ausencia de normas universalmente aceptadas, es a través de los acuerdos regionales o subregionales, o bien mediante actos unilaterales. El diseño de una posible normativa internacional que actúe sobre el volumen de agua parece necesario, ya que ello no fue abarcado por la Convención del Mar[10].

En la práctica, la propuesta del mar presencial involucra una ampliación conceptual y efectiva del ámbito espacial del Estado. Implica, pues, un «germen

---

[7]　Martínez Busch, Jorge, *Oceanopolítica...*, *op. cit.*, pp. 218-219.

[8]　Mingram López, Fernando, «Chile País Marítimo: AGS "Cabo de Hornos" reimpulsa la investigación científica», *Revista de Marina*, 2013, n.º 6, p. 582; Roth, Luis Carlos, «Contribuciones al diseño de una nueva estrategia marítima para los Estados Unidos», en *Perspectivas sobre Estrategia Marítima. Ensayo de las Américas, la nueva estrategia marítima de EE UU y comentario sobre Una Estrategia Cooperativa para el Poder Naval en el siglo XXI*, Taylor, Paul D. (ed.), Newport, Naval War College Press, 2009, p. 75.

[9]　Loaiza, Yalilé (13 de julio de 2023), «Pesca indiscriminada, explotación laboral y amenazas al medioambiente: así opera la flota pesquera china en América Latina», *Infobae*, https://www.infobae.com/america/medio-ambiente/2022/09/15/pesca-indiscriminada-explotacion-laboral-y-amenazas-al-medioambiente-asi-opera-la-flota-pesquera-china-en-america-latina/.

[10]　Martínez Busch, Jorge, *Oceanopolítica...*, *op. cit.*, p. 230.

de soberanía»[11] que en la argumentación chilena es denominada «soberanía de subsistencia»[12], por contraposición a la soberanía plena que se ejerce en el mar territorial. Asimismo, esta doctrina se relaciona con una visión más amplia de la seguridad nacional, entendida no en sentido militar, sino en términos de protección del interés nacional, que incluye también la dimensión económica, con especial referencia a la ZEE y al mar territorial[13].

El concepto del mar presencial en la legislación chilena se circunscribe a las competencias del Estado en materia pesquera. Así, la Ley General de Pesca y Acuicultura incorpora esta noción y la define en términos casi idénticos a la formulación original planteada por Martínez Busch. De acuerdo con dicha norma, se define el mar presencial como:

> [A]quella parte de la alta mar, existente para la comunidad internacional, entre el límite de nuestra zona económica exclusiva continental y el meridiano que, pasando por el borde occidental de la plataforma continental de la Isla de Pascua, se prolonga desde el paralelo del hito N.º 1 de la línea fronteriza internacional que separa Chile y Perú, hasta el Polo Sur[14].

Asimismo, la mencionada ley extiende su ámbito de aplicación a la preservación de los recursos marinos vivos y a toda actividad pesquera extractiva que se realice en el mar territorial o la ZEE de Chile y «en las áreas adyacentes a esta última sobre las que exista o pueda llegar a existir jurisdicción nacional de acuerdo con las leyes y tratados internacionales»[15]. En ese sentido, corresponde a la Armada Nacional y a la Subsecretaría de Pesca llevar una relación de las actividades pesqueras que se realicen en el mar presencial, en virtud de los tratados existentes en la materia[16].

Por otro lado, la legislación chilena autoriza la emisión de normas de conservación y manejo sobre las poblaciones comunes o especies asociadas existentes en la ZEE y

---

[11] YTURRIAGA BARBERÁN, José Antonio de, Ámbitos de Jurisdicción..., op. cit., p. 392.

[12] MARTÍNEZ BUSCH, Jorge, Oceanopolítica..., op. cit., p. 142.

[13] ORREGO VICUÑA, Francisco, «La aplicación de la Convención de las Naciones Unidas sobre el Derecho del Mar en el derecho y la práctica de América Latina», Cursos de Derecho Internacional de Vitoria-Gasteiz, 1994, n.º 1, pp. 371-372. Señala este autor que el concepto de mar presencial «estimula al Estado ribereño a emprender actividades económicas en la alta mar con el fin de promover el desarrollo económico nacional y asegurar que otras actividades que se realizan en ella se conduzcan de forma tal que eviten los efectos perjudiciales directos o indirectos sobre ese desarrollo. Este elemento implica emprender formas legítimas de competencia, a la vez que requiere el desarrollo de formas más activas de cooperación y otras medidas con el fin de evitar los efectos adversos sobre el interés del Estado ribereño».

[14] Decreto n.º 430, de 28 de septiembre de 1991, que fija el texto refundido, coordinado y sistematizado de la Ley n.º 18892, de 1989 y sus modificaciones, «Ley General De Pesca y Acuicultura», Diario Oficial de la República de Chile, 34 172, de 21 de enero de 1992, art. 2.24.

[15] Ibid., art. 1.

[16] Ibid., art. 172.

en la alta mar. En ese caso, podrá prohibirse o regularse el desembarque de capturas o productos derivados de estas cuando se haya contravenido dichas normas. Las disposiciones podrán extenderse a las especies altamente migratorias, así como a las poblaciones de especies anádromas y mamíferos marinos, cuando se estime pertinente. Además, se plantea la posibilidad de prohibir el desembarque, abastecimiento y cualquier tipo de servicios directos o indirectos a embarcaciones en puertos chilenos, y en toda la ZEE y el mar territorial, cuando existan antecedentes que hagan presumir fundadamente que la actividad pesquera extractiva que realicen esos buques afecta los recursos pesqueros o su explotación por embarcaciones nacionales en la ZEE[17].

Tal como ha sido puesto de manifiesto, esta previsión de sanciones podría ejercer una fuerte presión para que los buques extranjeros cumplan la legislación chilena en la alta mar. Aunque dichas medidas no son en sí mismas contrarias al derecho internacional —recuérdese que el Estado ribereño tiene la facultad de determinar quién accede a sus puertos—, sí pueden ser consideradas muy rigurosas si se tiene en cuenta la necesidad de las embarcaciones que faenan en la alta mar de utilizar los servicios portuarios más próximos[18].

Posteriormente, en la Ley sobre Bases Generales del Medio Ambiente, se incluyó el mar presencial como uno de los espacios en los cuales las autoridades chilenas pueden realizar programas de medición y control de la calidad ambiental[19].

Orrego Vicuña ha sostenido que la figura del mar presencial no implica la reclamación de un nuevo espacio marino, sino que el propósito ha sido identificar aquella zona de la alta mar donde los intereses chilenos están o podrían estar más directamente involucrados[20]. Para este autor chileno, debido a que los océanos constituyen ecosistemas marinos integrados que trascienden las zonas de jurisdicción nacional, los Estados ribereños se ven obligados a llevar a cabo medidas de protección en la alta mar con el fin de «asegurar una administración apropiada dentro de la perspectiva de actividades sustentables desde un punto de vista ambiental»[21].

---

[17]   *Ibid.*, art. 165.

[18]   BADENES CASINO, Margarita, *op. cit.*, p. 112.

[19]   Ley 19300, de 1 de marzo de 1994, «Ley sobre Bases Generales del Medio Ambiente», *Diario Oficial de la República de Chile*, 34 810, de 9 de marzo de 1994, modificada por la Ley 20417, de 12 de enero de 2010, «Crea el Ministerio, el Servicio de Evaluación Ambiental y la Superintendencia del Medio Ambiente», *Diario Oficial de la República de Chile*, 39 570, de 26 de enero de 2010. El artículo 33 de la mencionada ley establece que «el Ministerio del Medio Ambiente administrará la información de los programas de medición y control de la calidad ambiental del aire, agua y suelo para los efectos de velar por el derecho a vivir en un medio ambiente libre de contaminación. Estos programas serán regionalizados. Respecto de la Zona Económica Exclusiva y del Mar Presencial de Chile se compilarán los antecedentes sobre estas materias».

[20]   ORREGO VICUÑA, Francisco, *The Changing International Law of High Seas Fisheries*, Cambridge, Cambridge University Press, 1999, p. 107.

[21]   ORREGO VICUÑA, Francisco, «La aplicación de la Convención de las Naciones Unidas sobre el Derecho del Mar…», *op. cit.*, p. 369.

Sin embargo, pese a estas afirmaciones, en los orígenes de la formulación de la doctrina del mar presencial, y en la legislación chilena vigente, se evidencia la intención de ejercer algún tipo de jurisdicción sobre la zona de la alta mar adyacente a la ZEE chilena. De hecho, como señala el propio Orrego Vicuña, el mar presencial es una solución unilateral ante la ausencia de alternativas viables en el derecho internacional con relación a la cooperación internacional en materia pesquera[22]. En ese escenario, el Estado ribereño «se vería obligado a establecer medidas de conservación en áreas de la alta mar, en ausencia de una autoridad reguladora y en tanto que no se llegara a una solución mediante la negociación entre los Estados interesados en la pesca en dichas áreas»[23].

Un sector de la doctrina ha señalado la imprecisión jurídica del concepto del mar presencial por su falta de claridad y ausencia de un contenido específico[24]. En efecto, la legislación chilena no especifica las competencias o derechos del Estado en dicha zona de la alta mar, aunque el gobierno bien podría hacerlo, pues la propia ley se lo permite, fundamentalmente a través de la expedición de decretos supremos[25]. Al respecto, esta ambigüedad juega en favor de una mayor expansión de las pretensiones de Chile en la alta mar —no circunscritas exclusivamente al ámbito pesquero o al control medioambiental— que podría ampliarse potencialmente a numerosas materias relacionadas con la conservación y explotación de los recursos vivos marinos[26]. De ahí el cuestionamiento hacia el mar presencial como espacio marino que obstaculiza el ejercicio de las libertades inherentes a la alta mar.

Precisamente, al hacer referencia a la condición jurídica de la alta mar como *res communis*, Yturriaga ha afirmado que, en el caso del mar presencial, se está llevando a cabo una transición que pretende convertirla en *res singularis* de Chile[27]. Sobre la base de dicha afirmación, creemos que el concepto de mar presencial responde a un intento desmedido por anteponer el interés nacional al de la comunidad internacional. Al respecto, el artículo 86 de la CONVEMAR claramente determina que el régimen jurídico de la alta mar es aplicable a «todas las partes del mar no incluidas en la zona económica exclusiva, en el mar territorial o en las aguas interiores de un Estado, ni en las aguas

[22]   ORREGO VICUÑA, Francisco, «Coastal States' Competences over High Seas Fisheries and the Changing Role of International Law», *Heidelberg Journal of International Law*, vol. 55, 1995, n.º 1, p. 526. Agrega el mismo autor que «a further evidence about Chile's intentions of not pursuing unilateral solutions if there are viable alternatives under international law, lies in the fact that as soon as the current international negotiations got under way the Presential Sea concept was put on hold by the Chilean government. This was the result, not of international pressures and criticism, but of the prospective role of international law in introducing the necessary degree of ordering in the field of high seas fisheries».

[23]   YTURRIAGA BARBERÁN, José Antonio de, Ámbitos de Jurisdicción…, *op. cit.*, p. 397.

[24]   BADENES CASINO, Margarita, *op. cit.*, p. 115.

[25]   *Vid.*: por ejemplo, el artículo 165 de la Ley General de Pesca y Acuicultura de Chile.

[26]   IGLESIAS BERLANGA, Marta, *op. cit.*, pp. 75-76.

[27]   YTURRIAGA BARBERÁN, José Antonio de, Ámbitos de Jurisdicción…, *op. cit.*, p. 399.

archipelágicas de un Estado archipelágico». A la luz de esta disposición, la formulación del mar presencial parece no ser compatible con la CONVEMAR, pues ese concepto representa una intención unilateral del Estado ribereño por proteger la pesca en su ZEE mediante la creación de un nuevo y extenso espacio marino en la alta mar.

Hasta el momento, la Armada de Chile no ha intentado hacer cumplir la legislación pesquera chilena más allá de los límites de su ZEE a buques de terceros Estados. Si ello fuera así, estaríamos ante un acto ilícito contrario al régimen jurídico de la alta mar establecido por el derecho internacional.

No hay duda de la estrecha relación existente entre la ZEE y las zonas de la alta mar adyacentes con respecto a la unidad del ecosistema marino de ciertos recursos vivos. Sin embargo, la conservación de dichos recursos a través de medidas unilaterales jamás podrá sustituir la obligación de cooperación a la que está llamada la comunidad internacional para alcanzar un aprovechamiento racional de los mismos. Con la figura del mar presencial, Chile no pretende sino desgastar el actual régimen internacional de la alta mar, con particular incidencia en la libertad de pesca[28]. Así pues, aunque este concepto carece de reconocimiento internacional, señala una de las presiones a las que se encuentra sometida la libertad de pesca en la alta mar en el derecho internacional contemporáneo.

Chile debería valerse de las organizaciones marítimas regionales más próximas (por ejemplo, la Comisión Permanente del Pacífico Sur y la Organización Regional de Ordenamiento Pesquero del Pacífico Sur) para coordinar el establecimiento de mecanismos adecuados de conservación y utilización óptima de los recursos hidrobiológicos existentes en las áreas adyacentes a la alta mar, «dentro de un marco de cooperación internacional entre los Estados ribereños de la zona en cuestión y aquellos otros Estados que tengan intereses en la materia»[29]. Tal como enfatizan la CONVEMAR y el Acuerdo de Nueva York de 1995, la cooperación se presenta como el enfoque más adecuado en relación con la resolución de los problemas que suscita el régimen de conservación de los recursos pesqueros —especialmente el de las poblaciones de peces transzonales y poblaciones de peces altamente migratorios— con la finalidad de alcanzar soluciones pacíficas y duraderas en las relaciones interestatales sobre los espacios marinos[30].

Después de emitido el fallo de la CIJ de 2014 en el asunto relativo a la «Controversia Marítima (Perú c. Chile)», ambos Estados se comprometieron a adecuar su legislación interna de conformidad con dicha sentencia[31]. En lo que concierne

---

[28]   Iglesias Berlanga, Marta, *op. cit.*, p. 78.
[29]   Vázquez Gómez, Eva Maria, *op. cit.*, p. 57.
[30]   Pueyo Losa, Jorge, *op. cit.*, pp. 162-163.
[31]   Declaración Conjunta de los Ministros de Relaciones Exteriores y Defensa de Perú y Chile con ocasión de la Reunión Extraordinaria del Comité Permanente de Consulta y Coordinación Política,

a Chile, se encuentra pendiente de aprobación por el Senado[32] el proyecto de ley «que precisa la definición del ámbito espacial contenida en el numeral 24 del artículo 2.° de la ley N.° 18.892, Ley General de Pesca y Acuicultura»[33]. Dicha disposición, como se ha visto líneas arriba, define los alcances del mar presencial chileno.

Dado que el fallo de la CIJ establece el límite marítimo peruano-chileno, es necesaria la modificación de los alcances del mar presencial, aunque, vista la incompatibilidad de este concepto con el derecho internacional, habría sido preferible proponer su completa derogación.

1.1.2.   El caso «*Estai* (España c. Canadá)»

La mayor expresión del proceso de jurisdicción rampante o progresiva sobre la alta mar se encuentra en el ordenamiento jurídico canadiense. El 12 de mayo de 1994 Canadá realizó una enmienda a la Ley de Protección de Pesquerías Costeras (*Coastal Fisheries Protection Act*), mediante la cual amplió sus competencias en materia pesquera más allá de las 200 millas marinas de jurisdicción nacional. Esta ley se complementa con el Reglamento de Protección de Pesquerías Costeras (*Coastal Fisheries Protection Regulations*), enmendada el 25 de mayo de 1994 y el 3 de marzo de 1995[34].

Estas medidas se efectuaron para hacer frente a la incapacidad de la Organización de Pesquerías del Atlántico Noroccidental (en adelante «OPANO»)[35] de garantizar

---

Santiago de Chile, 6 de febrero de 2014, párr. 4. En este extremo, la sentencia de la CIJ concluye que «the maritime boundary between the Parties starts at the intersection of the parallel of latitude passing through Boundary Marker No. 1 with the low-water line, and extends for 80 nautical miles along that parallel of latitude to Point A. From this point, the maritime boundary runs along the equidistance line to Point B, and then along the 200-nautical-mile limit measured from the Chilean baselines to Point C». *Maritime dispute (Peru v. Chile)*, Sentencia del 27 de enero de 2014, I. C. J. Reports 2014, párr. 196.

[32]   El proyecto de ley fue aprobado por la Cámara de Diputados el 21 de abril de 2015, con 98 votos a favor, sin votos negativos ni abstenciones.

[33]   Mensaje 1233-362, de 3 de marzo de 2015, de S. E. la Presidenta de la República, con el que inicia un proyecto de ley que precisa la definición del ámbito espacial contenida en el artículo 2.°, n.° 24, de la Ley General de Pesca y Acuicultura, pp. 1-4. El artículo único de este proyecto de ley establece que «para los efectos de lo dispuesto en el artículo 2.°, n.° 24, de la ley n.° 18892, Ley General de Pesca y Acuicultura, cuyo texto refundido, coordinado y sistematizado fue fijado por decreto supremo N.° 430, de 1991, del Ministerio de Economía, Fomento y Reconstrucción, la definición del ámbito espacial allí contenida se entenderá sin perjuicio del pleno respeto a lo dispuesto por la sentencia pronunciada por la Corte Internacional de Justicia el 27 de enero de 2014, en cuanto al trazado del límite marítimo y sus coordenadas».

[34]   Tanto la Ley como el Reglamento de Protección de Pesquerías Costeras han sufrido posteriores modificaciones.

[35]   La OPANO es una OROP creada por el Convenio sobre la futura cooperación multilateral en las pesquerías del Atlántico Noroccidental, firmado en Ottawa el 24 de octubre de 1978 y en vigor desde el 1 de enero de 1979. En virtud del artículo 1 del convenio, el área de aplicación de la OPANO

la conservación y gestión de las especies ubicadas dentro de su área de competencia. Una lectura conjunta de la Ley y el Reglamento de Protección de Pesquerías Costeras permite apreciar el campo de aplicación de las disposiciones adoptadas sobre el particular. En ese sentido, en consideración a la amenaza de extinción de los recursos transzonales ubicados en los grandes bancos de Terranova, la normativa extiende la jurisdicción de Canadá a la zona de la alta mar correspondiente al ámbito de competencias de la OPANO para la regulación de la conservación y gestión de aquellos recursos[36]. De igual forma, prohíbe a los buques extranjeros la captura de especies transzonales —en la alta mar— en contravención de las medidas de conservación y administración establecidas por la OPANO[37].

Por otro lado, con el fin de hacer cumplir la normativa pesquera, el ordenamiento jurídico canadiense faculta a sus autoridades a visitar e inspeccionar cualquier buque pesquero ubicado tanto en sus aguas jurisdiccionales como en la zona de la alta mar regulada por la OPANO, sin necesidad de una orden expresa para tales efectos[38]. Asimismo, se autoriza el uso de la fuerza contra embarcaciones extranjeras que infrinjan las normas de pesca canadiense en el área de competencia de la OPANO[39].

Otra medida por lo demás llamativa es la aplicación del derecho penal canadiense contra las personas que infrinjan las disposiciones de pesca en las zonas de la alta mar de competencia de la OPANO. En tal supuesto, la Ley de Protección de Pesquerías Costeras determina que todo juez canadiense tendrá competencia para autorizar la detención, visita, registro, investigación o incautación de un buque extranjero, como si se tratara de un delito cometido en Canadá[40].

En cuanto al Reglamento de Protección de Pesquerías Costeras, este, entre otros temas, enumera las especies transzonales objeto de regulación en el área de competencia de la OPANO[41], reglamenta el uso de la fuerza por los guardacostas

---

comprende las aguas del Atlántico Noroccidental situadas al norte de los 35° 00' de latitud norte y al oeste de una línea trazada en dirección norte desde los 35° 00' de latitud norte y 42° 00' de longitud oeste hasta los 59° 00' de latitud norte, desde allí hacia el oeste hasta los 44° 00' longitud oeste, y desde allí en dirección norte hacia la costa de Groenlandia, y las aguas del Golfo de San Lorenzo, del estrecho de Davis y de la bahía de Baffin al sur de los 78° 10' de latitud norte. El Convenio tiene aplicación sobre todos los recursos pesqueros en la zona de regulación anteriormente señalada, con excepción del salmón, el atún, el marlín, los *stocks* de cetáceos administrados por la CBI y las especies sedentarias de la plataforma continental. Son miembros de esta organización, además de Canadá, Cuba, Dinamarca, Francia, Islandia, Japón, Noruega, República de Corea, Rusia, Ucrania, Estados Unidos y la Unión Europea.

[36]   *Vid.*: «Coastal Fisheries Protection Act» (R. S. C., 1985, c. C-33), arts. 5.1 y 5.2.
[37]   *Vid.*: *ibid.*, art. 5.2.
[38]   *Vid.*: *ibid.*, arts. 7 y 7.1.
[39]   *Vid.*: *ibid.*, arts. 8 y 8.1.
[40]   *Vid.*: *ibid.*, arts. 18, 18.1, 18.2 y 19.
[41]   *Vid.*: «Coastal Fisheries Protection Regulations» (C. R. C., c. 413), cuadros I y II.

en la alta mar[42] y, hasta antes de la respectiva enmienda, prohibía la pesca a los buques sin pabellón[43]. Posteriormente, en 1995, en el contexto de una controversia pesquera entre Canadá y la entonces Comunidad Europea en el marco de la OPANO, principalmente con relación a la distribución de capturas del fletán negro, se prohibió la pesca de dicha especie a embarcaciones españolas y portuguesas mediante una enmienda al Reglamento[44].

Esas disposiciones de la Ley y el Reglamento de Protección de Pesquerías Costeras han generado no pocos cuestionamientos con respecto a su validez de acuerdo con el derecho internacional. En efecto, como ha sido señalado por Lucchini, estas y otras normas del derecho interno canadiense han causado «irritation et réactions en raison de leur caractère insolite et de leur non-conformité avec le droit international du moment»[45], particularmente en dos aspectos concretos: la extensión de la jurisdicción canadiense en la alta mar y el uso de la fuerza sobre los buques en ese mismo espacio marino.

Con relación al primer aspecto mencionado, las normas canadienses, al tener un ámbito de aplicación que coincide con el de la OPANO, supone, como ha señalado Sánchez Rodríguez, una negación extrema de la cooperación interestatal «en beneficio del unilateralismo más expansionista, al tiempo que [comprende] un claro desprecio por las normas recogidas en los artículos 87 a 89 y 116 a 118 de la Convención de 1982, codificadoras en buena medida de normas consuetudinarias viejas o seculares»[46]. Se trata de un unilateralismo extremo porque las disposiciones canadienses de protección de las pesquerías no tienen su fundamento en las recomendaciones emitidas por la OPANO, sino que se apoyan en las propias normas emitidas por Canadá, lo que constituye una violación al derecho internacional y, en particular, al tratado constitutivo de la OPANO[47].

Por otro lado, la legislación canadiense atenta contra el ejercicio de las libertades de la alta mar al autorizar el uso de la fuerza para neutralizar la actividad de los buques extranjeros en dicho espacio marino. Teniendo en cuenta que la aplicación

---

[42]   *Vid.: ibid.*, arts. 19.3, 19.4 y 19.5.

[43]   Esta disposición, contenida en el artículo 21.2.b.i, se encuentra actualmente derogada por la enmienda del 3 de marzo de 1995 (SOR/95-222).

[44]   La sección (cuadro IV) referida a este aspecto actualmente se encuentra derogada por la enmienda del 3 de marzo de 1995 (SOR/95-222).

[45]   LUCCHINI, Laurent, «La loi canadienne du 12 mai 1994: la logique extrême de la théorie du droit préférentiel de l'Etat côtier en haute mer au titre des stocks chevauchants», *Annuaire Français de Droit International*, vol. 40, 1994, n.° 1, p. 864.

[46]   SÁNCHEZ RODRÍGUEZ, Luis Ignacio, *Derecho Internacional y Crisis Internacionales*, Madrid, Iustel, 2005, p. 140.

[47]   MESEGUER SÁNCHEZ, José Luis, *op. cit.*, p. 254.

de esas medidas es considerada excesiva incluso en la ZEE[48], con mayor razón se entiende que en la alta mar (donde la libertad está jurídicamente garantizada) aquellas medidas deben considerarse ilícitas[49]. De ahí que este segundo aspecto también haya sido severamente criticado.

Poco tiempo después, el 9 de marzo de 1995, en virtud de las normas anteriormente aludidas, las autoridades canadienses interceptaron y capturaron al pesquero español *Estai* mientras pescaba fletán negro fuera de la ZEE de Canadá (pero dentro de la zona de reglamentación de la OPANO), específicamente a 245 millas de las costas de ese país. El pesquero español fue apresado por la patrullera canadiense *Leonard J. Cowley* después de sucesivos intentos de abordaje con personal armado y varias maniobras de intimidación con disparos de advertencia efectuados desde la patrullera. El *Estai* y su tripulación, cuya seguridad e integridad se vieron seriamente amenazadas debido a la acción coercitiva canadiense, fueron conducidos por fuerza al puerto de San Juan de Terranova, donde quedaron incomunicados. El capitán de la embarcación española, en virtud de la Ley de Protección de Pesquerías de Canadá, fue encarcelado y sometido a un proceso penal acusado de resistencia a la autoridad y de realizar actividades de pesca en la alta mar. Tanto los documentos como una parte de las capturas del barco fueron confiscados. El capitán y el barco fueron liberados después de haberse depositado fianzas de 8000 y 500 000 dólares canadienses, respectivamente, fijadas por un juez de la Corte Provincial de Terranova[50].

Prontamente, el 9 y 10 de marzo, España y la Comunidad Europea protestaron contra la actuación canadiense mediante varias notas verbales dirigidas al entonces Ministerio de Asuntos Exteriores y de Comercio Internacional de Canadá. De entre todas, resulta particularmente interesante el contenido de la nota verbal emitida el 10 de marzo por la Comunidad Europea y sus Estados miembros en la cual se afirma que:

> The arrest of a vessel in international waters by a State other than the State of which
> the vessel is flying the flag and under whose jurisdiction it falls, is an illegal act under

---

[48] Al respecto, *vid.*: CONVEMAR, art. 73: «1. El Estado ribereño, en el ejercicio de sus derechos de soberanía para la exploración, explotación, conservación y administración de los recursos vivos de la zona económica exclusiva, podrá tomar las medidas que sean necesarias para garantizar el cumplimiento de las leyes y reglamentos dictados de conformidad con esta Convención, incluidas la visita, la inspección, el apresamiento y la iniciación de procedimientos judiciales. 2. Los buques apresados y sus tripulaciones serán liberados con prontitud, previa constitución de una fianza razonable u otra garantía. 3. Las sanciones establecidas por el Estado ribereño por violaciones de las leyes y los reglamentos de pesca en la zona económica exclusiva no podrán incluir penas privativas de libertad, salvo acuerdo en contrario entre los Estados interesados, ni ninguna otra forma de castigo corporal. 4. En los casos de apresamiento o retención de buques extranjeros, el Estado ribereño notificará con prontitud al Estado del pabellón, por los conductos apropiados, las medidas tomadas y cualesquiera sanciones impuestas subsiguientemente».

[49] GUTIÉRREZ ESPADA, Cesáreo, *op. cit.*, p. 251.

[50] Por todos los datos expuestos en este párrafo, *vid.*: *Affaire de la Competence en matière de pêcheries (Espagne c. Canada), Mémoire du Royaume d'Espagne (Competénce)*, 28 de setiembre de 1995, párr. 13.

both the NAFO Convention and customary international law and cannot be justified by any means.

With this action Canada is not only flagrantly violating international law, but is failing to observe normal behaviour of responsible States.

This act is particularly unnacceptable [sic] since it undermines all the efforts of the international community, notably in the framework of the FAO and the United Nations Conference on Straddling Fish Stocks and Highly Migratory Fish Stocks, to achieve effective conservation through enhanced co-operation in the management of fisheries ressources [sic].

This serious breach of international law goes beyond question of fisheries conservation. The arrest is a lawless act against the sovereignty of a member State of the European Community. Furthermore, the behaviour of the Canadian vessels has clearly endangered the lives of the crew and the safety of the Spanish vessel Concerned[51].

Aunque se encuentran estrechamente vinculadas, en el presente caso existen dos tipos de controversias. De un lado se tiene el conflicto de gestión y conservación de los recursos pesqueros en el marco de la OPANO; y, por otro, está la transgresión del principio de jurisdicción exclusiva del Estado del pabellón sobre sus buques en la alta mar[52]. En este último caso, se trataba de una controversia relativa al ejercicio de la jurisdicción canadiense contra buques españoles en aguas internacionales sin el consentimiento del Estado del pabellón. La primera controversia afectaba directamente a la entonces Comunidad Europea, ya que es esta quien formaba parte del tratado constitutivo de la OPANO, y solo subsidiariamente involucraba a sus Estados miembros, entre ellos España. En cambio, la segunda controversia concernía exclusivamente a este Estado.

Con relación a la primera controversia, Canadá rechazó la negociación multilateral en el marco de la OPANO —que era el mecanismo que correspondía—, por lo que se iniciaron a continuación negociaciones bilaterales con la Comunidad Europea para poner fin a la denominada «guerra del fletán»[53].

Tras arduas y complejas conversaciones se pudo firmar un acuerdo, el 20 de abril de 1995 en Bruselas, mediante el cual ambas partes convinieron sobre diversos aspectos relacionados con las medidas de gestión, conservación y ejecución aplicables en la zona de reglamentación de la OPANO[54]. Entre los puntos más resaltantes de ese acuerdo se encuentran: el reparto más justo de las cuotas de pesca del fletán negro (el 41 % del total para la Comunidad Europea y el 37 % para Canadá), el compromiso

---

[51]   *Ibid.*, párr. 15.
[52]   IGLESIAS BERLANGA, Marta, *op. cit.*, p. 102.
[53]   YTURRIAGA BARBERÁN, José Antonio de, Ámbitos de Jurisdicción…,*op. cit.*, p. 410.
[54]   RAYFUSE, Rosemary Gail, *Non-Flag State Enforcement in High Seas Fisheries*, Leiden, Martinus Nijhoff, 2004, pp. 231-232.

de Canadá de derogar las disposiciones del Reglamento de Protección de Pesquerías Costeras relativas a la prohibición de pesca del fletán negro por barcos españoles y portugueses en la zona de reglamentación de la OPANO (correspondientes a la enmienda de 1995), la devolución de la fianzas y el decomiso de capturas impuestos tanto al pesquero español *Estai* como a su capitán y el establecimiento de un sistema mejorado de control para asegurar una adecuada administración de los recursos pesqueros en el contexto de la OPANO[55].

Por otro lado, en lo que respecta a la segunda controversia, y en vista de no haber logrado una solución bilateral, España presentó, el 28 de marzo de 1995, una demanda contra Canadá ante la CIJ sobre la base del artículo 36.2 del Estatuto de la Corte, ya que ambos Estados habían formulado declaraciones de aceptación de la jurisdicción de ese tribunal[56].

En la demanda presentada, España alegó que, independientemente de la violación del tratado constitutivo de la OPANO (en particular los artículos XI, XII, XVII y XVIII), los actos cometidos por Canadá eran contrarios a varios principios y normas de derecho internacional, a saber: el principio de jurisdicción exclusiva del Estado del pabellón sobre los buques en la alta mar, el principio de libertad de navegación en la alta mar, el principio de libertad de pesca en la alta mar, el principio que excluye la pretensión de someter la alta mar a la soberanía de un Estado, el principio de cooperación interestatal en la conservación de los recursos vivos de la alta mar, el principio que prohíbe la amenaza o el uso de la fuerza en las relaciones internacionales, el principio que obliga a la solución pacífica de las controversias internacionales, el principio por el cual los Estados no pueden invocar las disposiciones de su derecho interno para justificar el incumplimiento de las normas internacionales que los obligan, el principio de buena fe, la norma que impide el derecho de persecución en la alta mar (fuera de la ZEE) y la norma que prohíbe —salvo acuerdo entre las partes interesadas— la imposición de penas privativas de libertad y castigos corporales para sancionar las infracciones a la normativa pesquera[57].

---

[55]   Para mayor detalle, *vid.*: *Agreement constituted in the form of an Agreed Minute, an Exchange of Letters, an Exchange of Notes and the Annexes thereto between the European Community and Canada on fisheries in the context of the NAFO Convention*, de 17 de abril de 1995.

[56]   El párrafo 2 del artículo 36 del Estatuto de la CIJ señala que «los Estados partes en el presente Estatuto podrán declarar en cualquier momento que reconocen como obligatoria *ipso facto* y sin convenio especial, respecto a cualquier otro Estado que acepte la misma obligación, la jurisdicción de la Corte en todas las controversias de orden jurídico que versen sobre: a. La interpretación de un tratado; b. Cualquier cuestión de derecho internacional; c. La existencia de todo hecho que, si fuere establecido, constituiría violación de una obligación internacional; d. La naturaleza o extensión de la reparación que ha de hacerse por el quebrantamiento de una obligación internacional». En ese sentido, las declaraciones de España y Canadá fueron formuladas, respectivamente, el 20 de octubre de 1990 y el 10 de mayo de 1994.

[57]   Por todo lo expuesto en este párrafo, *vid.*: *Fisheries Jurisdiction (Spain v. Canada)*, *Application instituting Proceedings*, 28 de marzo de 1995, num. 2.A.

Siguiendo ese planteamiento, el gobierno español solicitó en su demanda que la CIJ declarase la inoponibilidad de la legislación canadiense a España, en la medida en que dicha normativa pretendía ejercer jurisdicción sobre los buques que enarbolan un pabellón extranjero en la alta mar, que la CIJ sentenciase y declarase que Canadá estaba obligado a abstenerse de cualquier repetición de los actos indicados y a ofrecer a España la reparación debida de todos los daños y perjuicios ocasionados y que declarase que el apresamiento en la alta mar del buque español *Estai*, y las medidas de coacción y del ejercicio de la jurisdicción sobre esa embarcación y su capitán, constituyeron una violación de los principios y normas del derecho internacional citados anteriormente[58].

En la sentencia del 4 de diciembre de 1998, la CIJ se declaró incompetente debido a una de las reservas contenidas en la declaración canadiense de aceptación de su jurisdicción (formulada el 10 de mayo de 1994)[59]. Por lo tanto, en dicha sentencia la CIJ concluyó que carecía de jurisdicción para conocer el presente caso por los siguientes motivos:

> [T]he dispute submitted to it by Spain constitutes a dispute «arising out of» and «concerning» «conservation and management measures taken by Canada with respect to vessels fishing in the NAFO Regulatory Area» and «the enforcement of such measures». It follows that this dispute comes within the terms of the reservation contained in paragraph 2 (d) of the Canadian declaration of 10 May 1994. The Court consequently has no jurisdiction to adjudicate upon the present dispute[60].

En consecuencia, por 12 votos contra 5, la CIJ determinó que no tenía jurisdicción para dirimir la controversia que le fue sometida en virtud de la demanda interpuesta por España el 28 de marzo de 1995.

Lo anterior no ha sido impedimento para que diversos publicistas se hayan pronunciado sobre el asunto. En primer lugar, una sentencia de la CIJ pudo haber contribuido a aclarar la legitimidad de las diversas manifestaciones de jurisdicción rampante canadienses y, secundariamente, también las de otros Estados ribereños[61]. De igual modo, se ha afirmado que la disposición canadiense es violatoria del derecho internacional, en el sentido de atentar contra el principio de jurisdicción exclusiva del Estado

---

[58]   *Vid.*: *ibid.*, num. 5.

[59]   El apartado d) del párrafo 2 de la referida declaración excluye la competencia de la CIJ para los casos de «les différends auxquels pourraient donner lieu les mesures de gestion et de conservation adoptées par le Canada pour les navires pêchant dans la zone de réglementation de l'OPAN [OPANO], telle que définie dans la convention sur la future coopération multilatérale dans les pêches de l'Atlantique Nord-Ouest, 1978, et l'exécution de telles mesures». *Affaire de la Competence en matière de pêcheries (Espagne c. Canada), Contre-Mémoire du Canada (Competénce)*, 29 de febrero de 1996, párr. 82.

[60]   *Fisheries Jurisdiction Case (Spain v. Canada), Jurisdiction of the Court*, sentencia del 4 de diciembre de 1998, I. C. J. Reports 1998, párr. 87.

[61]   SÁNCHEZ RODRÍGUEZ, Luis Ignacio, *op. cit.*, p. 143.

del pabellón sobre sus buques en la alta mar[62]. De ahí que, para cierto sector de la doctrina, España tuvo razón en cuanto a los fundamentos jurídicos invocados, y Canadá sería responsable internacionalmente por la captura y apresamiento del pesquero *Estai* más allá de su ZEE. Sin embargo, otro sector de la doctrina más bien sostiene que:

> [...] en varios pasajes de su sentencia la Corte da a entender que el uso de la fuerza previsto en el artículo 8 de la Ley [de pesca canadiense] y en el 19 del Reglamento canadiense («abordaje, inspección, apresamiento y *uso mínimo de la fuerza* a estos efectos...») eran normales y hasta razonables. Si esta interpretación es correcta, parece jugar en apoyo de quien sostiene que la Convención (1982) no prohíbe el uso de la fuerza a los ribereños en defensa de sus derechos pesqueros, *si se trata de un uso razonable*; y desde luego parece sugerir que, por su «volumen», la fuerza empleada en el caso [...] no habría incumplido, como España pretendía, el Derecho Internacional[63].

Casi diez años después de aquel incidente, Canadá se pronunció sobre el apresamiento del *Estai* en la alta mar por parte de sus autoridades. La demanda fue planteada ante la Corte Federal de Canadá por la armadora Pereira e Hijos S. A., y Enrique Dávila González, propietaria y capitán del barco español, respectivamente. En ella se solicitaba el reconocimiento de los daños y perjuicios derivados de los actos cometidos por las autoridades canadienses contra el *Estai* y su tripulación en 1995. En la sentencia del 26 de julio de 2005 dicho tribunal entendió que la parte demandada (el Estado canadiense) —actuando a través del Ministerio de Pesca y Océanos y sus empleados y agentes— tenía el derecho legal de aprehender al *Estai* y su capitán en aguas internacionales el día 9 de marzo de 1995[64]. Sin embargo, concedió a los demandantes una reparación, recogida en la parte final de la sentencia:

> In summary then, judgment will go in favour of the Plaintiffs in the amount of $137,052.57 [Canadian dollars] with interest thereon at the rate of three point five percent (3.5%) per annum from the 28th of July, 1995 to the date of judgment herein. The Plaintiffs will also be entitled to post-judgment interest at the prevailing rate on money paid into this Court on the date of judgment, to the date of payment. The quantum of the judgment is made up of the following elements: first, for out-of-pocket legal expenses and ship's agency fees during the sojourn of the ESTAI in St. John's, $74,787.82; secondly, for lost fishing time of the ESTAI by reason of its arrest and detention,

---

[62]   Pastor Ridruejo, José Antonio, *Curso de Derecho Internacional...*, *op. cit.*, p. 390; Diez De Velasco, Manuel, *op. cit.*, p. 549; Remiro Brotóns, Antonio *et al.*, *op. cit.*, p. 984.

[63]   Gutiérrez Espada, Cesáreo; y Cervell Hortal, María José, *El Derecho Internacional en la encrucijada: Curso general de Derecho Internacional Público*, 2.ª ed., Madrid, Trotta, 2008, p. 338.

[64]   Corte Federal de Canadá, *Jose Pereira e Hijos SA v. Canada (Attorney General) 2005 FC 1011*, 26 de julio de 2005, párr. 211.

$46,000.00; and thirdly, for extra bunkers and lubrication for the ESTAI, $16,264.75. In all other respects, this action will be dismissed[65].

Esta sentencia fue apelada por el Procurador General de Canadá ante la Corte Federal de Apelación sobre la base de que la Corte Federal, al no haber declarado la responsabilidad de Canadá en los hechos materia de controversia, no podía otorgar el reconocimiento de daños y perjuicios a los demandantes[66]. De igual modo, los demandantes manifestaron su disconformidad con la decisión judicial al no reconocerse en esta que los actos cometidos por las autoridades canadienses el 9 de marzo de 1995 fueron ilegales[67]. La sentencia del 12 de enero de 2007 de esa instancia judicial consideró favorable la apelación del Procurador General y determinó dejar sin efecto la sentencia de la Corte Federal[68]. Sin embargo, la sentencia del 5 de julio de 2007 de la Corte Suprema de Canadá desestimó dicha apelación[69].

Aunque se derogaron las disposiciones contenidas en la enmienda al Reglamento de Protección de Pesquerías Costeras de 1995, actualmente se mantiene en vigor la Ley de Protección de Pesquerías Costeras y, con ello, la amenaza latente de una nueva intervención unilateral canadiense sobre las embarcaciones pesqueras de bandera extranjera en la alta mar.

Consideramos que la legislación canadiense sobre esta materia es inoponible a terceros Estados en un espacio internacional de libertad (libertad reglamentada) dado que se trata de una serie de medidas incompatibles con el derecho internacional. La incompatibilidad se manifiesta en dos aspectos: la extensión de la jurisdicción canadiense en la alta mar (incluyendo la zona de reglamentación de la OPANO) y el uso de la fuerza sobre buques de pabellón extranjero en dicho espacio marino. De esta manera, además, se genera el incumplimiento de ciertas disposiciones contenidas en la CONVEMAR[70] y, por otro lado, el desconocimiento de la cooperación internacional institucionalizada en virtud del Acuerdo de Nueva York de 1995, tratado del que Canadá también es Estado parte.

Finalmente, la posición canadiense, lejos de resolver los problemas derivados de las actividades pesqueras en zonas de alta mar adyacentes a la ZEE o de garantizar el respeto a las medidas de conservación en ese ámbito, no hace sino contribuir a «negar la eventualidad de establecer sistemas institucionalizados internacionalmente para

---

[65]   *Ibid.*, párrs. 260-261.

[66]   Corte Federal de Apelaciones de Canadá, *Canada (Procureur général) v. Hijos, 2007 FCA 20 (CanLII)*, 12 de enero de 2007, párrs. 4-5.

[67]   *Ibid.*, párr. 5.

[68]   *Ibid.*, párr. 107.

[69]   Corte Suprema de Canadá, *Jose Pereira E. Hijos, S.A. and Enrique Davila Gonzalez v. Attorney General of Canada, 2007 CanLII 25197 (SCC)*, 5 de julio de 2007.

[70]   En particular, los artículos 87, 88, 89, 116, 117 y 118; todos ellos citados con anterioridad en el presente trabajo.

la protección de los recursos vivos en la alta mar»[71]. Se trata, en suma, de un retroceso en la gestión colectiva de esos recursos que podría derivar en un nuevo conflicto pesquero de alcance internacional como ocurrió en el caso *Estai*.

1.1.3. *El Régimen Federal de Pesca argentino*

A través de la ley 23968, publicada el 5 de diciembre de 1991 en el *Boletín Oficial de la República Argentina*, este país estableció los espacios marinos sometidos a su soberanía y jurisdicción. El último párrafo del artículo 5 de la ley citada determina que:

> Las normas nacionales sobre conservación de los recursos se aplicarán más allá de las doscientas (200) millas marinas, sobre las especies de carácter migratorio o sobre aquellas que intervienen en la cadena trófica de las especies de la Zona Económica Exclusiva argentina[72].

En el mismo sentido, la ley 24922, que establece el Régimen Federal de Pesca, señala que:

> La República Argentina, en su condición de estado ribereño, podrá adoptar medidas de conservación en la Zona Económica Exclusiva y en el área adyacente a ella sobre los recursos transzonales y altamente migratorios, o que pertenezcan a una misma población o a poblaciones de especies asociadas a las de la Zona Económica Exclusiva argentina[73].

Sin duda, se trata de disposiciones que buscan atribuir a la Argentina, de forma unilateral, la facultad de regular la pesca de los recursos marinos vivos en la alta mar junto con la posibilidad de sancionar las infracciones que los buques de pabellón extranjero pudieran cometer en dicho espacio marino[74]. En ese sentido, aquellas em-

---

[71]   IGLESIAS BERLNGA, Marta, *op. cit.*, p. 325.

[72]   Ley 23968, de 14 de agosto de 1991, «Fíjase las Líneas de Base de la República Argentina», *Boletín Oficial de la República Argentina*, 27 278, de 5 de diciembre de 1991, modificada por Decreto 2623/91, de 12 de diciembre de 1991, *Boletín Oficial de la República Argentina*, 27 286, de 17 de diciembre de 1991, art. 5.

[73]   Ley 24922, de 9 de diciembre de 1997, «Régimen Federal de Pesca», *Boletín Oficial de la República Argentina*, 28 812, de 12 de enero de 1998, art. 4.

[74]   Al respecto, el artículo 47 de la mencionada ley dispone que «la carga de productos pesqueros que se halle a bordo de un buque pesquero de pabellón extranjero que se encuentre en los espacios marítimos bajo jurisdicción argentina o en aguas en las que la República Argentina tenga derechos de soberanía sobre los recursos vivos marinos, sin contar con permiso o autorización expresa expedido por la Autoridad de Aplicación, se presume que han sido capturadas en dichos espacios». Asimismo, el artículo 54, antes de su modificación por la ley 27564 (publicada el 1 de octubre de 2020) señalaba que «tratándose de embarcaciones extranjeras, la Autoridad de Aplicación podrá además disponer la retención del buque en puerto argentino hasta que, previa sustanciación del respectivo sumario, se haga efectivo el pago de la multa impuesta o se constituya fianza u otra garantía satisfactoria, si fuera el caso».

barcaciones requerirían el permiso o autorización de las autoridades argentinas para pescar en la zona de la alta mar adyacente a su ZEE.

En junio de 1995, al amparo de la normativa interna vigente, este Estado sudamericano dispuso la prohibición —hasta el 10 de febrero de 1996— de la pesca de la pota o calamar gigante en sus aguas jurisdiccionales (al sur del paralelo 44° de latitud Sur) a las flotas de la República Popular China, República de Corea, Cuba, España, Honduras, Panamá, Polonia, Portugal y Rusia. La prohibición fue comunicada a través de una nota diplomática a los Estados involucrados. En ella igualmente se solicitó que las embarcaciones con los pabellones de dichos Estados se abstuvieran de realizar actividades pesqueras en la zona adyacente a la ZEE argentina ya que, al tratarse de un recurso transzonal, las medidas de conservación adoptadas por el Estado ribereño se verían frustradas de no tomarse acciones similares más allá de la milla 200[75].

Tiempo después, el 13 de mayo de 1997, autoridades argentinas interceptaron y detuvieron al pesquero español *Arpón*, el cual se encontraba realizando actividades pesqueras a 198,5 millas marinas de la costa argentina, a la altura del puerto bonaerense de Carmen de Patagones, según información oficial de la Prefectura Naval Argentina[76]. Por el contrario, Freiremar, la empresa armadora propietaria del *Arpón*, sostuvo que este se encontraba faenando en la alta mar, fuera de la ZEE argentina, de acuerdo con las propias cartas náuticas presentadas por la Argentina ante las Naciones Unidas en 1991[77].

Conforme al artículo 12 de la antigua Ley de Pesca[78], en instancia administrativa se le impuso al buque español la multa de 800 000 dólares estadounidenses, el decomiso de 89,1 toneladas de calamar, 0,133 toneladas de merluza y la red de pesca utilizada en el momento del apresamiento; medida que fue apelada ante el Juzgado Federal de primera instancia en lo contencioso administrativo[79]. Sin embargo, tras intensas gestiones diplomáticas por parte de España, el Poder Ejecutivo argentino,

---

[75]   AZNÁREZ, Juan Jesús (1 de julio de 2023), «Argentina prohíbe pescar calamar a las flotas de España y de otros siete países», *El País*, http://elpais.com/diario/1995/06/16/economia/803253611_850215.html.

[76]   NÚÑEZ, Maribel, «El Gobierno rechaza la acusación de inhibirse en el apresamiento del buque pesquero "Arpón"», *ABC*, 10 de agosto de 1997, p. 49.

[77]   CARBAJO, Primitivo (1 de julio de 2023), «El Gobierno argentino rechaza el aval de 125 millones presentado para liberar el pesquero gallego "Arpón"», *El País*, http://elpais.com/diario/1997/08/12/economia/871336805_850215.html.

[78]   Ley 17500, de 25 de octubre de 1967, «Ley de Pesca», *Boletín Oficial de la República Argentina*, 21 304, de 31 de octubre de 1967, derogada por la Ley 24922, «Régimen Federal de Pesca», *Boletín Oficial de la República Argentina*, 28 812, de 12 de enero de 1998.

[79]   LA NACIÓN (1 de julio de 2023), «Greenpeace critica la conmutación de una multa pesquera», *La Nación*, http://www.lanacion.com.ar/81512-greenpeace-critica-la-conmutacion-de-una-multa-pesquera.

mediante el Decreto 1161/97, dispuso la conmutación de la multa impuesta por una de 300 000 dólares estadounidenses[80].

Este último caso presenta similitudes con la controversia generada por el pesquero *Estai*, conforme se ha visto en la sección precedente de este capítulo. En ambas circunstancias, las medidas unilaterales adoptadas por el Estado ribereño corresponden al interés de ejercer un control exhaustivo sobre la administración de los recursos marinos vivos en la zona de la alta mar colindante con la ZEE. Estas medidas, como ha sido enfatizado en los ejemplos de jurisdicción rampante analizados en el presente trabajo, resultan contrarias al derecho internacional vigente, particularmente con respecto al artículo 89 de la CONVEMAR, el cual prohíbe el sometimiento de cualquier parte de la alta mar a la soberanía de un Estado. La arbitrariedad y la inseguridad jurídica que estas manifestaciones conllevan están lejos de fomentar un marco jurídico que permita una cooperación multilateral e institucionalizada, la vía más apropiada para alcanzar una explotación racional de los recursos transzonales y altamente migratorios.

Finalmente, con respecto a la legislación argentina vigente, al hacer referencia a los «derechos preferentes» que, supuestamente, le corresponden sobre los recursos transzonales y altamente migratorios en la alta mar por su condición de Estado ribereño[81], la Argentina no menciona el título jurídico sobre el cual sustenta dicha pretensión. Esta ausencia de justificación es comprensible si se toma en cuenta que conforme al derecho internacional contemporáneo, «ni existe tal título jurídico, ni se puede fundamentar una jurisdicción unilateral sobre las especies migratorias»[82].

1.1.4. *Otros casos de jurisdicción rampante*

Aunque sin llegar a constituir manifestaciones unilaterales equiparables a los ejemplos de jurisdicción rampante previamente citados, a continuación se presentan algunos casos de Estados ribereños que han reclamado una ampliación de competencias pesqueras sobre las aguas de la alta mar adyacentes a sus zonas de jurisdicción nacional.

El ordenamiento jurídico peruano, aunque de un modo más genérico, ha establecido en su Ley General de Pesca que:

> Las normas adoptadas por el Estado para asegurar la conservación y racional explotación de los recursos hidrobiológicos en aguas jurisdiccionales, podrán aplicarse más allá de las 200 millas marinas, a aquellos recursos multizonales que migran hacia aguas

---

[80]   Decreto 1161/97, de 7 de noviembre de 1997, «Conmútase una multa impuesta al armador y al propietario del buque pesquero de bandera española "Arpón"», *Boletín Oficial de la República Argentina*, 28 772, de 12 de noviembre de 1997, art. 1.

[81]   Ley 24922, «Régimen Federal de Pesca», art. 22.

[82]   IGLESIAS BERLANGA, Marta, *op. cit.*, p. 82.

adyacentes o que proceden de éstas hacia el litoral por su asociación alimentaria con otros recursos marinos o por corresponder a hábitats de reproducción o crianza[83].

En lo que respecta a la legislación uruguaya, la ley relativa a los espacios marinos reivindica algunos derechos como Estado ribereño que no están contemplados en la CONVEMAR. En particular, dicha norma dispone que:

> Cuando tanto en la zona económica exclusiva como en un área más allá de ésta y adyacente a ella, en la alta mar, se encuentren la misma población o poblaciones de especies asociadas (especies transzonales), la República acordará con los Estados que pesquen esas poblaciones en dicha área adyacente las medidas necesarias para la ordenación y conservación de tales poblaciones que deberán tener en cuenta y ser compatibles con las medidas adoptadas al respecto por la República en su zona económica exclusiva[84].

Asimismo, de acuerdo con los datos científicos más fidedignos que disponga, el Uruguay podrá establecer medidas de conservación y ordenación de emergencia de poblaciones de peces transzonales o de poblaciones de peces altamente migratorios en su ZEE, que hará extensivas al área de alta mar adyacente. En este último caso en coordinación, si procede, con los Estados que pesquen aquellas poblaciones de peces en dicha área adyacente, «cuando un fenómeno natural tuviere efectos perjudiciales para la situación de una o más de aquellas poblaciones de peces o se produjere una amenaza a la supervivencia de las mismas como consecuencia de la actividad del hombre, sea por pesca o por contaminación»[85].

Por último, Islandia, en su Ley de Pesca fuera de la Jurisdicción Islandesa, determina que las autoridades de ese Estado podrán adoptar las medidas necesarias contra los buques extranjeros que se encuentren pescando en la alta mar con la finalidad de que Islandia cumpla con los acuerdos internacionales de los que es parte[86].

Frente a estas manifestaciones de jurisdicción rampante o progresiva —todas ellas con origen en la década de 1990— creemos oportuno insistir en que el alcance de la soberanía del Estado ribereño sobre sus recursos vivos marinos se extiende hasta el límite exterior de sus zonas de jurisdicción nacional. En la alta mar el acceso a esos recursos debe estar abierto a todos los Estados en un marco de cooperación internacional para lograr su conservación y gestión apropiadas.

---

[83]   Decreto Ley 25977, de 7 de diciembre de 1992, «Ley General de Pesca», *Diario Oficial El Peruano*, 4549, de 22 de diciembre de 1992, art. 7. La misma norma establece sanciones en caso de incumplimiento de sus disposiciones.

[84]   Ley 17033, de 20 de noviembre de 1998, «Díctanse normas referentes a mar territorial, zona económica exclusiva y plataforma continental», *Diario Oficial*, 25 168, de 4 de diciembre de 1998, art. 7.

[85]   *Id.*

[86]   Ley 151/1996, de 27 de diciembre de 1996, «Act on Fishing Outside of Icelandic Jurisdiction», LEX-FAOC089472, art. 11.

Asimismo, las reivindicaciones del «interés especial» por parte de algunos Estados ribereños sobre la zona de la alta mar adyacente a la ZEE deben situarse en un contexto temporal en donde el antiguo derecho del mar solo reconocía dos espacios marinos (mar territorial y alta mar) y en donde el mar territorial usualmente no sobrepasaba las 3 millas marinas de extensión. De hecho, la Convención de Ginebra sobre Pesca y Conservación de los Recursos Vivos de la Alta Mar de 1958 reconoce este «interés especial». Sin embargo, como recuerda Sobrino Heredia, la evolución del derecho del mar ha favorecido la protección de esos recursos por el Estado ribereño a través de, principalmente, la ZEE, de manera que aquel «interés especial» al que se refiere esa convención ha perdido actualmente su significado[87].

Aunque estas prácticas unilaterales se han reflejado en las legislaciones de algunos Estados ribereños, indudablemente hacen poco por contribuir al fortalecimiento de la cooperación internacional institucionalizada en beneficio de la comunidad internacional en conjunto, sin dejar de lado que constituyen una amenaza a la libertad de pesca en la alta mar en el derecho internacional contemporáneo.

2. LA PESCA ILEGAL, NO DECLARADA Y NO REGLAMENTADA

La expresión «pesca ilegal, no declarada y no reglamentada» (en adelante «pesca INDNR») fue utilizada por primera vez en 1997 por la Comisión para la Conservación de los Recursos Vivos Marinos Antárticos (en adelante «CCRVMA») para referirse a la pesca no autorizada de merluza negra, en el área de la Convención sobre la Conservación de los Recursos Vivos Marinos Antárticos, por los Estados no partes, así como a las capturas no declaradas o declaradas de modo inexacto (o sobre la base de información falsa) por los miembros de la propia Comisión[88].

Sin embargo, una mejor definición de lo que significa la pesca INDNR se encuentra en el *Plan de Acción Internacional para Prevenir, Desalentar y Eliminar la Pesca Ilegal, No Declarada y No Reglamentada* (en adelante «PAI-INDNR»), adoptado en Roma el 2 de marzo de 2001, en el marco del 24.º período de sesiones del Comité de Pesca (COFI), y ratificado el 23 de junio de 2001 por el Consejo de la FAO en su 120.º período de sesiones. De acuerdo con el citado documento:

---

[87] SOBRINO HEREDIA, José Manuel, «El Régimen Jurídico de la Pesca en Alta Mar», en *Tendencias y Perspectivas Actuales del Derecho del Mar*, Cuadernos de la Escuela Diplomática, n.º 32, Madrid, Escuela Diplomática, 2007, p. 71.

[88] FAO, *Report of and papers presented at the Expert Consultation on Illegal, Unreported and Unregulated Fishing*, FAO Fisheries Report. N.º 666, FIPL/R666(En), Roma, FAO, 2001, p. 53.

3.1. Por pesca ilegal se entiende las actividades pesqueras:

3.1.1. realizadas por embarcaciones nacionales o extranjeras en aguas bajo la jurisdicción de un Estado, sin el permiso de éste, o contraviniendo sus leyes y reglamentos;

3.1.2. realizadas por embarcaciones que enarbolan el pabellón de Estados que son partes de una organización regional de ordenación pesquera competente, pero faenan contraviniendo las medidas de conservación y ordenación adoptadas por dicha organización y en virtud de las cuales están obligados los Estados, o las disposiciones pertinentes del derecho internacional aplicable; o

3.1.3. en violación de leyes nacionales u obligaciones internacionales, inclusive las contraídas por los Estados cooperantes con respecto a una organización regional de ordenación pesquera competente.

3.2. Por pesca no declarada se entiende las actividades pesqueras:

3.2.1. que no han sido declaradas, o han sido declaradas de modo inexacto, a la autoridad nacional competente, en contravención de leyes y reglamentos nacionales; o

3.2.2. llevadas a cabo en la zona de competencia de una organización regional de ordenación pesquera competente, que no han sido declaradas o han sido declaradas de modo inexacto, en contravención de los procedimientos de declaración de dicha organización.

3.3. Por pesca no reglamentada se entiende las actividades pesqueras:

3.3.1. en la zona de aplicación de una organización regional de ordenación pesquera competente que son realizadas por embarcaciones sin nacionalidad, o por embarcaciones que enarbolan el pabellón de un Estado que no es parte de esa organización, o por una entidad pesquera, de una manera que no está en consonancia con las medidas de conservación y ordenación de dicha organización, o que las contraviene; o

3.3.2. en zonas o en relación con poblaciones de peces respecto de las cuales no existen medidas aplicables de conservación u ordenación y en las que dichas actividades pesqueras se llevan a cabo de una manera que no está en consonancia con las responsabilidades relativas a la conservación de los recursos marinos vivos que incumben al Estado en virtud del derecho internacional[89].

El concepto formulado por el PAI-INDNR es amplio y descriptivo, formado por la yuxtaposición de actividades pesqueras irregulares tanto en las zonas de jurisdicción nacional como en la alta mar[90]. Aunque el concepto de pesca INDNR es re-

---

[89]   FAO, *Plan de Acción Internacional para prevenir, desalentar y eliminar la pesca ilegal, no declarada y no reglamentada*, Roma, FAO, 2001, párr. 3.

[90]   MESEGUER SÁNCHEZ, José Luis, *Derecho Internacional de los Ecosistemas Marinos*, Madrid, Reus, 2011, p. 127.

lativamente nuevo, cada uno de sus tres componentes no lo son. El propósito de esta definición triconceptual no ha sido otro que impulsar los esfuerzos internacionales para abordar las inquietudes y los problemas de ordenación pesquera existentes de una manera más coherente y globalizada[91].

Sin duda, como ha sido resaltado en los informes del Secretario General de las Naciones Unidas sobre la materia, la pesca INDNR constituye el principal obstáculo para el logro de pesquerías sostenibles en todo el ámbito marino[92], pues conduce al agotamiento de estos recursos, en contravención de las medidas de conservación y ordenación adoptadas por las organizaciones y los acuerdos subregionales y regionales de ordenación pesquera[93]. La prevención de la pesca INDNR representa actualmente uno de los mayores desafíos para todos los actores internacionales involucradas en la administración y conservación de las pesquerías, ya sea en las zonas de jurisdicción nacional o en la alta mar.

Aunque difícil de cuantificar debido a la propia naturaleza de la pesca INDNR, se estima que esta podría comprender hasta el 30 % de las capturas anuales de pesca a nivel mundial, con un valor aproximado de entre 10 000 y 23 000 millones de dólares estadounidenses[94]. El impacto ambiental, sin embargo, es mucho más evidente. En efecto, el uso de técnicas de pesca destructivas como la pesca de arrastre o la pesca con explosivos, así como un alto nivel de captura de ejemplares juveniles y captura incidental, agravan el deterioro del medio ambiente marino —de lo cual resulta particularmente afectada la biodiversidad representada por las poblaciones de aves, mamíferos y tortugas marinas— por causa de actividades humanas[95].

Por otro lado, el impacto socioeconómico de la pesca INDNR también es considerable. A corto plazo, el impacto económico negativo de la pesca INDNR trae como consecuencia menores recursos pesqueros disponibles para los trabajadores del mar (tanto pescadores artesanales como industriales), menores ingresos y menores

---

[91]   PALMA, Mary Ann; TSAMENYI, Martin; y EDESON, William, *op. cit.*, p. 5.

[92]   NACIONES UNIDAS, Asamblea General, *La pesca sostenible, incluso mediante el Acuerdo sobre la aplicación de las disposiciones de la Convención de las Naciones Unidas sobre el Derecho del Mar de 10 de diciembre de 1982 relativas a la conservación y ordenación de las poblaciones de peces transzonales y las poblaciones de peces altamente migratorios, e instrumentos conexos*, Informe del Secretario General, A/59/298, de 26 de agosto de 2004, párr. 36.

[93]   NACIONES UNIDAS, Asamblea General, *Los océanos y el derecho del mar*, Informe del Secretario General, A/54/429, de 30 de setiembre de 1999, párr. 249.

[94]   ZACHARIAS, Mark, *Marine Policy: An introduction to governance and international law of the oceans*, Abingdon, Routledge, 2014; FAO, *Implementation of the International Plan of Action to Prevent, Deter and Eliminate Illegal, Unreported and Unregulated Fishing*, Roma, FAO, 2002, pp. 1-2.

[95]   BALTON, David A., «Global Review of Illegal, Unreported and Unregulated Fishing Issues: What's the Problem?», en *Fish Piracy: Combating Illegal, Unreported and Unregulated Fishing*, OCDE (ed.), Paris, OCDE, 2004, p. 49.

exportaciones[96]. A largo plazo, las consecuencias pueden ser más graves si las actividades pesqueras legales tienen que ser suspendidas debido a la sobreexplotación de los recursos pesqueros. Ello cobra mayor relevancia en el caso de las comunidades de pescadores de los Estados en desarrollo, específicamente en la reducción de sus ingresos[97]. Por último, pero no menos importante, se encuentra el impacto negativo de la pesca INDNR sobre la seguridad alimentaria, ocasionado por la reducción del volumen de los recursos pesqueros en los mercados locales[98].

Los Estados del pabellón están llamados a desempeñar un papel esencial en la lucha contra la proliferación de la pesca INDNR ya que, en virtud del deber de conservación y de cooperación previsto en la CONVEMAR, especialmente para los recursos vivos de la alta mar[99], existe la obligación para dichos Estados de adoptar las medidas oportunas al respecto y asegurarse de que los buques que enarbolan su pabellón las respeten[100]. Precisamente, la pesca INDNR es una de las actividades que debilitan la efectividad de aquellas medidas, puesto que se apoya en prácticas como la de los pabellones de conveniencia, la cual es facilitada por ciertos Estados que no asumen la responsabilidad de ejercer un control mínimo sobre las actividades de sus buques[101].

En respuesta a este alarmante escenario, previamente al ya citado PAI-INDNR, se adoptó el «Acuerdo para Promover el Cumplimiento de las Medidas Internacionales de Conservación y Ordenación por los Buques Pesqueros que Pescan en Alta Mar» (Acuerdo de la FAO de 1993)[102] con la intención de reforzar la responsabilidad de los Estados sobre sus buques[103]. El artículo III del Acuerdo de la FAO de 1993 detalla la responsabilidad del Estado del pabellón. Específicamente, el párrafo 3 de dicho

---

[96]   OCDE, *Why Fish Piracy Persists: The Economics of Illegal, Unreported and Unregulated Fishing*, París, OCDE, 2005, p. 35.

[97]   *Id.*

[98]   AGNEW, David J.; y BARNES, Colin T., «Economic Aspects and Drivers of IUU Fishing: Building a Framework», en *Fish Piracy: Combating Illegal, Unreported and Unregulated Fishing*, OCDE (ed.), Paris, OCDE, 2004, p. 197.

[99]   *Vid.* CONVEMAR, arts. 117-119.

[100]   *Vid.: ibid.*, art. 94.

[101]   JORGE URBINA, Julio, «Conservación de los recursos vivos marinos y la lucha contra la pesca ilegal, no declarada y no reglamentada en el océano Antártico», en *Protección de Intereses Colectivos en el Derecho del Mar y Cooperación Internacional*, JORGE URBINA, Julio; y PONTE IGLESIAS, M.ª Teresa (coords.), Madrid, Iustel, 2012, p. 149.

[102]   El Acuerdo de la FAO de 1993 fue adoptado durante el 27.º período de sesiones de la Conferencia de la FAO, el 24 de noviembre de 1993, y entró en vigor el 24 de abril de 2003.

[103]   El párrafo 9 del preámbulo del citado acuerdo señala: «Conscientes de que la práctica del abanderamiento o del cambio de pabellón de los buques pesqueros, como medio de eludir el cumplimiento de las medidas internacionales de conservación y ordenación de los recursos marinos vivos, y el incumplimiento por parte de los Estados del pabellón de sus responsabilidades con respecto a los buques pesqueros autorizados a enarbolar su pabellón figuran entre los factores que más gravemente debilitan la eficacia de dichas medidas».

artículo prohíbe que las partes permitan que un buque pesquero autorizado a enarbolar su pabellón sea utilizado para pescar en la alta mar, a no ser que la parte considere que puede ejercer efectivamente sus responsabilidades en virtud del presente acuerdo. Adicionalmente, el párrafo 5 del mismo artículo señala que:

(a) Ninguna Parte autorizará a ningún buque pesquero, registrado anteriormente en el territorio de otra Parte y que haya debilitado la eficacia de las medidas internacionales de conservación y ordenación, para ser utilizado en la pesca en alta mar, a no ser que haya constatado que:

(i) se ha cumplido el período de suspensión de la autorización, impuesto por otra Parte, para que dicho buque pesquero se utilice en la pesca en alta mar; y

(ii) ninguna Parte ha retirado autorización alguna para que dicho buque pesquero se utilice en la pesca en alta mar en los últimos tres años.

El Acuerdo de Nueva York de 1995 también ha intentado reforzar el control efectivo del Estado del pabellón, así como la cooperación internacional en este asunto[104]. Sin embargo, mientras los Estados directamente involucrados con los pabellones de conveniencia no ratifiquen ambos instrumentos vinculantes, es poco probable que aquellas medidas puedan volverse efectivas[105].

La principal razón por la que la pesca INDNR persiste es principalmente económica. Los pescadores se involucran en actividades de pesca INDNR porque obtienen mayores ganancias al margen de las regulaciones nacionales e internacionales que si trabajasen dentro de las normas establecidas[106]. En consecuencia, son los incentivos económicos los que atraen inversiones a este millonario negocio, lo cual contribuye a que ciertos pesqueros practiquen el reabanderamiento de sus embarcaciones en Estados que facilitan el sistema de banderas de conveniencia[107]. En definitiva, la problemática en torno a la pesca INDNR no puede ser erradicada completamente en tanto los incentivos económicos no desaparezcan.

En ese mismo sentido, uno de los problemas principales —sino el principal— para hacer frente a la pesca INDNR es la necesidad de un control más efectivo por parte del Estado del pabellón, tal como ha sido advertido por el PAI-INDNR al recomendar que:

---

[104]   Vid.: supra, cap. 3.2.6; Acuerdo de Nueva York de 1995, arts. 18-20.

[105]   Entre los principales Estados que favorecen el sistema de banderas de conveniencia se encuentran Panamá, Liberia e Islas Marshall. En conjunto, en el año 2022, estos Estados reunieron más del 40 % de la capacidad de carga mundial, en términos de tonelaje de peso muerto. Vid.: UNCTAD, op. cit., pp. 39-44.

[106]   OCDE, Why Fish Piracy Persists..., op. cit., p. 14.

[107]   Al respecto, el PAI-INDNR recomienda que «los Estados deberían disuadir a sus nacionales de que abanderen embarcaciones pesqueras bajo la jurisdicción de un Estado que no cumpla sus obligaciones como Estado del pabellón». FAO, Plan de Acción Internacional para..., op. cit., párr. 19.

De conformidad con las disposiciones pertinentes de la Convención de las Naciones Unidas de 1982 y sin perjuicio de la responsabilidad principal que incumbe al Estado del pabellón en alta mar, cada Estado debería, en la mayor medida posible, tomar medidas o cooperar para velar por que los nacionales sujetos a su jurisdicción no respalden ni practiquen la pesca INDNR. Todos los Estados deberían cooperar para identificar a los nacionales que sean armadores o propietarios efectivos de las embarcaciones que practican la pesca INDNR[108].

La relación entre los pabellones de conveniencia y la pesca INDNR es estrecha. Está comprobado que los Estados de pabellones de conveniencia generalmente despliegan muy pocos esfuerzos para que los buques que enarbolan su pabellón cumplan con las obligaciones internacionales establecidas para la pesca en la alta mar, las cuales usualmente se adoptan en el marco de organizaciones regionales de pesca[109].

A propósito de ello, el TIDM emitió una opinión consultiva sobre la pesca INDNR solicitada en 2013 por la Comisión Subregional de Pesca (SRFC por sus siglas en inglés)[110], organización internacional que administra un área con los niveles más altos de pesca INDNR en el mundo (representa el 37 % de la captura total del África Occidental, con una pérdida estimada de 1300 millones de dólares estadounidenses por año)[111]. En la opinión emitida el 2 de abril de 2015, el TIDM en pleno respondió a las preguntas formuladas por la SRFC, de las cuales particularmente interesa conocer las dos primeras, a saber: ¿cuáles son las obligaciones del Estado del pabellón en los casos en que se realicen actividades de pesca INDNR dentro de la ZEE de terceros Estados?, y ¿en qué medida el Estado del pabellón será responsable de las actividades de pesca INDNR realizadas por buques que enarbolen su pabellón?[112]

Con relación a la primera pregunta, el TIDM respondió por unanimidad que el Estado del pabellón tiene la obligación de adoptar las medidas necesarias, incluyendo medidas de ejecución, para asegurar el cumplimiento por los buques que enarbolen su pabellón de las leyes y reglamentos adoptados por los Estados miembros de la SFRC relativos a los recursos marinos vivos dentro de sus ZEE para efectos de la conservación y administración de tales recursos. Asimismo, agregó que el Estado

---

[108]   *Ibid*, párr. 18.

[109]   BAIRD, Rachel, *Aspects of Illegal, Unreported and Unregulated Fishing in the Southern Ocean*, Dordrecht, Springer, 2006, p. 58.

[110]   La SRFC es una organización internacional cuya área de competencia se ubica en el África Occidental. Son Estados miembros de la SRFC Cabo Verde, Gambia, Guinea, Guinea-Bissau, Mauritania, Senegal y Sierra Leona.

[111]   AFRICA PROGRESS PANEL, *Grain Fish Money: Financing Africa's Green and Blue Revolutions*, Ginebra, Africa Progress Panel, 2014, p. 16.

[112]   *Request for Advisory Opinion submitted by the Sub-Regional Fisheries Commission*, Opinión consultiva del 2 de abril de 2015, ITLOS Reports 2015, párr. 64.

del pabellón tiene la obligación de tomar medidas para asegurar que los buques que enarbolen su pabellón no efectúen actividades de pesca INDNR dentro de la ZEE de los Estados miembros de la SFRC[113].

De igual manera, el TIDM consideró dos obligaciones de «debida diligencia» del Estado del pabellón y de los Estados miembros de la SFRC: por un lado, el deber de cooperar en los casos de pesca INDNR por parte de los buques del Estado del pabellón en las ZEE de los Estados miembros de la SRFC; y, por otro, el deber del Estado del pabellón de investigar en caso de recibir un informe de algún miembro de la SFRC que alegue que un buque que enarbola el pabellón de aquel Estado ha estado involucrado en actividades de pesca INDNR en la ZEE de ese Estado miembro y, de ser el caso, adoptar las acciones necesarias para remediar la situación, e informar al Estado miembro de la SFRC de tales acciones[114].

Respecto de la segunda pregunta, por 18 votos contra 2, el TIDM declaró que la responsabilidad del Estado del pabellón surge del incumplimiento de sus obligaciones de debida diligencia con relación a las actividades de pesca INDNR realizadas por los barcos que enarbolan su pabellón en las ZEE de los Estados miembros de la SFRC. Asimismo, el Estado del pabellón no será responsable si adoptó todas las medidas necesarias para cumplir sus obligaciones con la debida diligencia a fin de asegurar que los buques que enarbolen su pabellón no practiquen la pesca INDNR dentro de las ZEE de los Estados miembros de la SRFC[115].

Aunque la opinión consultiva del TIDM se centra en las actividades de pesca INDNR en las ZEE de los Estados miembros de la SRFC, no deja de ser cierto que aquella reafirma las obligaciones del Estado del pabellón para combatir la pesca INDNR en general. Así, en virtud de los artículos 58.3, 62.4 y 192 de la CONVEMAR, el TIDM señaló que el Estado tiene la responsabilidad de garantizar que los barcos que enarbolen su pabellón cumplan con las leyes y reglamentos relativos a las medidas de conservación adoptadas por el Estado ribereño. De igual forma, el Estado del pabellón debe cumplir con su responsabilidad ejerciendo de manera efectiva su jurisdicción y control en cuestiones administrativas, técnicas y sociales sobre los buques que enarbolen su pabellón, de conformidad con el artículo 94.1 de la CONVEMAR[116].

Por otro lado, con relación a la responsabilidad del Estado del pabellón de asegurar que sus buques no practiquen la pesca INDNR, el TIDM determinó que esta representa una obligación de «debida diligencia», la cual, en su interpretación, constituye

---

[113]   *Ibid.*, párr. 219.3.
[114]   *Id.*
[115]   *Request for Advisory Opinion submitted...*, *op. cit.*, párr. 219.4.
[116]   *Ibid.*, párr. 127.

una obligación de comportamiento[117]. En tal sentido, resaltó que es irrelevante si la pesca INDNR ocurre una sola vez o de modo repetitivo[118]. Precisamente, sobre este tipo de obligación, el TIDM afirmó que:

> [T]his is an obligation «to deploy adequate means, to exercise best possible efforts, to do the utmost» to prevent IUU fishing by ships flying its flag. However, as an obligation «of conduct» this is a «due diligence obligation», not an obligation «of result». This means that this is not an obligation of the flag State to achieve compliance by fishing vessels flying its flag in each case with the requirement not to engage in IUU fishing in the exclusive economic zones of the SRFC Member States. The flag State is under the «due diligence obligation» to take all necessary measures to ensure compliance and to prevent IUU fishing by fishing vessels flying its flag[119].

Con relación al significado de la obligación de «debida diligencia», el TIDM se remitió a la sentencia de la CIJ en el asunto relativo a las «Plantas de celulosa en el río Uruguay». En aquella oportunidad, la CIJ manifestó que dicha obligación constituye:

> [A]n obligation which entails not only the adoption of appropriate rules and measures, but also a certain level of vigilance in their enforcement and the exercise of administrative control applicable to public and private operators, such as the monitoring of activities undertaken by such operators, to safeguard the rights of the other party[120].

Con esta opinión consultiva, el TIDM ha consolidado su capacidad para proporcionar orientación sobre la interpretación y aplicación de las disposiciones relevantes de la CONVEMAR. El pronunciamiento del tribunal podría permitir que los miembros de la SRFC —y otros Estados afectados por la pesca INDNR— ejerzan una mayor presión sobre los Estados del pabellón que no cumplen con sus responsabilidades en virtud de la CONVEMAR y otros acuerdos relacionados con esta, en particular sobre los Estados que favorecen el sistema de pabellones de conveniencia.

Por último, también resulta relevante referirnos al «Acuerdo sobre Medidas del Estado Rector del Puerto destinadas a Prevenir, Desalentar y Eliminar la Pesca Ilegal, No Declarada y No reglamentada» (en adelante «Acuerdo MERP»), aprobado por la Conferencia de la FAO el 22 de noviembre de 2009 y en vigor desde el 5 de junio de 2016[121]. Se trata del primer instrumento internacional jurídicamente vinculante que aborda de manera específica la pesca INDNR. El mismo tiene

---

[117]   *Ibid.*, párr. 129.

[118]   *Ibid.*, párr. 150.

[119]   *Ibid.*, párr. 129.

[120]   *Pulp Mills on The River Uruguay...*, *op. cit.*, párr. 197.

[121]   A 1 de diciembre de 2023, el Acuerdo MERP contaba con 75 Estados partes más la Unión Europea.

por objetivo garantizar el uso sostenible y la conservación a largo plazo de los recursos marinos vivos y sus ecosistemas[122]. La estrecha relación entre el Acuerdo MERP y el PAI-INDNR se aprecia en la definición de pesca INDNR que ambos comparten[123], en la cual el rol del Estado en su triple dimensión (como Estado ribereño, Estado del pabellón y Estado del puerto) es esencial para promover el ordenamiento sostenible de la pesca y la conservación de la biodiversidad marina.

Al reconocer que los puertos son eslabones clave en la cadena de comercialización de productos pesqueros, el Acuerdo MERP faculta al Estado rector del puerto a denegar a los buques extranjeros, sospechosos de haber participado en actividades de pesca INDNR, el uso de sus puertos y el desembarco de sus capturas[124]. Asimismo, las partes del Acuerdo MERP velarán por que las medidas contra la pesca INDNR aplicadas a los buques que enarbolen su pabellón sean al menos tan efectivas como aquellas aplicadas a los buques de pabellón extranjero cuando ejercen jurisdicción en calidad de Estado rector del puerto[125].

El Acuerdo MERP establece una serie de medidas que el Estado rector del puerto debe implementar para que los buques pesqueros que utilizan sus instalaciones cumplan con las medidas de conservación y ordenación pertinentes, incluso aquellas adoptadas por una OROP[126]. Entre las disposiciones específicas contempladas en el acuerdo se encuentran la cooperación e intercambio de información[127], la designación y publicidad de los puertos de entrada[128], la solicitud previa de entrada en puerto[129], la inspección de buques[130] y la solución de controversias entre las partes[131].

Aunque no directamente relacionado con la pesca en la alta mar, el Acuerdo MERP merece algunas consideraciones a la luz de los esfuerzos globales por abordar, desde una perspectiva integral, los diversos problemas que aquejan a los mares y océanos en la actualidad. En primer lugar, la designación previa de los puertos en los que los buques podrán solicitar entrada en virtud del Acuerdo MERP (junto con la obligación de entregar a la FAO una lista de puertos designados para la debida publicidad) proporciona un medio para abordar más eficazmente la pesca INDNR. En particular, ello permite al Estado rector del puerto limitar el número de usos portuarios

---

[122]   Acuerdo MERP, art. 2.
[123]   *Ibid.*, art. 1. e.
[124]   *Ibid.*, art. 9.4.
[125]   *Ibid.*, art. 20.6.
[126]   *Ibid.*, art. 4.1.b; 11.1.
[127]   *Ibid.*, art. 6.
[128]   *Ibid.*, art. 7.
[129]   *Ibid.*, art. 8.
[130]   *Ibid.*, arts. 12-13.
[131]   *Ibid.*, art. 22.

no detectados y consolidar recursos administrativos, lo que contribuye a un control más efectivo de las actividades y a una recopilación de información más precisa[132].

En segundo lugar, el Acuerdo MERP incrementa el control que ejercen los Estados del pabellón sobre sus flotas, ya que requiere que aquellos realicen una investigación inmediata y completa, y que incluso adopten medidas coercitivas contempladas en sus leyes y reglamentos, cuando el resultado de la inspección del Estado rector del puerto determine la existencia de motivos fundados para considerar que un buque del Estado del pabellón ha participado en actividades de pesca INDNR[133].

Por último, al tiempo que fortalece la cooperación e intercambio de información entre los Estados, la FAO y las OROP[134], el Acuerdo MERP tiene una influencia positiva en la prevención de la comercialización de productos pesqueros obtenidos a través de actividades de pesca INDNR[135]. Así, las medidas del Estado rector del puerto se convierten en mecanismos eficaces para limitar el acceso a los mercados e impedir el ingreso de esos productos en las cadenas de suministro de la industria pesquera.

Un estudio acerca de la evaluación global del desempeño de las partes del Acuerdo MERP entre los años 2017 y 2020 reveló que, en general, han mejorado los procedimientos relacionados con las medidas del Estado rector del puerto en la lucha contra la pesca INDNR[136]. El análisis de dicho estudio sugiere también que la entrada en vigor del Acuerdo MERP es un firme disuasivo frente a las escalas de buques que tienen una alta probabilidad de estar involucrados en actividades de pesca INDNR, y que dichas flotan ahora se desvían hacia puertos de Estados que no son partes del mencionado instrumento internacional[137].

Respecto a los desafíos de cara al futuro, debe tenerse en cuenta que, del total anual de entradas portuarias de buques pesqueros a nivel mundial, menos del 3 % es realizada por flotas de pabellón extranjero (es decir, entradas en puertos de un Estado distinto al de su Estado del pabellón)[138]. Este tipo de entradas portuarias, precisamente, corresponde al ámbito de aplicación del Acuerdo MERP[139]. Se presenta así un doble reto para la sostenibilidad ambiental, económica y social: por un lado, la necesidad de alcanzar el mayor número de adhesiones al Acuerdo MERP como forma de contribuir a la erradicación de los llamados «puertos de conveniencia»

---

[132]   MUSTO, Callum; y PAPASTAVRIDIS, Efthymios, «Tackling Illegal, Unreported and Unregulated Fishing through Port State Measures», *Melbourne Journal of International Law*, vol. 22, 2021, n.º 2, p. 7.

[133]   Acuerdo MERP, art. 20.4.

[134]   *Ibid.*, art. 6.1.

[135]   MUSTO, Callum; y PAPASTAVRIDIS, Efthymios, *op. cit.*, p. 25.

[136]   HOSCH, Gilles *et al.*, «IUU safe havens or PSMA ports: A global assessment of port State performance and risk», *Marine Policy*, vol. 155, 2023, p. 19.

[137]   *Id.*

[138]   HOSCH, Gilles *et al.*, *op. cit.*, p. 6.

[139]   Acuerdo MERP, art. 3.1.

o «puertos de incumplimiento» —es decir, puertos que atraen a las embarcaciones involucradas en actividades de pesca INDNR debido a sus controles laxos— y, por otro lado, la necesidad de implementar medidas de inspección y seguimiento a los buques nacionales que sean por lo menos igual de efectivas que aquellas aplicadas a las flotas de pabellón extranjero en el contexto del Acuerdo MERP.

3. LAS ORGANIZACIONES REGIONALES DE ORDENAMIENTO PESQUERO

Frente a los complejos problemas que plantean los fenómenos e intereses contrarios al derecho internacional contemporáneo expuestos en este capítulo, los Estados han desarrollado de forma paralela esfuerzos para articular mecanismos de cooperación capaces de procurar una efectiva ordenación de los recursos vivos en la alta mar. Uno de estos esfuerzos comprende la creación de las OROP.

Si bien algunas de las OROP existen desde la década de 1950, ha sido a partir de la década de 1990 cuando se han definido regímenes de administración y conservación más precisos para estas organizaciones internacionales, sobre la base de una dinámica de cooperación enfatizada por la CONVEMAR y el Acuerdo de Nueva York de 1995[140].

Las OROP son entidades creadas mediante tratados, dotadas de órganos propios y de voluntad propia, con el mandato de gestionar la cooperación entre los Estados en materia pesquera y en un área determinada. En general, estas organizaciones también proporcionan un foro de comunicación política, así como procedimientos formales para regular la conducta de sus miembros en los ámbitos de su competencia[141].

Actualmente existe cerca de una veintena de OROP alrededor del mundo, todas ellas con características particulares en cuanto a su denominación, mandato, área de competencia, composición de sus miembros y los recursos pesqueros objeto de regulación, por lo que es difícil encasillarlas en una categoría única. En la siguiente lista se menciona este variado grupo de organizaciones:

- Comisión de Pesca y Acuicultura para el Asia central y el Cáucaso (CACFish por sus siglas en inglés).

- Comisión para la Conservación de los Recursos Vivos Marinos Antárticos (CCAMLR por sus siglas en inglés, CCRVMA por sus siglas en español)[142].

---

[140]   PUEYO LOSA, Jorge, *op. cit.*, p. 160.

[141]   RENGIFO LOZANO, Antonio José, *International regime theory and the law of the sea: A study of fisheries on the high seas*, Bogotá, Universidad Nacional de Colombia, 2011, p. 119.

[142]   Pese a algunas divergencias, se considera que la CCRVMA es una OROP. Así consta en el informe de la reunión de la CCRVMA, celebrada en Hobart (Australia) en 2002. Al referirse a la implementación del objetivo de la Convención sobre la Conservación de los Recursos Vivos Marinos Antárticos, la CCRVMA afirmó estar de acuerdo en que «siendo una organización dedicada a la conservación y responsable de la ordenación de pesquerías en el Océano Austral, se la podía calificar como

- Convención para la Conservación y Administración de las poblaciones de abadejo en el Mar de Bering Central (CCBSP por sus siglas en inglés).

- Comisión para la Conservación del Atún del Sur (CCSBT por sus siglas en inglés).

- Comisión General de Pesca del Mediterráneo (GFCM por sus siglas en inglés, CGPM por sus siglas en español).

- Comisión Interamericana del Atún Tropical (IATTC por sus siglas en inglés, CIAT por sus siglas en español).

- Comisión Internacional para la Conservación del Atún Atlántico (ICCAT por sus siglas en inglés).

- Comisión del Atún para el Océano Índico (IOTC por sus siglas en inglés).

- Comisión Internacional del Fletán del Pacífico (IPHC por sus siglas en inglés).

- Organización de Pesquerías del Atlántico Noroccidental (NAFO por sus siglas en inglés, OPANO por sus siglas en español).

- Organización para la Conservación del Salmón del Atlántico Norte (NASCO por sus siglas en inglés).

- Comisión de Pesca del Atlántico Nordeste (NEAFC por sus siglas en inglés, CPANE por sus siglas en español).

- Comisión de Peces Anádromos del Pacífico Norte (NPAFC por sus siglas en inglés).

- Organización de Pesquerías del Atlántico Suroriental (SEAFO por sus siglas en inglés).

- Acuerdo de Pesca para el Océano Índico Meridional (SIOFA por sus siglas en inglés).

- Organización Regional de Ordenamiento Pesquero del Pacífico Sur (SPRFMO por sus siglas en inglés, OROP-PS por sus siglas en español).

- Comisión de Pesca del Pacífico Occidental y Central (WCPFC por sus siglas en inglés).

---

una OROP en el contexto de las Naciones Unidas y de sus órganos auxiliares. Este papel de ordenación está asentado claramente en el establecimiento de la Convención y su responsabilidad como OROP está demostrada en relación con la ordenación de *Dissostichus spp*.». CCRVMA, *Informe de la Vigésima Primera Reunión de la Comisión*, 21 de octubre al 1 de noviembre de 2002, CCAMLR-XXI, párr. 15.2.

Las OROP juegan un papel fundamental en la gestión de las pesquerías a nivel mundial al constituirse en la principal herramienta de cooperación entre los Estados ribereños y los Estados de pesca a distancia. Tal como ha sido remarcado en el capítulo 3, la CONVEMAR otorga el fundamento necesario para la conservación y administración de los recursos vivos de la alta mar, específicamente en el artículo 118. De igual forma, el Acuerdo de Nueva York de 1995 diseña un régimen de conservación y administración de estos recursos —fundamentalmente a través de la atribución a las OROP de la función básica de procurar los mecanismos de cooperación internacional en la materia— con disposiciones útiles y detalladas que refuerzan la obligación estatal de cooperar en este ámbito[143].

Aterrizando en el plano práctico, es posible afirmar que algunas de las obligaciones del Acuerdo de Nueva York de 1995 estarían en proceso de formación como normas de derecho internacional consuetudinario, en particular la obligación para todos los Estados de cooperar con las OROP competentes, con la consecuencia de no poder acceder a los recursos existentes en el área de administración de la organización en caso de incumplimiento (artículo 17.1)[144]. La práctica llevada a cabo por las OROP está demostrando que dicha obligación se viene extendiendo no solo a los Estados partes del Acuerdo de Nueva York de 1995, sino también a aquellos que no lo son[145].

Asimismo, desde la Asamblea General de las Naciones Unidas se ha instado, tanto a los Estados que pescan poblaciones de peces transzonales y poblaciones de peces altamente migratorios en la alta mar como a los Estados ribereños, a que, cuando exista una organización o un mecanismo subregional o regional competente para establecer medidas de conservación y ordenación respecto de esas poblaciones:

> [C]umplan su obligación de cooperar afiliándose a esa organización, participando en ese mecanismo o aceptando aplicar las medidas de conservación y ordenación establecidas por la organización o el mecanismo, o bien aseguren que ningún buque que enarbole su pabellón reciba autorización para acceder a los recursos pesqueros de que se ocupen organizaciones y arreglos regionales de ordenación pesquera o a los que se apliquen medidas de conservación y ordenación establecidas por dichos organismos o arreglos[146].

---

[143]   *Vid.: supra*, cap. 3.2.5.

[144]   «The body of customary international law is constantly expanding as a result of the practice by States individually or through RFMOs». HEDLEY, Chris; MOLENAAR, Erik J.; y OUDE ELFERINK, Alex G., *The Implications of the UN Fish Stocks Agreement (New York, 1995) for Regional Fisheries Organisations and International Fisheries Management*, European Parliament Working Paper (Fish 112 EN), Luxemburgo, Parlamento Europeo, 2003, pp. 36-37.

[145]   PUEYO LOSA, Jorge, *op. cit.*, p. 175.

[146]   NACIONES UNIDAS, Asamblea General, *La pesca sostenible, incluso mediante el Acuerdo de 1995 sobre la aplicación de las disposiciones de la Convención de las Naciones Unidas sobre el Derecho del Mar de 10 de diciembre de 1982 relativas a la conservación y ordenación de las poblaciones de peces*

En el caso de las OROP que han sido establecidas después de la adopción del Acuerdo de Nueva York de 1995 se puede comprobar que su articulación está basada en las disposiciones de este instrumento, tal como se desprende de los tratados constitutivos de las OROP de reciente creación[147]. Incluso las organizaciones creadas antes de 1995 han revisado y adaptado sus mandatos en línea con los nuevos parámetros contemplados en dicho acuerdo[148].

El funcionamiento de las OROP alrededor del mundo es heterogéneo, pues conlleva distintos grados de eficacia en función de muy distintos factores, entre ellos, la convergencia de intereses pesqueros de sus miembros, el manejo adecuado de la investigación científica en el área de competencia, y la voluntad política para implementar las recomendaciones y decisiones adoptadas por la organización internacional[149]. Con el fin de ilustrar esta realidad, en el presente estudio se realizará una especial referencia a la Organización Regional de Ordenamiento Pesquero del Pacífico Sur (en adelante «OROP-PS»).

Es preciso reconocer que desde la propia práctica de las OROP se irá consolidando progresivamente la obligación de cooperación en los términos anteriormente señalados, de manera que las actividades contrarias al derecho internacional como la pesca INDNR y las iniciativas unilaterales en materia pesquera (jurisdicción rampante o progresiva) podrían verse sensiblemente reducidas si la cooperación institucionalizada opera eficientemente. Para ello será necesario que las OROP sigan avanzando en el fortalecimiento de sus objetivos y capacidades y superen los desafíos que actualmente enfrentan, a saber: un mayor compromiso de sus miembros, la presentación de información fidedigna y transparente, y la provisión de adecuados recursos financieros y humanos[150].

3.1. La Organización Regional de Ordenamiento Pesquero del Pacífico Sur

En 2006, por iniciativa de Australia, Chile y Nueva Zelandia, se inició un proceso de consultas para permitir a los Estados cooperar en la conservación y administración de las pesquerías, así como en la protección de la biodiversidad marina en las zonas de la alta mar del Océano Pacífico Sur. Tras una serie de encuentros internacionales

---

transzonales y las poblaciones de peces altamente migratorios, e instrumentos conexos, A/RES/63/112, de 24 de febrero de 2009, párr. 81.

[147]   Es el caso, por ejemplo, de las siguientes OROP: WCPFC (2000), SEAFO (2001), SIOFA (2006) y OROP-PS (2009).

[148]   Es el caso, por ejemplo, de las siguientes OROP: CGPM, IOTC, CIAT, ICCAT, CPANE y OPANO.

[149]   RENGIFO LOZANO, Antonio José, op. cit., p. 122.

[150]   IGLESIAS BERLANGA, Marta, op. cit., pp. 211-212; PUEYO LOSA, Jorge, op. cit., p. 182.

(ocho en total), los participantes[151] decidieron establecer una OROP con el fin de dar cumplimiento a aquella obligación interestatal de cooperar en la alta mar.

Así, el 14 de noviembre de 2009, en Auckland (Nueva Zelandia), durante el último de estos encuentros internacionales, se adoptó la «Convención para la Conservación y Ordenamiento de los Recursos Pesqueros de la Alta Mar en el Océano Pacífico Sur»[152], instrumento que formaliza el funcionamiento de la OROP-PS, con el objetivo de asegurar la conservación y el uso sostenible a largo plazo de los recursos pesqueros, a través del criterio precautorio y del enfoque ecosistémico, para salvaguardar los ecosistemas marinos en donde esos recursos se encuentran[153].

Hasta el momento, son partes de esa convención Australia, Belice, Chile, Cuba, Ecuador, Dinamarca (con respecto a las Islas Feroe), Estados Unidos, Islas Cook, Nueva Zelandia, Panamá, Perú, República de Corea, República Popular China, Rusia, Vanuatu, y la Unión Europea[154]. Asimismo, participan en calidad de «partes no contratantes cooperantes» Curazao[155] y Liberia, de acuerdo con la decisión de la Comisión de la OROP-PS en su undécima reunión, celebrada en Manta (Ecuador) en 2023.

La convención establece que la OROP-PS está compuesta de una Comisión, un Comité Científico, un Comité Técnico y de Cumplimiento, dos Comités Subregionales de Administración (este y oeste), un Comité de Administración y Finanzas, una Secretaría (cuya sede se ubica en Wellington), y cualquier otro órgano subsidiario que la Comisión pudiera establecer[156].

---

[151]   Cerca de 30 Estados participaron en los ocho encuentros internacionales, así como más de 20 organizaciones internacionales y organizaciones no gubernamentales.

[152]   La convención entró en vigor el 24 de agosto de 2012.

[153]   «Convención para la Conservación y Ordenamiento de los Recursos Pesqueros de la Alta Mar en el Océano Pacífico Sur», art. 2.

[154]   Es preciso mencionar que el Anexo IV de la Convención para la Conservación y Ordenamiento de los Recursos Pesqueros de la Alta Mar en el Océano Pacífico Sur contempla la participación de las denominadas «entidades pesqueras» en la OROP-PS. En virtud de ello, dichas entidades no estatales pueden, mediante instrumento escrito entregado al depositario, expresar su firme compromiso de acatar los términos de la convención y cumplir con cualquier medida de conservación y ordenación adoptada en virtud de ella. Al amparo de esta figura jurídica, el 24 de agosto de 2012, Taipéi Chino depositó un instrumento por escrito en los términos de la convención, el cual se hizo efectivo el 23 de septiembre de 2012.

[155]   Desde 2010, Curazao se convirtió en uno de los países constituyentes del Reino de los Países Bajos, junto con Aruba, Sint Maarten y los Países Bajos propiamente dichos. Bajo este nuevo estatus, cada país constituyente cuenta con su propio gobierno y puede determinar su propia política en ciertos asuntos internos. Por su parte, los Países Bajos mantienen la responsabilidad general de las relaciones exteriores y la defensa. *Vid.*: GALLEGO COSME, Mario J., «Situación actual de Aruba, Curaçao y Sint Maarten tras la disolución de las Antillas Holandesas», *Comillas Journal of International Relations*, 2022, n.º 23, pp. 54-67.

[156]   «Convención para la Conservación y Ordenamiento de los Recursos Pesqueros de la Alta Mar en el Océano Pacífico Sur», art. 6.

El ámbito de aplicación de la convención comprende las aguas del Océano Pacífico meridional fuera de las zonas de jurisdicción nacional en concordancia con el derecho internacional[157]. Por su parte, los recursos marinos sujetos a las disposiciones de la convención incluyen todos los peces, moluscos y crustáceos, además de otras especies que puedan ser consideradas por la Comisión, con excepción de las especies sedentarias sujetas a la jurisdicción del Estado ribereño de acuerdo con el artículo 77.4 de la CONVEMAR; las especies altamente migratorias listadas en el Anexo I de la CONVEMAR; las especies anádromas y catádromas; y los mamíferos, aves y reptiles marinos[158]. De ello se puede inferir que la Comisión también podría ser competente para regular la conservación y ordenación de dos especies cuyo régimen jurídico general es aún precario, es decir, el caso de las poblaciones de peces discretas de alta mar[159] y el de las especies sedentarias ubicadas en la Zona[160].

Precisamente, la Comisión, como órgano central de la OROP-PS, realiza funciones vitales para el logro del objetivo propuesto en la convención, a saber: la adopción de medidas de conservación y ordenación de los recursos marinos

[157] El artículo 5 de la convención establece su área de aplicación según el siguiente detalle: «a) east of a line extending south along the 120° meridian of east longitude from the outer limit of the national jurisdiction of Australia off the south coast of Western Australia to the intersection with the 55° parallel of south latitude; then due east along the 55° parallel of south latitude to the intersection with the 150° meridian of east longitude; then due south along the 150° meridian of east longitude to the intersection with the 60° parallel of south latitude; b) north of a line extending east along the 60° parallel of south latitude from the 150° meridian of east longitude to the intersection with the 67° 16' meridian of west longitude; c)west of a line extending north along the 67° 16' meridian of west longitude from the 60° parallel of south latitude to its intersection with the outer limit of the national jurisdiction of Chile then along the outer limits of the national jurisdictions of Chile, Peru, Ecuador and Colombia to the intersection with the 2o parallel of north latitude; and d) south of a line extending west along the 2o parallel of north latitude (but not including the national jurisdiction of Ecuador (Galapagos Islands)) to the intersection with the 150° meridian of west longitude; then due north along the 150° meridian of west longitude to its intersection with 10° parallel of north latitude, then west along the 10° parallel of north latitude to its intersection with the outer limits of the national jurisdiction of the Marshall Islands, and then generally south and around the outer limits of the national jurisdictions of Pacific States and territories, New Zealand and Australia until it connects to the commencement of the line described in paragraph (a) above. 2. The Convention shall also apply to waters of the Pacific Ocean beyond areas of national jurisdiction bounded by the 10° parallel of north latitude and the 20° parallel of south latitude and by the 135° meridian of east longitude and the 150° meridian of west longitude».

[158] «Convención para la Conservación y Ordenamiento de los Recursos Pesqueros de la Alta Mar en el Océano Pacífico Sur», art. 1(f).

[159] Esta categoría corresponde a especies que se encuentran exclusivamente en la alta mar. Como se sabe, el Acuerdo de Nueva York de 1995 solo se enfoca en las poblaciones de peces transzonales y las poblaciones de peces altamente migratorios, por lo que en el marco de la FAO se ha planteado la necesidad de prestar mayor atención a estas poblaciones de peces, hasta hace poco no muy conocidas. Al respecto, vid.: FAO, El estado mundial de la pesca y la acuicultura 2006, Roma, FAO, 2007, p. 135. Para un estudio en detalle sobre el tema, vid.: TAKEI, Yoshinobu, op. cit., pp. 105-134.

[160] Con relación al régimen de las especies sedentarias, vid.: supra, cap. 3.1.6.

objeto de regulación; la promoción de investigaciones científicas para mejorar el conocimiento de los recursos pesqueros y ecosistemas marinos tanto en el área de competencia de la OROP-PS como en las zonas de jurisdicción nacional; la cooperación e intercambio de información con miembros de la Comisión y organizaciones relevantes, Estados ribereños, territorios y posesiones; el fomento de la compatibilidad entre las medidas de conservación y ordenación en el área de competencia de la OROP-PS, las zonas de jurisdicción nacional adyacentes y las zonas de alta mar adyacentes; el desarrollo y establecimiento de procedimientos efectivos de seguimiento, control, vigilancia, cumplimiento y ejecución; y la adopción de medidas para prevenir, desalentar y eliminar la pesca INDNR; entre otras[161].

Durante la primera reunión de la Comisión, llevada a cabo en Auckland en 2013, se acordó adoptar una medida de conservación y ordenación del jurel (*Trachurus murphyi*), la cual constituye una regulación vinculante[162]. Sin embargo, algunas delegaciones cuestionaron la congruencia de tal medida debido a que estableció una cuota de captura del jurel en forma diferenciada entre el área de aplicación de la convención y las zonas de jurisdicción nacional, sin tener la competencia y el consentimiento para ello por parte de los Estados involucrados. Frente a esta medida de conservación y ordenación, algunas delegaciones objetaron la cuota establecida, puesto que, a su parecer, dicha medida se adoptó sin dar la debida consideración tanto a los más recientes desarrollos en las pesquerías de los Estados ribereños dentro de sus zonas de jurisdicción nacional como a los recientes cambios en la abundancia y distribución del jurel en el área de competencia de la OROP-PS.

Por ejemplo, en opinión de la delegación peruana que participó en dicha reunión, la Comisión no tomó debidamente en cuenta el enfoque precautorio y los intereses, necesidades y preocupaciones de algunos Estados ribereños en relación con el desarrollo sostenible y el mantenimiento de sus propias pesquerías locales dentro de sus aguas jurisdiccionales[163]. En la misma línea, la delegación rusa sostuvo que la medida de conservación y ordenación del jurel se basó en información incompleta, por lo que no apoyaba la decisión de la Comisión; decisión que, a su modo de ver,

---

[161]   «Convención para la Conservación y Ordenamiento de los Recursos Pesqueros de la Alta Mar en el Océano Pacífico Sur», art. 8.

[162]   OROP-PS, *First Meeting of the Commission of the South Pacific Regional Fisheries Management Organisation*, 28 de enero al 1 de febrero de 2013, Report, «Annex G: CMM 1.01 Conservation and Management Measure for *Trachurus murphyi*». Es relevante destacar que esta medida ha sido reemplazada anualmente, coincidiendo con la celebración de las reuniones de la Comisión de la OROP-PS. Al respecto, la última versión de la medida de conservación y ordenación del jurel fue adoptada en el contexto de la undécima reunión de la Comisión, llevada a cabo en Manta (Ecuador) en 2023.

[163]   *Ibid.*, «Annex H: Peru Statement».

era discriminatoria e inconsistente con las disposiciones de la convención y otras normas relevantes reflejadas en la CONVEMAR y el Acuerdo de Nueva York de 1995[164].

Igualmente, con relación a las zonas de jurisdicción nacional, Ecuador y Perú declararon separadamente que, en ejercicio de sus derechos de soberanía, continuarían adoptando las medidas de ordenación y conservación que estimasen convenientes de acuerdo con los resultados de investigación y recomendaciones de sus propias instituciones de investigación y, cuando resulte aplicable, los análisis y resultados del Grupo de Trabajo Científico de la OROP-PS[165].

Entre algunas de las medidas adoptadas por la Comisión merece destacarse las relativas a la reducción de la captura incidental de aves marinas[166] y a la ordenación de la pesca de fondo en el área de la convención de la OROP-PS[167], ambas adoptadas inicialmente en el ámbito de la segunda reunión de la Comisión, llevada a cabo en Manta (Ecuador) en 2014[168]. La primera requiere que los buques del pabellón de los miembros y «partes no contratantes cooperantes» implementen acciones de mitigación de acuerdo con especificaciones técnicas incorporadas en los anexos de esa medida; mientras que la segunda, sobre la base de los enfoques precautorio y ecosistémico, tiene como objetivo garantizar la conservación a largo plazo y el uso sostenible de los recursos pesqueros de aguas profundas.

En la misma línea se inserta la medida de conservación y ordenación sobre artes de pesca y contaminación marina por plásticos, adoptada durante la séptima reunión de la Comisión en La Haya (Países Bajos) en 2019[169]. Al respecto, en el interés de proteger los ecosistemas marinos —en particular aquellos con tiempos de recuperación prolongados tras una perturbación— del impacto adverso significativo derivado de las prácticas de pesca no reguladas y no reglamentadas, se dispone, entre otros, que todos los miembros y «partes no contratantes cooperantes» se aseguren de que los buques que enarbolan su pabellón realicen «todos los esfuerzos razonables» para combatir,

---

[164]   *Ibid.*, «Annex K: Russian Federation Statement».

[165]   *Ibid.*, «Annex H: Peru Statement»; «Annex I: Ecuador Statement». Cabe mencionar que, con relación a las medidas de conservación y ordenación del jurel correspondientes a los años 2020, 2021 y 2023, Ecuador expresó su consentimiento para que los efectos de tales medidas fuesen aplicados a sus zonas de jurisdicción nacional. Similar expresión de consentimiento ha sido formulada por Chile, respecto de sus zonas de jurisdicción nacional, desde el año 2014.

[166]   OROP-PS, *Second Meeting of the Commission of the South Pacific Regional Fisheries Management Organisation*, 27 al 31 de enero de 2014, Report, «Annex N: CMM 2.04 Minimising Bycatch of Seabirds in the SPRFMO Convention Area».

[167]   OROP-PS, *Second Meeting of the Commission of the South Pacific Regional Fisheries Management Organisation*, 27 al 31 de enero de 2014, Report, «Annex M: CMM 2.03 Management of Bottom Fishing in the SPRFMO Convention Area».

[168]   Las versiones actualizadas de estas medidas datan de los años 2017 y 2023, respectivamente.

[169]   La versión actualizada de esta medida data del año 2022.

minimizar y eliminar aparejos de pesca abandonados, perdidos o descartados[170]. La medida también contempla la prohibición de descargar desechos plásticos en el mar, los cuales deberán ser almacenados a bordo hasta que puedan ser desembarcados en instalaciones portuarias de recepción adecuadas[171].

Más recientemente, en el contexto de la octava reunión de la Comisión, llevada a cabo en Port Vila (Vanuatu) en 2020, se acordó adoptar una medida de conservación y ordenación con respecto al calamar gigante (*Dosidicus gigas*), tomando especialmente en cuenta que, en las últimas tres décadas, se ha presentado un aumento sustancial en la captura de esta especie dentro del ámbito de aplicación geográfica de la convención, con la consiguiente preocupación por la incertidumbre acerca del estado de las poblaciones y la tasa de explotación de la misma[172]. La medida, reemplazada en 2023, es de aplicación a todos los buques del pabellón de los miembros y «partes no contratantes cooperantes» que participan o tienen la intención de participar en la captura de calamar gigante en el área de la convención[173]. Asimismo, incorpora la obligación de recopilar datos y presentar informes al Secretario Ejecutivo de la OROP-PS con relación a las actividades de captura de dicha especie, acompañada de la obligación de implementar un sistema de seguimiento de buques (VMS por sus siglas en inglés) y otros mecanismos de control[174].

La asignación de cuotas de pesca es un asunto especialmente delicado cuando las pesquerías se encuentran plenamente explotadas o en peligro de sobreexplotación. Dado que los nacionales de todos los Estados tienen derecho a la libertad de pesca en la alta mar (condicionada, como se ha expuesto en capítulos anteriores), la dificultad estriba en encontrar medidas equitativas y razonables que faciliten su aceptación por parte de los miembros y potenciales miembros de la OROP y que, al mismo tiempo, garanticen la estabilización de las cuotas de pesca[175]. Este problema no es ajeno a la OROP-PS y es uno de los mayores desafíos que enfrentan estas organizaciones internacionales alrededor del mundo, ya que, aunque la distribución de cuotas

---

[170]   OROP-PS, *Tenth Meeting of the Commission of the South Pacific Regional Fisheries Management Organisation*, 24 al 28 de enero de 2022, Report, «Annex 7h: CMM 17-2022 Conservation and Management Measure on Fishing Gear and Marine Plastic Pollution in the SPRFMO Convention Area», párr. 1.

[171]   *Ibid.*, párr. 4.

[172]   OROP-PS, *Eight Meeting of the Commission of the South Pacific Regional Fisheries Management Organisation*, 14 al 18 de febrero de 2020, Report, «Annex 7l: CMM 18-2020 Conservation and Management Measure on the Management of the Jumbo Flying Squid Fishery», preámbulo, párrs. 1-2.

[173]   OROP-PS, *Eleventh Meeting of the Commission of the South Pacific Regional Fisheries Management Organisation*, 13 al 17 de febrero de 2023, Report, «Annex 7l: CMM 18-2023 Conservation and Management Measure on the Management of the Jumbo Flying Squid Fishery», párr. 1.

[174]   *Ibid.*, párrs. 9-17.

[175]   IGLESIAS BERLANGA, Marta, *op. cit.*, pp. 217-218.

de pesca se basa en factores científicos, la decisión final depende de valoraciones político-económicas[176].

Por otro lado, en concordancia con las disposiciones de la CONVEMAR y del Acuerdo de Nueva York de 1995, la OROP-PS ha adoptado otras medidas de conservación y ordenación que otorgan efectividad a la labor desplegada por esta organización internacional. Entre ellas se puede mencionar la elaboración de una lista de buques que presumiblemente llevan a cabo actividades de pesca INDNR (*blacklist*), el establecimiento de un sistema de vigilancia de buques en el área de competencia de la OROP-PS y la adopción de estándares mínimos para las inspecciones en puerto y para la recolección, entrega, verificación e intercambio de información.

En cuanto a la cooperación interinstitucional, el propio tratado constitutivo de la OROP-PS contempla la posibilidad de que esta colabore con otras OROP, la FAO, otras agencias especializadas de las Naciones Unidas y otras organizaciones en asuntos de mutuo interés[177]. En particular, la Comisión tomará en cuenta las medidas de conservación y ordenación o recomendaciones adoptadas por otras OROP u otras organizaciones internacionales relevantes que tengan competencia en el área de la OROP-PS o en áreas adyacentes (por ejemplo, la CCRVMA y el SIOFA), o que gestionen recursos vivos marinos no cubiertos por la convención de la OROP-PS (por ejemplo, la CIAT con relación al atún y la CBI con relación a la ballena), o que tengan objetivos consistentes con el objetivo de la convención[178]. A su vez, la Comisión procurará que sus propias decisiones sean compatibles con las medidas de conservación y ordenación o recomendaciones de otras organizaciones[179].

Para terminar con esta visión general sobre el funcionamiento de las OROP, se puede afirmar que estas organizaciones internacionales vienen cobrando cada vez mayor relevancia, ya que parece ser que constituyen el único mecanismo efectivo para fortalecer la cooperación interestatal en la conservación y ordenación de los recursos vivos marinos en la alta mar. Aunque ciertamente enfrentan diversas dificultades, las OROP —si están dotadas de poderes de gestión efectivos y de un soporte logístico apropiado— pueden contribuir al logro de una pesca racional y sostenible y, además, pueden enfrentar con éxito los nuevos fenómenos e intereses contrarios al derecho internacional detallados en la primera parte de este capítulo.

---

[176]   SCHIFFMAN, Howard S., «The Evolution of Fisheries Conservation and Management: A look at the new South Pacific Regional Fisheries Management Organization in Law and Policy», *Thomas M. Cooley Law Review*, vol. 28, 2011, n.º 22, p. 183.

[177]   «Convención para la Conservación y Ordenamiento de los Recursos Pesqueros de la Alta Mar en el Océano Pacífico Sur», art. 31.1.

[178]   *Ibid.*, art. 31.2.

[179]   *Id.*

4. LAS ÁREAS MARINAS PROTEGIDAS

Las Áreas Marinas Protegidas (en adelante «AMP») buscan resguardar los eco-sistemas marinos en una determinada zona del espacio oceánico, ya sea dentro o fuera de la jurisdicción nacional. Una definición de AMP se puede encontrar en el recien-temente adoptado Acuerdo BBNJ. Con el objetivo de conservar y usar de manera sostenible las áreas que requieren protección, en dicho instrumento internacional ese mecanismo de gestión basado en áreas significa:

> [U]na zona marina definida geográficamente que se designa y gestiona con miras a alcanzar objetivos específicos de conservación de la diversidad biológica a largo plazo y que puede permitir, cuando procede, un uso sostenible siempre que sea conforme con los objetivos de conservación[180].

Las AMP constituyen una herramienta moderna en la gestión integral de los océanos. En efecto, en los últimos 40 años[181] el concepto de protección del medio ambiente marino ha trasladado su foco de atención. Así es como se ha transitado de la prevención y control de la contaminación a nociones más amplias de manejo espacial e integrado de los ecosistemas marinos[182]. A diferencia de las medidas de conserva-ción basadas en categorías específicas de especies marinas, las AMP buscan proteger las especies, hábitats y ecosistemas marinos de una manera integrada considerando la intrínseca relación entre ellos.

En las últimas tres décadas la noción de AMP ha ido evolucionando y actual-mente abarca una amplia gama de propósitos que incluye, entre otros, la protección de ecosistemas vulnerables y el desarrollo de capacidades de recuperación frente a los efectos de la navegación, la sobrepesca y el cambio climático[183]. Asimismo, las AMP proporcionan distintos niveles de protección y de uso bajo muy variados esquemas de gestión. Así pues, mientras algunas permiten actividades recreacionales o comer-ciales y actividades pesqueras, otras prohíben ciertas actividades extractivas tales

---

[180]   Acuerdo BBNJ, art. 1.9.

[181]   Aunque los tratados que posibilitan la creación de las AMP datan de la década de 1940 (como es el caso de la Convención para la Protección de la Naturaleza y la Vida Silvestre en el Hemisferio Occidental, adoptada en 1940 y en vigor desde 1942), es en la década de 1970 cuando se empieza a pres-tar atención a los conceptos jurídicos relacionados con estas áreas protegidas. *Vid.*: TANAKA, Yoshifumi, *op. cit.*, pp. 418-419.

[182]   SCOTT, Karen N., «Conservation on the High Seas: Developing the Concept of the High Seas Marine Protected Areas», *The International Journal of Marine and Coastal Law*, vol. 27, 2012, n.º 4, pp. 849-850.

[183]   *Ibid.*, p. 850.

como la perforación de pozos petroleros y gasíferos[184]. Por lo tanto, es seguro afirmar que cada AMP representa un caso particular.

La CONVEMAR no ofrece ninguna referencia acerca del concepto de AMP. Sin embargo, en el ámbito de la Parte XII (Protección y Preservación del Medio Marino), los Estados se encuentran en la obligación de preservar y proteger el medio marino[185]. Específicamente, la CONVEMAR dispone que los Estados adopten las medidas que sean necesarias para «proteger y preservar los ecosistemas raros o vulnerables, así como el hábitat de las especies y otras formas de vida marina diezmadas, amenazadas o en peligro»[186]. Y, por último, la CONVEMAR establece la obligación de cooperar, en el plano mundial y regional, en la protección y preservación del medio marino considerando las características propias de cada región[187].

Por otro lado, el Convenio sobre la Diversidad Biológica (en adelante «CDB»)[188], cuyo ámbito de aplicación también se extiende a los espacios marinos, determina que un «área protegida» es un «área definida geográficamente que haya sido designada o regulada y administrada a fin de alcanzar objetivos específicos de conservación»[189]. El CDB también dispone que cada parte contratante, «en la medida de lo posible y según proceda», establecerá un sistema de áreas protegidas o áreas donde haya que tomar medidas especiales para conservar la biodiversidad[190]. Con todo, una lectura sistemática de los artículos 4 y 22.2 del CDB[191] sugiere que las áreas protegidas, a la luz de ese tratado, solamente pueden ser creadas dentro de los espacios marinos bajo jurisdicción de las partes contratantes.

Hoy en día existen cerca de 18 000 AMP, gran parte de ellas ubicadas en las zonas de jurisdicción de los Estados ribereños. En total, las AMP cubren un área aproximada

---

[184]   CONNOLLY, Kim D., «Marine Protected Areas», en *Ocean and Coastal Law and Policy*, 2.ª ed., BAUR, Donald C. *et al.* (eds.), Chicago, American Bar Association, 2015, p. 594.

[185]   CONVEMAR, art. 192.

[186]   *Ibid.*, art. 194.5.

[187]   *Ibid.*, art. 197.

[188]   El CDB fue adoptado en la Conferencia de las Naciones Unidas sobre el Medio Ambiente y el Desarrollo, llevada a cabo en Río de Janeiro en 1992. Es el primer tratado que aborda de modo exhaustivo la conservación de la biodiversidad. Por lo tanto, no se limita solamente a la protección de algunas especies y hábitats como había ocurrido con instrumentos anteriores.

[189]   CDB, art. 2.

[190]   *Ibid.*, art. 8.a.

[191]   El artículo 4 del CDB señala que «con sujeción a los derechos de otros Estados, y a menos que se establezca expresamente otra cosa en el presente Convenio, las disposiciones del Convenio se aplicarán, en relación con cada Parte Contratante: a) En el caso de componentes de la diversidad biológica, en las zonas situadas dentro de los límites de su jurisdicción nacional; y b) En el caso de procesos y actividades realizados bajo su jurisdicción o control, y con independencia de dónde se manifiesten sus efectos, dentro o fuera de las zonas sujetas a su jurisdicción nacional». Por su parte, el artículo 22.2 menciona que «las Partes Contratantes aplicarán el presente Convenio con respecto al medio marino, de conformidad con los derechos y obligaciones de los Estados con arreglo al derecho del mar».

de 29,58 millones de kilómetros cuadrados, lo que equivale al 8 % del área total de los océanos del mundo[192]. Entre las mayores AMP (en términos de extensión) se encuentran la Región del Mar de Ross (Antártida), con 2 millones de kilómetros cuadrados; Marae Moana (Islas Cook), con un área total de 1,7 millones de kilómetros cuadrados; y Papahānaumokuākea (Estados Unidos) con 1,5 millones de kilómetros cuadrados[193].

Se reconoce extensamente a las AMP como herramientas efectivas para la protección y conservación de los recursos vivos marinos. Las AMP benefician a una serie de especies marinas, entre las que se incluyen peces, tortugas, tiburones y mamíferos. Estas áreas potencian la capacidad reproductiva de dichas especies, mantienen la biodiversidad marina, preservan tanto los hábitats como las funciones ecosistémicas, y sostienen la producción pesquera[194].

Sobre la pesca en particular, las AMP han demostrado tener efectos beneficiosos sobre las especies que se reproducen o se refugian en ellas. De hecho, se ha comprobado que ciertas AMP han favorecido el incremento de la biomasa total en el área y la recuperación de especies pesqueras agotadas. De igual manera, al mejorar la biodiversidad marina en general (en términos de cantidad y de calidad), se contribuye a la optimización del rendimiento de las especies de interés comercial, así como de aquellas que no son objetivo de la pesca[195].

A pesar de todas estas ventajas, la creación de una AMP *per se* no constituye la solución a todos los problemas relativos a la pesca. Es necesario coordinar los esfuerzos desplegados por las AMP —particularmente a nivel regional— con el fin de hacer frente a las diversas amenazas que enfrentan los mares y océanos. En efecto, si la sobrepesca no se reduce a escala global, las actividades de pesca se trasladarían a áreas donde no existen regulaciones eficaces y, en consecuencia, las AMP devendrían contribuciones necesarias pero insuficientes en la enorme tarea de administrar sosteniblemente los recursos marinos.

Como es evidente, la cooperación internacional, nuevamente, juega un rol trascendental en la búsqueda de soluciones a los problemas que enfrenta la comunidad internacional en la conservación de la biodiversidad marina, requerimiento que es aún más urgente en el ámbito del régimen jurídico de la alta mar[196].

---

[192]   PROTECTED PLANET (7 de julio de 2023), *Marine Protected Areas*, https://www.protectedplanet.net/en/thematic-areas/marine-protected-areas.

[193]   MARINE CONSERVATION INSTITUTE (7 de julio de 2023), *Largest Marine Protected Areas*, https://mpatlas.org/large-mpas/.

[194]   CONNOLLY, Kim D., *op. cit.*, p. 595.

[195]   DE SOMBRE, Elizabeth R.; y BARKIN, J. Samuel, *Fish*, Cambridge, Polity Press, 2011, p. 106.

[196]   GUTIÉRREZ FIGUEROA, Francisco, «Áreas marinas protegidas en la alta mar: perspectivas y desafíos en el contexto del derecho internacional», *Agenda Internacional*, vol. 24, 2017, n.º 35, p. 177.

4.1. Las Áreas Marinas Protegidas en la alta mar

La necesidad de establecer AMP en la alta mar es un asunto que ha estado presente en recientes foros internacionales. Por ejemplo, en la Octava Conferencia de las Partes (COP) del CBD se reconoció que las AMP son una de las herramientas esenciales para lograr la conservación y utilización sostenible de la biodiversidad en áreas marinas fuera de la jurisdicción nacional[197]. Igualmente, en el marco del «Grupo de Trabajo especial oficioso de composición abierta encargado de estudiar las cuestiones relativas a la conservación y el uso sostenible de la diversidad biológica marina fuera de las zonas de jurisdicción nacional» (en adelante «Grupo de Trabajo Especial»)[198] la cuestión del establecimiento de AMP en la alta mar estuvo presente en sus debates. En ese ámbito, en el año 2014, durante el desarrollo del penúltimo de los encuentros del Grupo de Trabajo Especial, se pudo observar que varias delegaciones expresaron su apoyo a la elaboración de un régimen o mecanismo de gobernanza mundial que permitiera establecer AMP en la alta mar mediante «un proceso intergubernamental legítimo, fundado en criterios científicos», y que estas áreas de protección no podían establecerse en zonas fuera de la jurisdicción nacional de manera unilateral; por ende, un instrumento internacional aseguraría la legitimidad[199].

Aunque en el derecho internacional no existe ninguna norma que prohíba la creación de AMP en la alta mar, también es cierto que no existe aún una base jurídica en vigor a nivel multilateral que permita su establecimiento. La adopción del Acuerdo BBNJ —al que le espera, sin duda, un largo proceso para su ratificación y posterior entrada en vigor— merece algunas consideraciones sobre este aspecto.

En primer lugar, el Acuerdo BBNJ contempla un procedimiento detallado para la presentación y examen preliminar de las propuestas para el establecimiento de AMP en zonas fuera de la jurisdicción nacional, el cual busca asegurar la participación de todos los actores interesados[200]. Después de las respectivas consultas sobre las propuestas presentadas —etapa en la que se recabarán, en particular, los aportes de los Estados ribereños adyacentes, los órganos de los instrumentos y marcos jurídicos pertinentes, los pueblos indígenas, la comunidad científica, y la sociedad civil, entre otros—, la COP del Acuerdo BBNJ adoptará una decisión sobre el establecimiento de una AMP, incluyendo la posibilidad de establecer medidas compatibles con las

---

[197]   CDB, Conferencia de las Partes, *Informe de la Octava Reunión de la Conferencia de las Partes en el Convenio sobre la Diversidad Biológica*, UNEP/CBD/COP/8/31, de 15 de junio de 2006, párr. 38.

[198]   *Vid.*: *infra*, cap. 4.5.

[199]   NACIONES UNIDAS, Asamblea General, *Carta de fecha 25 de julio de 2014 dirigida al Presidente de la Asamblea General por los Copresidentes del Grupo de Trabajo Especial Oficioso de Composición Abierta*, A/69/177, de 23 de julio de 2014, anexo, párr. 63.

[200]   Acuerdo BBNJ, arts. 19-20.

de otros instrumentos y marcos jurídicos pertinentes, y las de los órganos mundiales, regionales, subregionales y sectoriales que correspondan[201].

De igual manera, el acuerdo otorga atribuciones a la COP para adoptar medidas de emergencia cuando un fenómeno natural o desastre provocado por el ser humano haya causado, o sea probable que cause, un daño grave e irreversible a la biodiversidad marina en zonas fuera de la jurisdicción nacional[202]. A tal efecto, las medidas aprobadas, que tendrán una vigencia máxima de dos años, se basarán en los mejores conocimientos e información científicos disponibles, teniendo en cuenta el criterio o enfoque precautorio[203].

Por último, el Acuerdo BBNJ dispone que el Órgano Científico y Técnico supervise y examine periódicamente los mecanismos de gestión basados en áreas, incluyendo las AMP. Tras el examen, la COP adoptará las decisiones o recomendaciones pertinentes relativas a la modificación, prórroga o revocación de dichos mecanismos[204].

En ausencia de un instrumento multilateral en vigor, la conciliación de intereses asociados con la conservación del medio ambiente marino y las libertades tradicionales de la alta mar, como la pesca y la navegación, representa hoy en día un desafío en la ordenación jurídica de los océanos. Ciertamente, la protección de los intereses comunitarios está tomando cada vez mayor importancia en el derecho internacional contemporáneo, situación que también se refleja en el ámbito del derecho del mar. Al respecto, Tanaka resalta esta apreciación al enfatizar que:

> Given its vital importance for the survival of mankind, it could well be said that conservation of marine biological diversity is considered as a common interest of the international community as a whole. Thus, legal issues respecting conservation of marine biological diversity, including marine protected areas, must be examined in the context of the protection of community interests at sea[205].

En este nuevo escenario, la práctica de ciertos Estados parece apoyar la creación de AMP en la alta mar. Así es como algunas de estas áreas han sido cerradas a la pesca o a ciertos tipos de actividades pesqueras (como por ejemplo la pesca de arrastre) bajo

---

[201]   *Ibid.*, arts. 21-22.
[202]   *Ibid.*, art. 24.1.
[203]   *Ibid.*, arts. 24.3-24.4.
[204]   *Ibid.*, arts. 26.3-26.5.
[205]   TANAKA, Yoshifumi, «Reflections on High Seas Marine Protected Areas: A Comparative Analysis of the Mediterranean and the North-East Atlantic Models», *Nordic Journal of International Law*, vol. 81, 2012, n.º 3, p. 297.

el auspicio de diversas OROP[206]. En la actualidad existen casi 50 AMP de este tipo, las que en total cubren aproximadamente el 1,44 % de la alta mar[207].

El caso más significativo de esta tendencia es el de la CCRVMA, pues se trata de la primera organización regional en establecer un área protegida ubicada enteramente en la alta mar. En 2009, esta organización estableció una AMP cerca de las islas Orcadas del Sur en el Océano Antártico. De acuerdo con las medidas adoptadas por la CCRVMA, en dicha AMP, con una extensión de 94 000 kilómetros cuadrados, todo tipo de actividad pesquera se encuentra prohibida (con excepción de la que se realice con fines científicos), así como también el vertido de residuos dentro de los límites del área en cuestión[208].

Posteriormente, entre 2010 y 2013, la Comisión OSPAR[209] estableció una red de siete AMP en la alta mar del Atlántico Nordeste, a la que recientemente, en 2022, se incorporó una más[210]. Este grupo de AMP, que cubre más de un millón de kilómetros cuadrados, busca principalmente proteger los hábitats y ecosistemas marinos y prevenir la pérdida de biodiversidad. La Comisión OSPAR ha celebrado diversas memorandas de entendimiento con algunas OROP[211] y otras organizaciones[212] con el fin de abordar un amplio rango de actividades que pueden tener lugar dentro o alrededor de esta red de AMP.

En 2017, la CCRVMA estableció el AMP de la Región del Mar de Ross, cuya extensión la convierte en la mayor AMP existente hasta el momento. De acuerdo con la

[206]   Es el caso de la CPANE, OPANO, SEAFO, CGPM y CCRVMA, entre otras.

[207]   PROTECTED PLANET (7 de julio de 2023), *Marine Protected Areas*, https://www.protectedplanet.net/en/thematic-areas/marine-protected-areas; SCOTT, Karen N., «Marine Protected Areas in the Southern Ocean», en *The Law of the Sea and the Polar Regions: Interactions between Global and Regional Regimes*, MOLENAAR, Erik J.; OUDE ELFERINK, Alex G.; y ROTHWELL, Donald R. (eds.), Leiden-Boston, Martinus Nijhoff, 2013, p. 117.

[208]   CCRVMA, *Protection of the South Orkney Islands southern shelf*, Conservation Measure 91-03 (2009), párrs. 2-3.

[209]   La Comisión OSPAR (denominación derivada de las Convenciones de Oslo y París) es el mecanismo por el cual 15 Estados europeos (Alemania, Bélgica, Dinamarca, España, Finlandia, Francia, Irlanda, Islandia, Luxemburgo, Países Bajos, Noruega, Portugal, Reino Unido, Suecia y Suiza) y la Unión Europea cooperan en la protección del medio ambiente marino del Atlántico Nordeste. La Convención OSPAR fue adoptada el 22 de setiembre de 1992 y entró en vigor el 25 de marzo de 1998. Su principal órgano es la Comisión, cuya secretaría se encuentra en Londres.

[210]   *Vid.*: OSPAR, Decisiones 2010/1, 2010/2, 2010/3, 2010/4, 2010/5, 2010/6, 2012/1 y 2021/1. Estas AMP son las siguientes: Milne Seamount Complex, Charlie Gibbs South, Altair Seamount, Antialtair Seamount, Josephine Seamount, Mid-Atlantic Ridge North of the Azores, Charlie-Gibbs North y North Atlantic Current and Evlanov Sea Basin.

[211]   Es el caso de la NASCO y la CPANE.

[212]   Es el caso de la Autoridad, el Consejo Internacional para la Exploración del Mar (CIEM) o la Agencia Europea del Medio Ambiente (AEMA), entre otras. Con la Organización Marítima Internacional (OMI) se celebró un acuerdo de cooperación.

medida de conservación adoptada por la CCRVMA, las actividades pesqueras de naturaleza comercial se encuentran prohibidas en casi el 80 % de esta área protegida[213]. A pesar de su existencia limitada en el tiempo[214] —se considera, en general, que una AMP debe tener una duración permanente con el fin de garantizar objetivos de conservación a largo plazo—, se ha reconocido que la Región del Mar de Ross se encuentra «altamente protegida» de actividades humanas potencialmente destructivas, debido principalmente a las prohibiciones y restricciones coordinadas a través de las medidas de conservación de la CCRVMA, junto con la gestión activa y la investigación científica en dicha AMP[215].

La tendencia creciente de establecer AMP en la alta mar merece algunas consideraciones a la luz del derecho internacional contemporáneo. En primer lugar, aunque el propósito de ciertas organizaciones regionales de actuar en interés de la comunidad internacional constituye un avance positivo con relación a la protección y conservación de la biodiversidad marina en zonas fuera de la jurisdicción nacional, el estatus legal de las AMP en la alta mar se encuentra sujeto a cuestionamientos en ausencia de un marco jurídico que sustente su creación en dicho ámbito geográfico. Es verdad que los Estados se encuentran obligados, por un lado, a proteger y preservar el medio marino[216] y, por otro lado, a cooperar entre sí en la conservación y administración de los recursos vivos de la alta mar[217]; empero, es discutible que estas obligaciones generales otorguen a los Estados el derecho de establecer una (o varias) AMP en la alta mar[218]. En suma, por el momento no existe una justificación legal sólida para defender la constitución de dichas áreas protegidas en zonas más allá de los límites de la jurisdicción nacional.

Indudablemente, la cuestión de la legitimidad de las AMP en la alta mar es un prerrequisito indispensable para conseguir el incremento de su aceptación internacional. Dado que no existe una organización internacional de alcance global para la conservación de la biodiversidad en la alta mar, podría admitirse que las organizaciones regionales asumen la tarea de disponer medidas de conservación dentro de sus áreas geográficas de competencia. Sin embargo, aun aceptando esta idea, tales medidas de conservación no serían aplicables para los buques que enarbolen el pabellón

---

[213]   CCRVMA, *Ross Sea region marine protected area*, Conservation Measure 91-05 (2016), párr. 7.

[214]   En virtud del mismo instrumento, esta AMP tendrá una vigencia de 35 años. En el año 2052, la CCRVMA podrá confirmar, modificar o establecer una nueva AMP. En caso de no lograr consenso dentro de la Comisión, la medida de conservación que creó la AMP de la Región del Mar de Ross expirará definitivamente hacia el año 2052.

[215]   BROOKS, Cassandra M. *et al.*, «The Ross Sea, Antarctica: A highly protected MPA in international waters», *Marine Policy*, vol. 134, 2021, n.º 104 795, p. 6.

[216]   CONVEMAR, arts. 192 y 194.5.

[217]   *Ibid.*, arts. 117 y 118.

[218]   TANAKA, Yoshifumi, *The International Law...*, *op. cit.*, p. 426.

de un Estado que no es miembro de dichas organizaciones internacionales. De igual manera, al no ser parte del proceso de toma de decisiones para determinar la ubicación de las AMP en la alta mar, los Estados no partes del acuerdo o mecanismo regional podrían cuestionar la legitimidad del proceso. Frente a ello, es necesario establecer procedimientos que aseguren la participación de todos los actores con intereses en los espacios marinos en cuestión junto con procesos de toma de decisiones transparentes e información científica relevante para la selección de potenciales AMP en la alta mar[219].

Por otro lado, la creación de AMP en la alta mar podría encontrar cierta incompatibilidad con el principio de la libertad de los mares. Al respecto, el artículo 237.2 de la CONVEMAR refiere que «las obligaciones específicas contraídas por los Estados en virtud de convenciones especiales con respecto a la protección y preservación del medio marino deben cumplirse de manera compatible con los principios y objetivos generales de esta Convención». Y, además, el artículo 311.2 enfatiza que:

> Esta Convención no modificará los derechos ni las obligaciones de los Estados Partes dimanantes de otros acuerdos compatibles con ella y que no afecten al disfrute de los derechos ni al cumplimiento de las obligaciones que a los demás Estados Partes correspondan en virtud de la Convención.

Es indudable que la libertad de los mares es uno de los principios esenciales de la CONVEMAR. Por lo tanto, sería admisible entender que las medidas regulatorias adoptadas por las organizaciones internacionales que crean AMP en la alta mar no deben afectar el disfrute de los derechos de otros Estados conforme al principio de la libertad de los mares. Precisamente, la creación de AMP en la alta mar podría implicar el riesgo de limitar, además de la libertad de pesca, las libertades de navegación, de tendido de cables y tuberías submarinos, y de investigación científica. En tal escenario, los Estados afectados por dichas limitaciones difícilmente aceptarían el uso de las AMP como herramientas de manejo integrado de los ecosistemas marinos. Por ejemplo, en los debates dentro de la Comisión OSPAR para el establecimiento de la red de siete AMP en la alta mar, la tensión permanente entre los conceptos de conservación y uso racional de los recursos vivos marinos estuvo y continúa estando latente[220]. Con el fin de lograr un equilibrio sostenible, los asuntos relativos a las libertades de pesca y navegación deberían ser abordados dentro del marco funcional de las AMP.

Por último, mientras las regulaciones de las AMP en la alta mar son aplicables a la columna de agua ubicada más allá de la jurisdicción nacional, debajo de esta rigen —según sea el caso— las disposiciones de la Parte XI relativas a la Zona o el

---

[219]   Tanaka, Yoshifumi, «Reflections on High Seas…», *op. cit.*, pp. 317-318.
[220]   Scott, Karen N., «Conservation on the High Seas…», *op. cit.*, p. 855.

régimen jurídico de la plataforma continental extendida. En ese contexto es necesario asegurar la coordinación, entre la organización regional que establece la AMP y la Autoridad o el Estado ribereño con derechos de soberanía sobre una plataforma continental extendida, con miras a proteger la biodiversidad marina de manera integrada y coherente.

La creación de AMP en estas circunstancias no es imposible, tal como lo demuestra la cooperación entre Portugal y la Comisión OSPAR con respecto a la red de AMP de esta última. En efecto, cuatro AMP establecidas por la Comisión OSPAR[221] se ubican sobre los límites de una plataforma continental extendida reclamada por Portugal[222]. Al respecto, tomando como muestra representativa una de las recomendaciones emitidas por la Comisión OSPAR, esta reconoce que:

> [T]he Portuguese Republic has reported to the OSPAR Commission on the selection of the seabed of the Altair Seamount as a component of the OSPAR network of Marine Protected Areas and will establish the programmes, measures and agreements which are necessary for the achievement of the conservation vision and conservation objectives regarding the seabed of the Altair Seamount and [welcomes] the request of the Portuguese Republic to the OSPAR Commission to take corresponding measures for the waters superjacent to the Altair Seamount[223].

Adicionalmente, la recomendación señala que la Comisión OSPAR puede tomar las acciones necesarias con el fin de lograr la conservación de las aguas de la alta mar suprayacentes a la plataforma continental reclamada por Portugal[224], lo que otorga coherencia, compatibilidad y complementariedad a las medidas de gestión adoptadas en y más allá de los límites de la jurisdicción nacional[225].

Asimismo, la Comisión OSPAR y la CPANE adoptaron un Memorándum de Entendimiento en 2008 con el objetivo de asegurar la coordinación y cooperación en vista de que ambas organizaciones regionales tienen competencias complementarias en lo que respecta a la protección del ambiente y la ordenación pesquera, respectivamente, en el Atlántico Nordeste, incluyendo las zonas fuera de la jurisdicción

---

[221]   Es decir, Altair Seamount, Antialtair Seamount, Josephine Seamount y Mid Atlantic Ridge North of the Azores.

[222]   El ámbito espacial de la plataforma continental más allá de las 200 millas marinas reclamada por Portugal aún no ha sido determinado. El límite exterior de la plataforma continental será determinado por ese país sobre la base de las recomendaciones de la Comisión de Límites de la Plataforma Continental. Al respecto, vid.: CONVEMAR, art. 76 y Anexo II.

[223]   OSPAR, Comisión, «Management of the Altair Seamount High Seas Marine Protected Area, Recommendation 2010/14», preámbulo, párr. 10.

[224]   *Ibid.*, párr. 11.

[225]   *Ibid.*, párr. 12.

nacional[226]. En ese sentido, ambas partes acordaron promover la conservación y uso sostenible de la biodiversidad marina en el Atlántico Nordeste a través de la cooperación internacional en áreas tales como el intercambio de información; la gestión de actividades humanas con impacto sobre el ambiente y los recursos marinos vivos, así como posibles medidas para abordarlas; la aplicación del criterio o enfoque precautorio; entre otras[227]. La cooperación entre la Comisión OSPAR y la CPANE resulta significativa, pues en la alta mar las áreas de competencia de ambas organizaciones se superponen completamente en el Atlántico Nordeste[228].

De igual manera, en 2010, la Comisión OSPAR celebró un Memorándum de Entendimiento con la Autoridad con el objetivo de cooperar para coordinar acciones que permitan conciliar el desarrollo de actividades vinculadas con los recursos minerales de la Zona y la protección integral del medio marino[229]. En ese entendido, ambas partes acordaron, *inter alia*, fomentar la investigación científica en las áreas marinas del Atlántico Nordeste ubicadas fuera de la jurisdicción nacional, y cooperar en la recolección de información y datos ambientales[230]. La Autoridad está llamada a jugar un rol importante en la protección ambiental de la Zona, tal como lo dispone la CONVEMAR. Especialmente, el artículo 145 detalla que la Autoridad establecerá las normas, reglamentos y procedimientos apropiados para, entre otras cosas:

> a) Prevenir, reducir y controlar la contaminación del medio marino y otros riesgos para éste, incluidas las costas, y la perturbación del equilibrio ecológico del medio marino, prestando especial atención a la necesidad de protección contra las consecuencias nocivas de actividades tales como la perforación, el dragado, la excavación, la evacuación de desechos, la construcción y el funcionamiento o mantenimiento de instalaciones, tuberías y otros dispositivos relacionados con tales actividades;
>
> b) Proteger y conservar los recursos naturales de la Zona y prevenir daños a la flora y fauna marinas.

Debe resaltarse que la jurisdicción de la Autoridad no se extiende a la columna de agua suprayacente a la Zona. Su jurisdicción se limita a los asuntos contenidos en la Parte XI de la CONVEMAR y el Acuerdo de 1994. En tal escenario, por ejemplo, la regulación de las pesquerías y la contaminación marina en la alta mar se

---

[226]   *Memorandum of Understanding between the North East Atlantic Fisheries Commission (NEAFC) and the OSPAR Commission*, 2008, preámbulo, párr. 5.

[227]   *Ibid.*, parte dispositiva, num. 1.

[228]   Ambas organizaciones tienen competencias distintas pero complementarias. La Comisión OSPAR tiene el mandato de regular actividades humanas que pueden afectar negativamente el medio marino, con excepción de la pesca y la navegación. Por su parte, la CPANE tiene el mandato de procurar la conservación y el uso óptimo de los recursos pesqueros.

[229]   *Memorandum of Understanding between the OSPAR Commission and the International Seabed Authority*, 2010, preámbulo, párr. 11.

[230]   *Ibid.*, parte dispositiva, párrs. 2-3.

encuentra fuera del ámbito de la Autoridad. Por lo tanto, se requiere asegurar la cooperación entre esta y las OROP (u otro tipo de organización internacional) con el fin de proteger la biodiversidad bajo un enfoque integrado. En ese entendido, la cooperación entre la Autoridad y la Comisión OSPAR resulta ser largamente positiva.

La conservación y administración de los recursos vivos de la alta mar plantea un nuevo desafío para los Estados, situación que demanda cooperación internacional y voluntad política para impulsar una mejor gobernanza de los mares y océanos[231]. En ambos aspectos, no se debería dejar de lado el papel de la buena fe —entendida como una verdadera obligación jurídica que corresponde a todos los Estados— en las discusiones y negociaciones acerca de cómo abordar las amenazas y riesgos a los que se encuentra sometida la biodiversidad marina en zonas fuera de la jurisdicción nacional[232].

A juzgar por los procesos internacionales que han tenido lugar en los últimos años, un régimen jurídico para las AMP en la alta mar se encuentra inevitablemente en proceso de formación[233]. La actual ausencia de un marco multilateral en vigor que provea de una base jurídica específica para la creación de estas áreas protegidas limita su expansión como herramientas de manejo integrado de los ecosistemas marinos. Será necesario, por lo tanto, contar con principios y mecanismos institucionales concretos capaces de reconciliar, de un lado, el interés general por la conservación del medio marino y, de otro lado, el interés de los Estados ribereños y las organizaciones internacionales con competencias en la alta mar.

5. EL ACUERDO BBNJ: REFLEXIONES PRELIMINARES

Después de un largo e intenso proceso de negociaciones de casi dos décadas, en 2023 se logró la adopción del Acuerdo BBNJ en el marco de la conferencia intergubernamental convocada a dichos efectos. Siendo conscientes de la amplia variedad de asuntos contenidos en este reciente acuerdo internacional, la última sección del presente capítulo abordará solamente aquellos aspectos que tengan especial incidencia en las posibles limitaciones a la libertad de pesca en la alta mar, tema central de esta investigación.

Cabe mencionar, en primer lugar, que este proceso tuvo como antecedente el ya mencionado Grupo de Trabajo Especial, establecido en virtud de la resolución 59/24

---

[231] O'LEARY, Bethan C. *et al.*, «The first network of marine protected areas (MPAs) in the high seas: The process, the challenges and where next», *Marine Policy*, vol. 36, 2012, n.º 3, p. 603.

[232] SCOVAZZI, Tullio, «Marine Protected Areas on the High Seas: Some legal and Policy Considerations», *The International Journal of Marine and Coastal Law*, vol. 19, 2004, n.º 1, p. 6.

[233] GUTIÉRREZ FIGUEROA, Francisco, «Áreas marinas protegidas en la alta mar...», *op. cit.*, p. 187.

de la Asamblea General de las Naciones Unidas del 17 de noviembre de 2004[234]. El Grupo de Trabajo Especial sostuvo un total de diez reuniones entre 2006 y 2015. En su último encuentro, llevado a cabo del 20 al 23 de enero de 2015, emanaron recomendaciones a la Asamblea General de las Naciones Unidas para que decidiese la conformación de un comité preparatorio encargado, a su vez, de formular recomendaciones de fondo sobre los elementos de un proyecto de texto de un instrumento internacional jurídicamente vinculante en el marco de la CONVEMAR sobre la conservación y el uso sostenible de la biodiversidad marina fuera de las zonas de jurisdicción nacional[235]. Posteriormente, la Asamblea General, haciendo suyas dichas recomendaciones, estableció el antedicho comité preparatorio para que formulase recomendaciones sustantivas sobre las base de los informes del Grupo de Trabajo Especial[236]. El comité se reunió en cuatro ocasiones, entre 2016 y 2017, en cuyo informe final identificó, a modo referencial, los temas que serían incluidos en un futuro proyecto de texto y en el que reconoció, además, la existencia de opiniones divergentes entre las delegaciones participantes[237].

Las negociaciones formales iniciaron en 2018, en virtud de la resolución 72/249 de la Asamblea General, mediante la cual se convocó una conferencia intergubernamental encargada de examinar las recomendaciones del comité preparatorio con miras a elaborar un instrumento internacional jurídicamente vinculante sobre la materia[238]. La conferencia, que inicialmente se reuniría durante cuatro períodos de sesiones entre 2018 y 2020, tuvo que sufrir postergaciones en su cuarta sesión debido a las dificultades impuestas por la pandemia de la COVID-19. A ello se sumó la incorporación de un quinto y último período de sesiones, del 15 al 22 de agosto de 2022, reanudado en dos ocasiones, el cual finalmente concluyó el 20 de junio de 2023.

---

[234] NACIONES UNIDAS, Asamblea General, *Los océanos y el derecho del mar*, A/RES/59/24, de 4 de febrero de 2005, párr. 73.

[235] NACIONES UNIDAS, Asamblea General, *Carta de fecha 13 de febrero de 2015 dirigida al Presidente de la Asamblea General por los Copresidentes del Grupo de Trabajo Especial Oficioso de Composición Abierta*, A/69/780, de 13 de febrero de 2015, anexo, pp. 2-3.

[236] NACIONES UNIDAS, Asamblea General, *Elaboración de un instrumento internacional jurídicamente vinculante en el marco de la Convención de las Naciones Unidas sobre el Derecho del Mar relativo a la conservación y el uso sostenible de la diversidad biológica marina de las zonas situadas fuera de la jurisdicción nacional*, A/RES/69/292, de 6 de julio de 2015, párr. 1.a.

[237] NACIONES UNIDAS, Asamblea General, *Informe del Comité Preparatorio establecido en virtud de la resolución 69/292 de la Asamblea General: elaboración de un instrumento internacional jurídicamente vinculante en el marco de la Convención de las Naciones Unidas sobre el Derecho del Mar relativo a la conservación y el uso sostenible de la diversidad biológica marina de las zonas situadas fuera de la jurisdicción nacional*, A/AC.287/2017/PC.4/2, de 31 de julio de 2017, párr. 38.a.

[238] NACIONES UNIDAS, Asamblea General, *Instrumento internacional jurídicamente vinculante en el marco de la Convención de las Naciones Unidas sobre el Derecho del Mar relativo a la conservación y el uso sostenible de la diversidad biológica marina de las zonas situadas fuera de la jurisdicción nacional*, A/RES/72/249, de 19 de enero de 2018, párr. 1.

Precisamente, el 19 de junio de 2023, en la última continuación del quinto perío-do de sesiones, la conferencia adoptó por consenso el Acuerdo BBNJ[239]. Conforme a lo dispuesto por ese instrumento internacional, estará abierto a la firma de todos los Estados y las organizaciones regionales de integración económica a partir del 20 de septiembre de 2023 hasta el 20 de septiembre de 2025, en la sede de las Naciones Unidas en Nueva York[240]. Requiere el depósito de sesenta instrumentos de ratifica-ción, aprobación, aceptación o adhesión para su entrada en vigor[241].

El Acuerdo BBNJ comprende, entre sus aspectos sustantivos, los cuatro ele-mentos del denominado «paquete de 2011», es decir, los temas identificados ese año por el Grupo de Trabajo Especial para abordar, «conjuntamente y como un todo», la conservación y uso sostenible de la biodiversidad marina en zonas fuera de la ju-risdicción nacional: a) los recursos genéticos marinos, incluidas cuestiones relativas a la participación en los beneficios; b) las medidas como los mecanismos de gestión basados en áreas, incluidas las AMP; c) las evaluaciones de impacto ambiental; y d) la creación de capacidad y transferencia de tecnología marina[242].

El Acuerdo BBNJ tiene por objetivo asegurar la conservación y el uso sostenible de la biodiversidad marina ubicada en las zonas situadas fuera de la jurisdicción na-cional, «en el presente y a largo plazo», mediante la implementación efectiva de las disposiciones relevantes de la CONVEMAR y una mayor cooperación y coordinación internacionales[243]. Asimismo, reconociendo la necesidad de un enfoque integrado en la gestión de los mares y océanos, el ámbito de aplicación de este acuerdo incluye no solamente la alta mar, sino también la Zona[244], espacios marinos que corresponden a las zonas situadas fuera de la jurisdicción nacional y que representan las dos terce-ras partes de los océanos del mundo. Por ello, en opinión del autor, resulta imprecisa la denominación de «tratado de alta mar», utilizada con frecuencia en círculos políti-cos, diplomáticos, periodísticos y académicos; toda vez que esta denominación solo recoge parcialmente la razón esencial de este importante instrumento internacional.

El Acuerdo BBNJ simboliza mucho más que un tercer acuerdo de implementa-ción en el marco de la CONVEMAR. Aunque aún es prematuro evaluar su eficacia,

---

[239]   *Vid.*: NACIONES UNIDAS, Asamblea General, *Carta de fecha 30 de junio de 2023 dirigida a la Presidencia de la Asamblea General por la Presidenta de la conferencia intergubernamental sobre un instrumento internacional jurídicamente vinculante en el marco de la Convención de las Naciones Unidas sobre el Derecho del Mar relativo a la conservación y el uso sostenible de la diversidad biológica marina de las zonas situadas fuera de la jurisdicción nacional*, A/77/945, de 30 de junio de 2023, pp. 1-3.

[240]   Acuerdo BBNJ, art. 65.

[241]   *Ibid.*, art. 68.

[242]   NACIONES UNIDAS, Asamblea General, *Carta de fecha 30 de junio de 2011 dirigida al Presidente de la Asamblea General por los Copresidentes del Grupo de Trabajo especial oficioso de composición abierta*, A/66/119, de 30 de junio de 2011, anexo, párr. 1.a.

[243]   Acuerdo BBNJ, art. 2.

[244]   *Ibid.*, art. 3.

de lograrse una implementación efectiva de sus disposiciones, este tratado podría establecer nuevas reglas para la gobernanza oceánica en un escenario de crisis ecológica global marcado por la entrada de la humanidad en el Antropoceno, la nueva era geológica en la que el ser humano ejerce una fuerza poderosa capaz de alterar el funcionamiento de nuestro planeta[245]. Sin embargo, provoca sorpresa que el Acuerdo BBNJ no haya considerado, entre otras cosas, la sobrepresca como una de las principales causas de la pérdida de biodiversidad marina a nivel mundial. El tratado, por tanto, no hace referencia ni a esta grave amenaza para los océanos ni a los problemas asociados a ella (por ejemplo, la pesca INDNR).

En lo que concierne a los aspectos institucionales del Acuerdo BBNJ, será interesante observar la puesta en marcha de la COP, órgano que tendrá entre sus funciones la adopción de decisiones y recomendaciones relacionadas con los cuatro temas sustantivos de ese acuerdo internacional, y la cooperación y coordinación con otros instrumentos, marcos jurídicos e instituciones pertinentes para promover la coherencia de las actividades orientadas a la conservación y uso sostenible de la biodiversidad marina en zonas fuera de la jurisdicción nacional[246]. En particular, la labor que podría desplegar la COP favorecería la aplicación del enfoque ecosistémico, entendido como un esquema que busca incluir la estructura, procesos, funciones e interacciones esenciales entre los organismos y su entorno. De esta manera, el enfoque ecosistémico, mediante la implementación de metodologías científicas, persigue reemplazar las estrategias sectoriales y fragmentadas, tan arraigadas en los procesos de elaboración e implementación de normas de derecho ambiental a nivel nacional, regional e internacional[247]. Quedará por determinar cuál será el rol específico que podría cumplir este planteamiento —mencionado en el Acuerdo BBNJ como uno de los principios y enfoques que contribuirán a lograr sus objetivos[248]— en la futura gestión ordenada de la biodiversidad marina.

En otro orden de ideas, aunque el Acuerdo BBNJ no impone —expresamente— limitaciones a la libertad de pesca en la alta mar, podría condicionar significativamente el modo en que esta actividad se lleve a cabo en el futuro. En primer lugar, la incorporación de procedimientos específicos para establecer mecanismos de gestión basados en áreas, incluidas las AMP[249], tendría el potencial de cerrar amplias zonas de la alta mar al ejercicio de actividades extractivas. Sobre la importancia de utilizar instrumentos de ordenación de los recursos naturales como las AMP para, de un lado,

---

[245]   *Vid.*: Kotzé, Louis J., «Earth System Law for the Anthropocene», *Sustainability*, vol. 11, 2019, n.º 23, pp. 1-9.

[246]   Acuerdo BBNJ, art. 47.6.

[247]   Wagenaar, Tanya, «A principled approach for BBNJ: An idea whose time has come», *RECIEL*, vol. 31, 2022, n.º 3, p. 407.

[248]   Acuerdo BBNJ, art. 7.f.

[249]   *Vid.*: *supra*, cap. 4.4.1.

proteger la biodiversidad marina y, de otro, ofrecer a la población los beneficios derivados de ello, el informe de la FAO sobre el estado mundial de la pesca y la acuicultura de 2022 ha resaltado que:

> La necesidad de incorporar medidas eficaces de conservación marina en estrategias de gestión de los océanos más integrales y sinérgicas es mayor que nunca, lo que hace que la conservación marina resulte fundamental en cualquier iniciativa de desarrollo sostenible. En particular, el establecimiento de [AMP] y otros instrumentos de ordenación basados en áreas ha recibido gran atención a nivel mundial por su capacidad de conservar la biodiversidad, restaurar la productividad de los océanos y fortalecer la seguridad alimentaria[250].

El establecimiento de medidas efectivas para armonizar los aspectos ecológicos, sociales, políticos y jurídicos de las AMP frente a los intereses pesqueros repercutirá satisfactoriamente en la medida en que se establezca un equilibrio entre las libertades tradicionales de la alta mar y la obligación general de protección y preservación del medio marino. Especialmente, como lo hemos mencionado en otro lugar, «los asuntos concernientes a las libertades de pesca y navegación tendrían que ser abordados dentro del marco funcional de las AMP con el fin de lograr un balance sostenible y evitar su ineficacia *ab initio*»[251].

La eventual entrada en vigor del Acuerdo BBNJ otorgaría el fundamento jurídico internacional necesario para el pleno reconocimiento de las AMP como mecanismo de gestión basado en áreas. A la vista de las disposiciones contempladas a ese efecto, el acuerdo impulsaría el desarrollo de mayor apoyo científico, una participación equitativa (en la que se contempla la participación de actores estatales y no estatales), la aplicación de los criterios indicativos para la determinación de los mecanismos de gestión basados en áreas y, quizás lo más importante, el diseño de redes de AMP, ecológicamente coherentes y bien conectadas, características especialmente beneficiosas para las especies altamente migratorias[252].

Respecto de la cuestión de los recursos genéticos marinos, incluida la participación justa y equitativa en los beneficios, el Acuerdo BBNJ excluye de su ámbito de aplicación la pesca regulada por las normas internacionales pertinentes, así como los peces y otros recursos marinos vivos capturados como parte de actividades pesqueras en zonas fuera de la jurisdicción nacional, salvo que esos peces u otros

---

[250]   FAO, *El estado mundial de la pesca y la acuicultura 2022...*, *op. cit.*, p. 202.
[251]   GUTIÉRREZ FIGUEROA, Francisco, «Áreas marinas protegidas en la alta mar...», *op. cit.*, p. 184.
[252]   GJERDE, Kristina M. *et al.*, «Getting beyond yes: fast-tracking implementation of the United Nations agreement for marine biodiversity beyond national jurisdiction», *npj Ocean Sustainability*, vol. 1, 2022, n.º 6, pp. 4-5.

recursos marinos vivos estén regulados en el régimen de recursos genético marinos del propio Acuerdo BBNJ[253].

Por último, las evaluaciones de impacto ambiental, entendidas como procesos para «detectar y evaluar los impactos potenciales de una actividad con miras a informar la toma de decisiones»[254], se conciben como una obligación para las partes del Acuerdo BBNJ, especialmente cuando un Estado determine que alguna de las actividades dentro de su jurisdicción pueda causar una contaminación considerable del medio marino de las zonas fuera de la jurisdicción nacional[255]. El umbral para realizar la evaluación de impacto ambiental es que la actividad proyectada pueda tener «más que un efecto mínimo o transitorio en el medio marino, o los efectos de la actividad sean desconocidos o poco conocidos»[256]. Como primer paso, el Estado realizará una verificación preliminar para evaluar si tiene «motivos razonables» para creer que la actividad proyectada pueda causar una contaminación considerable u ocasionar cambios importantes y perjudiciales en el medio marino[257]. De esta manera, el Acuerdo BBNJ, implícitamente, se refiere a la aplicación del criterio o enfoque precautorio, cuya definición —a propósito— se encuentra ausente en este tratado.

La incorporación de etapas y procedimientos detallados para que las partes implementen la obligación de realizar estudios de impacto ambiental en zonas fuera de la jurisdicción nacional podría reforzar las disposiciones contempladas en el Acuerdo de Nueva York de 1995, en particular las que se refieren a la aplicación del criterio o enfoque precautorio[258] y a la obligación de cooperar por conducto de las OROP[259]. En ese sentido, el desarrollo de futuras actividades pesqueras, con el potencial de tener más que un efecto mínimo o transitorio en el medio marino, se sujetará a las disposiciones relativas a la evaluación de impacto ambiental en el marco del Acuerdo BBNJ.

En suma, en lo que concierne a los cuatro elementos perteneciente al «paquete de 2011», el Acuerdo BBNJ contiene normas muy detalladas con miras a una futura implementación por parte de los Estados y las organizaciones internacionales relevantes (entre ellas las OROP), dentro del marco jurídico previsto por la CONVEMAR. El funcionamiento de órganos propios, incluida una secretaría, podría impulsar una mayor cooperación y coordinación internacionales para asegurar la conservación y uso sostenible de la biodiversidad marina en zonas fuera de la jurisdicción nacional, objetivo general del Acuerdo BBNJ. Aunque no planteada directamente en el texto del tratado, la libertad de pesca en la alta mar podría sufrir limitaciones notables,

---

[253]   Acuerdo BBNJ, art. 10.
[254]   *Ibid.*, art. 1.7.
[255]   *Ibid.*, art. 28.2.
[256]   *Ibid.*, art. 30.1.
[257]   *Id.*
[258]   Acuerdo de Nueva York de 1995, art. 6.
[259]   *Ibid.*, art. 10.

a juzgar, sobre todo, por el régimen jurídico previsto para los mecanismos de gestión basados en áreas y las evaluaciones de impacto ambiental.

Con el Acuerdo BBNJ finalmente adoptado, el desafío inmediato está representado por los esfuerzos de la comunidad internacional para priorizar su entrada en vigor, tarea que demandará un esfuerzo tremendo en el ámbito político.

CONCLUSIONES

El régimen jurídico de la pesca en la alta mar está conformado por un conjunto de principios y normas —positivas y consuetudinarias— asentadas a lo largo de un proceso de formación histórica en el que existe una tensión permanente entre la libertad de pesca y el interés de los Estados por administrar las pesquerías cercanas a sus espacios jurisdiccionales. En ese escenario se verifica que el régimen jurídico de la alta mar atraviesa una situación de transición hacia un régimen que implica cada vez mayores restricciones a la libertad tradicional de pesca, debido a la aparición de nuevos fenómenos e intereses en el derecho internacional contemporáneo. Asimismo, es válido concluir que el principio de libertad de pesca en la alta mar se encuentra sensiblemente limitado a causa del surgimiento de nuevas normas y prácticas estatales que buscan responder a nuevos desafíos para el derecho del mar.

Desde una perspectiva histórica, la idea de conservación de los recursos vivos marinos apenas surgió a mediados del siglo xx. Los avances científicos y tecnológicos propulsados desde ese entonces constituyeron un acontecimiento importante en la formación de un nuevo ordenamiento jurídico para los mares y océanos. Los métodos de pesca tradicionales, de tipo artesanal, mantuvieron la percepción de inagotabilidad de los recursos biológicos marinos. Sin embargo, un mayor conocimiento del funcionamiento de los ecosistemas permitió asumir como realidad innegable que los recursos vivos son agotables y que su conservación requería urgente atención por parte, principalmente, de los Estados ribereños.

En conexión con lo anterior, el interés de los Estados ribereños por adoptar medidas para ampliar sus competencias sobre espacios adyacentes a sus ámbitos de soberanía territorial surgió cuando se hizo evidente la necesidad de proteger los recursos naturales, ya sean biológicos o no vivos. En el caso de los primeros, algunos de ellos estaban ya al borde la extinción, en el caso de los segundos, se descubrió su importancia como fuente de energía. Debido a ello aparecieron nuevas nociones, como la del interés especial del Estado ribereño en la pesca en la alta mar y la formación del régimen jurídico de la plataforma continental, respectivamente.

El nacimiento de un nuevo espacio marino en el derecho del mar, la ZEE, marcó un punto de inflexión en la coexistencia entre el mar territorial y la alta mar. Fueron particularmente los intereses económicos, junto a la necesidad de conservar y aprovechar los recursos naturales en beneficio de sus poblaciones, los que impulsaron la creación de dicho espacio marino con el fin de garantizar a los Estados ribereños derechos soberanos sobre esos recursos. Por lo tanto, con la CONVEMAR el significado del principio de la libertad de los mares es distinto al de las convenciones de Ginebra de 1958 por causa de, principalmente, la aparición de la ZEE y la consiguiente reducción geográfica de la alta mar. En efecto, de acuerdo con aquel instrumento, la pesca en la alta mar no es una actividad absolutamente libre. Por un lado, los Estados están obligados a adoptar las medidas necesarias para la conservación de los recursos vivos de la alta mar por los buques que enarbolan su pabellón. Por otro lado, existe la obligación estatal de cooperación internacional en la conservación y gestión de tales recursos en la alta mar.

Por lo que se refiere al principio de cooperación internacional, este representa una de las bases fundamentales del derecho del mar contemporáneo en lo que respecta a la explotación, conservación y gestión de los recursos marinos en la alta mar. La obligación de cooperar constituye una forma de limitación a la tradicional libertad de pesca en la alta mar en favor de los intereses de la comunidad internacional en la conservación de los recursos vivos de la alta mar y la protección del medio marino. Por ello, el rol que juegan los Estados en el contexto de la cooperación internacional es de suma importancia en la medida en que se trata del núcleo del régimen de conservación y administración de los recursos vivos en la alta mar establecido por la CONVEMAR, premisa que es aún más concreta en el Acuerdo de Nueva York de 1995, al privilegiar la cooperación institucionalizada.

Definitivamente, el Acuerdo de Nueva York de 1995 representa un esfuerzo por alcanzar el aprovechamiento sostenible de los recursos pesqueros en la alta mar, específicamente de las poblaciones de peces transzonales y poblaciones de peces altamente migratorios. Sin embargo, a diferencia de la CONVEMAR, hace efectiva la obligación de cooperar a través de la cooperación institucionalizada y refuerza el papel protagónico de las organizaciones internacionales de ordenación pesquera en la administración de los recursos vivos de la alta mar.

El criterio de unidad biológica de los recursos marinos, recogido por el Acuerdo de Nueva York de 1995, introduce nuevas limitaciones a la libertad de pesca en la alta mar, pues demanda abordar de manera sistemática la compleja realidad de las especies transzonales y las especies altamente migratorias, sobre todo en lo que se refiere a armonizar los intereses de los diversos actores involucrados en el aprovechamiento de los recursos vivos, tanto dentro como fuera de las zonas de jurisdicción nacional. Por su parte, el criterio o enfoque precautorio, incorporado también en dicho acuerdo, constituye otra limitación (provisional) a la libertad de pesca en la alta mar con respecto a la conservación, ordenación y explotación de las especies transzonales y altamente migratorias cuando no exista información cierta, fiable o adecuada acerca de los efectos de las actividades antropogénicas sobre el medio marino.

Forzosamente, la fragmentación jurídica de los océanos exige intensificar la cooperación internacional entre los Estados con el fin de asegurar la adecuada conservación de los recursos vivos que traspasan los distintos espacios marinos creados por el derecho del mar. Es el caso de las especies altamente migratorias, las especies transzonales, las especies anádromas, las especies catádromas y los mamíferos marinos, cuyos ciclos de vida transcurren sin distinguir fronteras.

En suma, la obligación de cooperación internacional en la conservación de los recursos vivos de la alta mar implica la progresiva sustitución de la irrestricta libertad del uso de los mares y océanos en favor de la salvaguarda de los intereses de la comunidad internacional. Por ello, el actual régimen jurídico de la pesca en la alta mar ha incorporado la concienciación de la agotabilidad de los recursos pesqueros y, en ese sentido, promueve la idea de pesca sostenible a través de limitaciones a la libertad individual de los Estados.

Si bien existe una mayor preocupación de la comunidad internacional por lograr el aprovechamiento sostenible de los recursos naturales del medio marino, aún no es posible afirmar la internacionalización de la alta mar y sus recursos como en el caso del régimen jurídico de la Zona. En cualquier caso, en el derecho internacional contemporáneo la alta mar mantiene la condición de *res communis omnium*, caracterizada por ser inapropiable y por pertenecer a todos por igual (incluyendo sus recursos) aunque con una tendencia hacia la internacionalización en lo que respecta a la libertad de pesca. Ello se manifiesta en el interés de la comunidad internacional por lograr una gestión integral y colectiva de conservación y administración de los recursos pesqueros en beneficio de los usuarios presentes y futuros de los mares y océanos.

De igual manera, la tendencia de algunos Estados de extender la jurisdicción sobre los recursos marinos vivos en la zona de alta mar adyacente a sus ZEE constituye actualmente un escenario de enfrentamiento político-jurídico entre los Estados ribereños y los Estados de pesca a distancia en donde se aprecia la tensión continua entre el pretendido interés especial del Estado ribereño y el interés general de la comunidad internacional. Es decir, el unilateralismo nacional contra la cooperación interestatal en la alta mar.

Cabe indicar que el derecho del mar contemporáneo no reconoce el interés especial de los Estados ribereños en la conservación y administración de los recursos vivos en la alta mar, a diferencia del régimen jurídico establecido en la Convención de Ginebra sobre Pesca y Conservación de los Recursos Vivos de la Alta Mar. La consolidación de la ZEE vino a sustituir ese interés especial por una mayor extensión de la jurisdicción del Estado ribereño sobre los recursos naturales hasta una distancia de 200 millas marinas. En general, bajo el régimen jurídico de la CONVEMAR, los intereses y derechos de los Estados ribereños no tienen prelación respecto de los de cualquier otro Estado con interés en explotar los recursos pesqueros en la alta mar. Con ello se refuerza el principio de prohibición del sometimiento de la alta mar a la soberanía nacional, consagrado como norma consuetudinaria y convencional.

Con el reconocimiento de la obligación de cooperación en la conservación y administración de los recursos vivos de la alta mar en el ordenamiento jurídico internacional contemporáneo, se debe entender que la responsabilidad de la pesca en ese espacio marino corresponde no solo a los Estados ribereños o a los Estados de pesca a distancia, sino a todos por igual, en la búsqueda de un equilibrio entre el uso racional y sostenible de los recursos naturales, por un lado, y la ordenación eficiente, por otro.

Así pues, la cooperación internacional es esencial para detener el avance de dos fenómenos recurrentes en el derecho internacional contemporáneo: la jurisdicción rampante de los Estados ribereños y la pesca INDNR. Solo mediante la cooperación es posible lograr el equilibrio entre los intereses colectivos en la conservación de los recursos marinos vivos (incluyendo la protección y preservación del medio marino); y los intereses individuales de los Estados (ribereños y de pesca a distancia) con relación a la pesca en la alta mar.

En esa misma línea, las OROP desempeñan un papel sumamente relevante en la ordenación jurídica de los recursos vivos de la alta mar y podrían contribuir —siempre que estén dotadas de poderes de gestión efectivos y no contravengan el derecho internacional vigente— a la ordenación eficaz y desarrollo sostenible de la pesca, ya que estas organizaciones representan instrumentos de la cooperación internacional institucionalizada en el derecho del mar contemporáneo. Ciertamente, las OROP constituyen mecanismos de autorregulación de la actividad pesquera en la alta mar y reflejan la armonización de las conductas individuales de los Estados para conseguir el rendimiento sostenible de los recursos pesqueros dentro de un esquema de cooperación multilateral. A este respecto, las OROP también actúan como foros de discusión entre los Estados para contribuir a resolver las dificultades que genera la conservación y ordenación racional de los recursos pesqueros en la alta mar, dentro del marco previsto por la CONVEMAR.

Una de esas dificultades tiene que ver con la pesca INDNR, la cual constituye una importante amenaza a la eficacia de las medidas de conservación de los recursos vivos marinos adoptadas en zonas dentro y fuera de la jurisdicción nacional, pues pone en peligro la gestión sostenible de la pesca y la protección de los ecosistemas marinos. En ese sentido, consideramos desafortunado que el Acuerdo BBNJ haya omitido alguna referencia a la sobrepesca y a la pesca INDNR como causas principales de la pérdida de la biodiversidad marina a nivel mundial.

La expansión de la pesca INDNR se sustenta en los pabellones de conveniencia, práctica que no permite ejercer un mínimo control sobre las actividades de los buques que enarbolan el pabellón de ciertos Estados. En cuanto a la pesca INDNR en la alta mar, es necesario que los Estados del pabellón se aseguren de que sus barcos respeten las regulaciones de conservación de los recursos pesqueros adoptadas en el marco de la cooperación internacional institucionalizada. Por ende, un enfoque amplio e integral es esencial en la estrategia de las OROP para afrontar este grave problema que afecta a las pesquerías alrededor del mundo. Al respecto, es probable que la búsqueda de soluciones frente a la amenaza de la pesca INDNR imponga mayores restricciones a la libertad de pesca en la alta mar en el futuro como, por ejemplo, la aplicación de medidas de conservación de las OROP a Estados que no son miembros de estas organizaciones internacionales.

En conexión con lo anterior, aunque las AMP significan un adelanto en el manejo integrado de los ecosistemas marinos —y una herramienta esencial para contribuir a la conservación y uso sostenible de la biodiversidad marina en la alta mar—, aún no existe una base jurídica internacional en vigor que fundamente su creación en zonas fuera de la jurisdicción nacional. Ello dificulta su aceptación general entre los Estados, particularmente entre aquellos con intereses pesqueros o de navegación en las zonas donde se han establecido ciertas AMP, por lo que es indispensable evaluar si estas áreas protegidas son compatibles con el principio de la libertad de los mares. La eventual entrada en vigor del Acuerdo BBNJ, además de otorgar esa base jurídica que se requiere para el pleno y legítimo funcionamiento de las AMP en la alta mar, podría dar lugar a mayores restricciones a las libertades tradicionales en ese espacio marino, incluida la libertad de pesca.

Finalmente, en cuanto a la identificación de algunos vacíos normativos del derecho del mar de cara al régimen de pesca en la alta mar, se puede concluir que la CONVEMAR, aparte de la determinación del total admisible de capturas, no menciona otras medidas de conservación de los recursos vivos. Este vacío normativo puede ser cubierto sobre la base de los criterios establecidos en dicho instrumento internacional, el Acuerdo de Nueva York de 1995, y la práctica que los Estados llevan a cabo en el marco de las OROP. El régimen previsto en el Acuerdo BBNJ, una vez en vigor, también podría contribuir a la gestión ordenada de los recursos marinos, especialmente en los aspectos relativos al establecimiento de mecanismos de gestión basados en áreas y a las evaluaciones de impacto ambiental.

Asimismo, los distintos regímenes especiales de conservación y administración de especies marinas en la CONVEMAR y en el Acuerdo de Nueva York de 1995 no consideran dos grupos con características muy particulares: las especies discretas de la alta mar y las especies sedentarias ubicadas en la Zona. En el interés de la comunidad internacional por conservar y aprovechar de manera sostenible los recursos marinos en las zonas fuera de la jurisdicción nacional, será imprescindible la elaboración de instrumentos jurídicos vinculantes que cubran este actual vacío normativo.

Por otro lado, los límites del criterio o enfoque precautorio no se encuentran completamente definidos en el derecho internacional contemporáneo y el derecho del mar no es la excepción. Si bien el Acuerdo de Nueva York de 1995 considera los lineamientos para la puesta en práctica de dicho criterio o enfoque, no acierta en proporcionar una definición. Lamentablemente, el Acuerdo BBNJ se orienta en la misma línea. Esta circunstancia es el reflejo del actual proceso de formación de dicha noción.

De igual forma, la pesca INDNR, entendida como una actividad contraria a los esfuerzos por lograr pesquerías sostenibles en el ámbito marino, aún no ha sido abordada de manera sistemática en instrumentos jurídicos vinculantes. Si bien el Acuerdo MERP constituye un paso importante en la materia, es necesario un enfoque más amplio y coordinado que involucre medidas eficaces contra la pesca INDNR a nivel mundial.

REFERENCIAS BIBLIOGRÁFICAS

DOCTRINA (en orden alfabético)

ACCIOLY, Hildebrando, *Tratado de Derecho Internacional Público*, tomo I, Azcárraga, José Luis de (trad.), Madrid, Instituto de Estudios Políticos, 1958.

AGÜERO COLUNGA, Marisol, *Consideraciones para la delimitación marítima del Perú*, Lima, Fondo Editorial del Congreso del Perú, 2001.

AGNEW, David J.; y BARNES, Colin T., «Economic Aspects and Drivers of IUU Fishing: Building a Framework», en OCDE, *Fish Piracy. Combating Illegal, Unreported and Unregulated Fishing*, París, OCDE, 2004.

ARROYO MARTÍNEZ, Ignacio, *Compendio de Derecho Marítimo*, 4.ª ed., Madrid, Tecnos, 2012.

AUST, Anthony, *Handbook of International Law*, 2ª ed., Cambridge, Cambridge University Press, 2010.

AZCÁRRAGA, José Luis de, *Derecho Internacional Marítimo*, Barcelona, Ariel, 1970.

BADENES CASINO, Margarita, *La Crisis de la Libertad de Pesca en Alta Mar*, Madrid, McGraw-Hill, 1997.

BAIRD, Rachel, *Aspects of Illegal, Unreported and Unregulated Fishing in the Southern Ocean*, Dordrecht, Springer, 2006.

BÁKULA, Juan Miguel, *El Dominio Marítimo del Perú*, Lima, Fundación M. J. Bustamante de la Fuente, 1985.

— *La imaginación creadora y el nuevo régimen del mar. Perú y Chile: ¿el desacuerdo es posible?*, Lima, Universidad del Pacífico, 2008.

BALTON, David A., «Global Review of Illegal, Unreported and Unregulated Fishing Issues: What's the Problem?», en OCDE (ed.), *Fish Piracy. Combating Illegal, Unreported and Unregulated Fishing*, París, OCDE, 2004.

BAN, Ki-Moon, «Foreword», en *United Nations Convention on the Law of the Sea at 30: Reflections*, NACIONES UNIDAS (ed.), Nueva York, Naciones Unidas, 2013.

BASLAR, Kemal, *The Concept of the Common Heritage of Mankind in International Law*, La Haya, Martinus Nijhoff, 1998.

BROGGIATO, Arianna, *Il Regime Giuridico delle Risorse Genetiche delle Aree Marine al di là della Giurisdizione Nazionale*, Tesis de Doctorado en Derecho Internacional, Milán, Universidad de Estudios de Milán, 2009.

BROOKS, Cassandra M. *et al.*, «The Ross Sea, Antarctica: A highly protected MPA in international waters», *Marine Policy*, vol. 134, 2021, n.º 104 795.

CASADO RAIGÓN, Rafael, *La pesca en alta mar*, Sevilla, Junta de Andalucía. Consejería de Agricultura y Pesca, 1994.

— «El Acuerdo de Nueva York sobre especies transzonales y altamente migratorias», en *Cuadernos de Derecho Pesquero. Número 2*, SOBRINO HEREDIA, José Manuel (dir.), La Coruña, Fundación Pedro Barrié de la Maza, 2003.

— «Nuevas tendencias en materia de conservación de los recursos marinos vivos», en *Mares y Océanos en un mundo en cambio: Tendencias jurídicas, actores y factores*, SOBRINO HEREDIA, José Manuel (coord.), Valencia, Tirant lo Blanch, 2007.

— *Derecho Internacional*, 2.ª ed., Madrid, Tecnos, 2014.

CASANOVAS Y LA ROSA, Oriol, «Aproximación a una teoría de los regímenes en Derecho Internacional Público», en *Unidad y*

Pluralismo en el Derecho Internacional Público y en la Comunidad Internacional, RODRIGO, Ángel J.; y GARCÍA, Caterina (eds.), Madrid, Tecnos, 2011.

CASSESE, Antonio, *International Law*, 2.ª ed, Oxford, Oxford University Press, 2005.

CASTAÑEDA DELGADO, Paulino, *La Teocracia Pontifical en las Controversias sobre el Nuevo Mundo*, México, D. F., Universidad Nacional Autónoma de México, 1996.

CHURCHILL, Robin R.; y LOWE, Alan V., *The Law of the Sea*, 3.ª ed., Manchester, Manchester University Press, 1999.

CRAWFORD, James, *Brownlie's Principles of Public International Law*, 8.ª ed., Oxford, Oxford University Press, 2012.

CONTRERAS, Sebastián, «Derecho natural, derecho de gentes y libertad de los mares en Fernando Vázquez de Menchaca», *Revista Colombiana de Derecho Internacional*, vol. 12, 2014, n.º 24.

CONNOLLY, Kim D., «Marine Protected Areas», en *Ocean and Coastal Law and Policy*, 2.ª ed., BAUR, Donald C. *et al.* (eds.), Chicago, American Bar Association Publishing, 2015.

DAVENPORT, Frances Gardiner (ed.), *European Treaties bearing on the History of the United States and its Dependencies to 1648*, Clark, The Lawbook Exchange, 2004 [1917].

DE SOMBRE, Elizabeth R.; y BARKIN, J. Samuel, *Fish*, Cambridge, Polity Press, 2011.

DE SOUZA PATU, Georgia Nogueira, *Scope and Evolution of Ocean Governance: Improving cross-sectoral Management by the adoptions of Principles of International Law*, Tesis de Doctorado, Wollongong, Universidad de Wollongong, Australian National Centre for Ocean Resources and Security, 2011.

DIEZ DE VELASCO, Manuel, *Instituciones de Derecho Internacional Público*, 17.ª ed., Madrid, Tecnos, 2009.

DUPUY, RENÉ-JEAN, «The Sea Under National Competence», en *A Handbook on the New Law of the Sea*, tomo I, DUPUY, René-Jean; y VIGNES, Daniel (eds.), Leiden-Boston, Académie de Droit International, 1991.

FAHL, Gundolf, *El principio de la libertad de los mares: Práctica de los Estados de 1493 a 1648*, Schilling Thon, Dora (trad.), Madrid, Instituto de Estudios Políticos, 1974.

FERRERO COSTA, Eduardo, *El nuevo derecho del mar: El Perú y las 200 millas*, Lima, Pontificia Universidad Católica del Perú, 1979.

FERRERO REBAGLIATI, Raúl, *Derecho Internacional*, tomo I, Lima, s/e, 1966.

FRANCKX, Erik, «*Pacta Tertiis* and the Agreement for the Implementation of the Provisions of the United Nations Convention on the Law of the Sea of 10 December 1982 relating to the Conservation and Management of Straddling Fish Stocks and Highly Migratory Fish Stocks», FAO Legal Papers Online, 2000, n.º 8. Recuperado de http://www.fao.org/fileadmin/user_upload/legal/docs/lpo8.pdf.

FULTON, Thomas Wemyss, *The Sovereignty of the Sea*, Edimburgo-Londres, William Blackwood & Sons, 1911.

GALIANI, Ferdinando, *De' doveri de' principi neutrali verso i principi guerreggianti, e di questi verso i neutrali: Libri due*, Nápoles, s/e, 1782.

GALLEGO COSME, Mario J., «Situación actual de Aruba, Curaçao y Sint Maarten tras la disolución de las Antillas Holandesas», *Comillas Journal of International Relations*, 2022, n.º 23, pp. 54-67.

GARCÍA ARIAS, Luis, «Estudio Preliminar», en *De la Libertad de los Mares*, Grocio, Hugo; Blanco García, Vicente; y García Arias, Luis (trads.), Madrid, Centro de Estudios Constitucionales, 1979.

GARCÍA ROBLES, Alfonso, *La Anchura del Mar Territorial*, México D. F., El Colegio de México, 1966.

GARCÍA SAYÁN, Enrique, *Derecho del Mar: Las 200 millas y la posición peruana*, Lima, s/e, 1985.

GJERDE, Kristina M. *et al.*, «Getting beyond yes: fast-tracking implementation of the United Nations agreement for marine biodiversity beyond national jurisdiction», *npj Ocean Sustainability*, vol. 1, 2022, n.º 6.

GROCIO, Hugo, *De la Libertad de los Mares*, Blanco García, Vicente; y García Arias, Luis (trads.), Madrid, Centro de Estudios Constitucionales, 1979.

— «Defense of Chapter V of the *Mare Liberum*», Hakluyt, Richard (trad.), en *The Free Seas: Hugo Grotius*, ARMITAGE, David (ed.), Indianapolis, Liberty Fund, 2004.

GONZÁLEZ GIMÉNEZ, Jesús, «La evolución del Derecho del Mar desde el punto de vista de un mar semicerrado como el Mediterráneo», *Revista Electrónica de Estudios Internacionales*, 2007, n.º 14. Recuperado de http://www.reei.org/index.php/revista/num14/articulos/evolucion-derecho-mar-desde-punto-vista-mar-semicerrado-como-mediterraneo.

GUTIÉRREZ ESPADA, Cesáreo, «Desventuras contemporánea de la libertad de pesca en alta mar», *Anales de Derecho. Universidad de Murcia*, 1999, n.º 17.

GUTIÉRREZ ESPADA, Cesáreo; y CERVELL HORTAL, María José, *El Derecho Internacional en la encrucijada: Curso general de Derecho Internacional Público*, 2.ª ed., Madrid, Trotta, 2008.

GUTIÉRREZ FIGUEROA, Francisco, «Principio de Patrimonio Común de la Humanidad en la Zona Internacional de los Fondos Marinos», *Ius Inter Gentes. Revista de Derecho Internacional*, vol. 7, 2010, n.º 7.

— «La construcción de un régimen especial para los recursos genéticos marinos en zonas fuera de la jurisdicción nacional», *Política Internacional*, 2014, n.º 112.

— «Áreas marinas protegidas en la alta mar: perspectivas y desafíos en el contexto del derecho internacional», *Agenda Internacional*, vol. 24, 2017, n.º 35.

HEDLEY, Chris; MOLENAAR, Erik J.; y OUDE ELFERINK, Alex G., *The Implications of the UN Fish Stocks Agreement (New York, 1995) for Regional Fisheries Organisations and International Fisheries Management*, European Parliament Working Paper (Fish 112 EN), Luxemburgo, Parlamento Europeo, 2003.

HOSCH, Gilles *et al.*, «IUU safe havens or PSMA ports: A global assessment of port State performance and risk», *Marine Policy*, vol. 155, 2023.

HOYT, Erich, *Marine Protected Areas for Whales, Dolphins and Porpoises: A World Handbook for Cetacean Habitat Conservation and Planning*, 2.ª ed., Abingdon-Nueva York, Earthscan, 2011.

IGLESIAS BERLANGA, Marta, *La regulación jurídica de los recursos vivos de la alta mar: Especial referencia a los intereses españoles*, Madrid, Dilex, 2003.

JORGE URBINA, Julio, «Conservación de los recursos vivos marinos y la lucha contra la pesca ilegal, no declarada y no reglamentada en el océano Antártico», en *Protección de Intereses Colectivos en el Derecho del Mar y Cooperación Internacional*, JORGE URBINA, Julio; y PONTE IGLESIAS, M. Teresa (coords.), Madrid, Iustel, 2012.

KOH, Tommy T. B., «Una Constitución para los Océanos», en *El Derecho del Mar: Texto Oficial de la Convención de las Naciones Unidas sobre el Derecho del Mar*, Naciones Unidas, Nueva York, Naciones Unidas, 1984.

KOTZÉ, Louis J., «Earth System Law for the Anthropocene», *Sustainability*, vol. 11, 2019, n.º 23.

KRASNER, Stephen, «Structural causes and regime consequences: regimes as intervening variables», en *International Regimes*, KRASNER, Stephen (ed.), Ithaca, Cornell University Press, 1983.

KWIATKOWSKA, Barbara, *The 200 mile Exclusive Economic Zone in the New Law of the Sea*, Dordrecht, Martinus Nijhoff, 1989.

LARSCHAN, Bradley; y BRENNAN, Bonnie C., «Common Heritage of Mankind Principle in International Law», *Columbia Journal of Transnational Law*, vol. 21, 1983, n.º 2.

LLANOS MANSILLA, Hugo, *La creación del Nuevo Derecho del Mar: El Aporte de Chile*, Santiago, Editorial Jurídica de Chile, 1991.

LUCCHINI, Laurent, «La loi canadienne du 12 mai 1994 : la logique extrême de la théorie du droit préférentiel de l'Etat côtier en haute mer au titre des stocks chevauchants», *Annuaire Français de Droit International*, 1994, n.º 40.

MALANCZUK, Peter, *Akehurst's Modern Introduction to International Law*, 7.ª ed., Londres-Nueva York, Routledge, 1997.

MANTECA VALDELANDE, Víctor, «Organizaciones Pesqueras Internacionales», en *Cuadernos de Derecho Pesquero. Número 1*, SOBRINO HEREDIA, José Manuel (dir.), La Coruña, Fundación Pedro Barrié de la Maza, 2000.

MARTÍNEZ BUSCH, Jorge, «Ocupación efectiva de nuestro mar. La gran tarea de esta generación», *Revista de Marina*, 1990, n.º 3.

— *Oceanopolítica: una alternativa para el desarrollo*, Santiago de Chile, Andrés Bello, 1993.

MESEGUER SÁNCHEZ, José Luis, *Los Espacios Marítimos en el Nuevo Derecho del Mar*, Madrid, Marcial Pons, 1999.

— *Derecho Internacional de los Ecosistemas Marinos*, Madrid, Reus, 2011.

MINGRAM LÓPEZ, Fernando, «Chile País Marítimo: AGS "Cabo de Hornos" reimpulsa la investigación científica», *Revista de Marina*, 2013, n.º 6.

MORENO GARCÍA, Julia, «España y la Conferencia antiesclavista de Bruselas, 1889-1890», *Cuadernos de Historia Moderna y Contemporánea*, 1982, n.º 3.

MUSTO, Callum; y PAPASTAVRIDIS, Efthymios, «Tackling Illegal, Unreported and Unregulated Fishing through Port State Measures», *Melbourne Journal of International Law*, vol. 22, 2021, n.º 2.

NAVARRETE, Adolfo, *Manual de Ictiología Marina*, Valladolid, Maxtor, 2014 [1898].

NOVAK TALAVERA, Fabián, «Antecedentes Históricos del Nuevo Derecho del Mar», en *Derecho del Mar: Análisis de la Convención de 1982*, NAMIHAS, Sandra (ed.), Lima, Pontificia Universidad Católica del Perú, 2001.

OCDE, *Why Fish Piracy Persists: The Economics of Illegal, Unreported and Unregulated Fishing*, París, OCDE, 2005.

ODA, Shigeru, *Fifty Years of the Law of the Sea: With a Special Section on the International Courts of Justice*, La Haya, Martinus Nijhoff, 2003.

O'LEARY, Beth C. *et al.*, «The first network of marine protected areas (MPAs) in the high seas: The process, the challenges and where next», *Marine Policy*, vol. 36, 2012, n.º 3.

ORREGO VICUÑA, Francisco, *Chile y el Derecho del Mar*, Santiago de Chile, Andrés Bello, 1972.

— *La Zona Económica Exclusiva: Régimen y Naturaleza Jurídica en el Derecho Internacional*, Santiago, Editorial Jurídica de Chile, 1991.

— «La aplicación de la Convención de las Naciones Unidas sobre el Derecho del Mar en el derecho y la práctica de América Latina», *Cursos de Derecho Internacional de Vitoria-Gasteiz*, 1994, n.º 1.

— «Coastal States' Competences over High Seas Fisheries and the Changing Role of International Law», *Heidelberg Journal of International Law*, vol. 55, 1995, n.º 1.

ORREGO VICUÑA, Francisco, *The Changing International Law of High Seas Fisheries*, Cambridge, Cambridge University Press, 1999.

OUDE ELFERINK, Alex G., «Governance Principles for Areas beyond National Jurisdiction», *The International Journal of Marine and Coastal Law*, vol. 27, 2012, n.º 1.

PALMA, Mary Ann; TSAMENYI, Martin; y EDESON, William, *Promoting Sustainable Fisheries: The International Legal and Policy Framework to Combat Illegal, Unreported and Unregulated Fishing*, Leiden, Martinus Nijhoff, 2010.

PASTOR RIDRUEJO, José Antonio, «Consideraciones sobre la III Conferencia de las Naciones Unidas sobre el Derecho del Mar», *Anuario de Derecho Internacional*, vol. 3, 1976, n.º 1.

— *Curso de Derecho Internacional Público y Organizaciones* Internacionales, 13.ª ed., Madrid, Tecnos, 2009.

— «El Derecho Internacional del Mar y su evolución incesante», en *La cooperación internacional en la ordenación de los mares y océanos*, PUEYO LOSA, Jorge; y JORGE URBINA, Julio (coords.), Madrid, Iustel, 2009.

PODESTÁ COSTA, Luis A., *Derecho Internacional Público*, tomo I, Buenos Aires, Tip. Argentina, 1955.

POULANTZAS, Nicholas M., *The Right of Hot Pursuit in International Law*, 2.ª ed., Leiden, Martinus Nijhoff, 2002.

PIAZZA, Cristina, *El derecho, las 200 millas y la Convención sobre el Derecho del Mar*, Lima, Sesator, 1985.

PUEYO LOSA, Jorge, «Derecho del Mar y libertad de pesca. Sobre las organizaciones regionales de ordenación pesquera y el Acuerdo de 1995», en *La cooperación internacional en la ordenación de los mares y océanos*, PUEYO LOSA, Jorge; y JORGE URBINA, Julio (coords.), Madrid, Iustel, 2009.

RAYFUSE, Rosemary Gail, *Non-Flag State Enforcement in High Seas Fisheries*, Leiden, Martinus Nijhoff, 2004.

RECUERDA, Miguel A., «Dangerous Interpretations of the Precautionary Principle and the Foundational Values of European Union Food Law: Risk versus Risk», *Journal of Food Law & Policy*, vol. 4, 2008, n.º 1.

REMIRO BROTÓNS, Antonio *et al.*, *Derecho Internacional*, Valencia, Tirant lo Blanch, 2007.

RENGIFO LOZANO, Antonio J., *International regime theory and the Law of the Sea: A study of fisheries on the high seas*, Bogotá, Universidad Nacional de Colombia, 2011.

RIQUELME, Antonio, *Elementos de Derecho Público Internacional*, tomo I, Madrid, Imprenta de D. Santiago Saunaque, 1849.

RIZZO ROMANO, Alfredo, *Manual de Derecho Internacional Público*, Buenos Aires, Plus Ultra, 1969.

RODRÍGUEZ CARRIÓN, Alejandro J., *Lecciones de Derecho Internacional Público*, 5.ª ed., Madrid, Tecnos, 2002.

ROTH, Luis Carlos, «Contribuciones al diseño de una nueva estrategia marítima para los Estados Unidos», en *Perspectivas sobre Estrategia Marítima. Ensayo de las Américas, la nueva estrategia marítima de EE UU y comentario sobre Una Estrategia Cooperativa para el Poder Naval en el siglo XXI*, TAYLOR, Paul D. (ed.), Newport, Naval War College Press, 2009.

ROTHWELL, Donald R.; Y STEPHENS, Tim, *The International Law of the Sea*, Oxford-Portland, Hart Publishing, 2010.

ROUSSEAU, Charles, *Derecho Internacional Público*, 3.ª ed., Giménez Artigues, Fernando (trad.), Barcelona, Ariel, 1966.

SÁNCHEZ RODRIGUEZ, Luis Ignacio, *Derecho Internacional y Crisis Internacionales*, Madrid, Iustel, 2005.

SAHOVIC, Milan y BISHOP, William W., JR., «Autoridad del Estado: su alcance en relación con las personas y lugares», en *Manual de Derecho Internacional Público*, SORENSEN, Max (ed.), Dotación Carnegie para la Paz Internacional (trad.), México, D. F., Fondo de Cultura Económica, 1973.

SCHIFFMAN, Howard S., «The Evolution of Fisheries Conservation and Management: A look at the new South Pacific Regional Fisheries Management Organization in Law and Policy», *Thomas M. Cooley Law Review*, vol. 28, 2011, n.º 22.

SCOTT, Karen N., «Conservation on the High Seas: Developing the Concept of the High Seas Marine Protected Areas», *The International Journal of Marine and Coastal Law*, vol. 27, 2012, n.º 4.

— «Marine Protected Areas in the Southern Ocean», *The Law of the Sea and the Polar Regions: Interactions between Global and Regional Regimes*, MOLENAAR, Erik J.; OUDE ELFERINK, Alex G.; y ROTHWELL, Donald R. (eds.), Leiden, Brill, 2013.

SCOVAZZI, Tullio, *Elementos de Derecho Internacional del Mar*, Bou Franch, Valentín (trad.), Madrid, Tecnos, 1995.

— «Marine Protected Areas on the High Seas: Some legal and Policy Considerations», *The International Journal of Marine and Coastal Law*, vol. 19, 2004, n.º 1.

— «The assumption that the United Nations Convention on the Law of the Sea is the legal framework for all activities taking place in the sea», en *Ocean Sustainability in the 21st Century*, ARICÒ, Salvatore (ed.), Cambridge, Cambridge University Press, 2015.

SHAW, Malcolm N., *International Law*, 7.ª ed., Cambridge, Cambridge University Press, 2014.

SILVA CHAU, Marisela, «Zonas Marítimas previstas en la Convención sobre el Derecho del Mar: El caso de la Alta Mar y la Zona Internacional de los Fondos Marinos. Convergencias y Divergencias», en *Derecho del Mar. Análisis de la Convención de 1982*, NAMIHAS, Sandra (ed.), Lima, Pontificia Universidad Católica del Perú, 2001.

SOBARZO, Alejandro, *Régimen Jurídico del Alta Mar*, México, D. F., Porrúa, 1970.

SOBRINO HEREDIA, José Manuel, «Nuevas tendencias en el Derecho del Mar», en *Cátedra Jorge Juan. Ciclo de Conferencias. Curso 1996-1997*, DÍAZ BLANCO, Ignacio José (dir.), La Coruña, Universidad de La Coruña, 1999.

— «La Progresiva Reducción del Principio de Libertad de Pesca», en *Cuadernos de Derecho Pesquero. Número 1*, SOBRINO HEREDIA, José Manuel (dir.), La Coruña, Fundación Pedro Barrié de la Maza, 2000.

— «El Régimen Jurídico de la Pesca en Alta Mar», en *Tendencias y Perspectivas Actuales del Derecho del Mar*, Cuadernos de la Escuela Diplomática, n.º 32, Madrid, Escuela Diplomática, 2007.

TAKEI, Yoshinobu, *Filling Regulatory Gaps in High Seas Fisheries: Discrete High Seas Fish Stocks, Deep-sea Fisheries and Vulnerable Marine Ecosystems*, Leiden, Martinus Nijhoff, 2013.

TANAKA, Yoshifumi, «Reflections on High Seas Marine Protected Areas: A Comparative Analysis of the Mediterranean and the North-East

Atlantic Models», *Nordic Journal of International Law*, vol. 81, 2012, n.º 3.

— *The International Law of the Sea*, 3.ª ed., Cambridge, Cambridge University Press, 2019.

TRIGO CHACÓN, Manuel, *Derecho Internacional Marítimo: La III Conferencia de las Naciones Unidas sobre el Derecho del Mar*, Madrid, Universidad Nacional de Educación a Distancia, 1996.

TRUYOL Y SERRA, Antonio, *Historia del Derecho Internacional Público*, García Picazo, Paloma (trad.), Madrid, Tecnos, 1998.

TUERK, Helmut, *Reflections on the Contemporary Law of the Sea*, Leiden-Boston, Martinus Nijhoff, 2012.

ULLOA, Alberto, *Derecho Internacional Público*, 4.ª ed., tomo I, Madrid, Ediciones Iberoamericanas, 1957.

— «El Régimen Jurídico del Mar», *Revista Peruana de Derecho Internacional*, tomo XVII, 1957, n.º 51.

— «Derecho del Mar», *Revista Peruana de Derecho Internacional*, tomo XVIII, 1958, n.º 54.

— «Discurso en el Debate General de la Comisión Plenaria de la II Conferencia de las Naciones Unidas sobre el Derecho del Mar», *Revista Peruana de Derecho Internacional*, tomo XX, 1961, n.ºˢ 57-58.

VATTEL, Emer de, *El Derecho de Gentes, ó Principios de la Ley Natural, aplicados á la conducta, y a los negocios de las naciones y de los soberanos*, tomo I, Pascual Hernández, Manuel María (trad.), Madrid, Imprenta de León Amarita, 1834 [1758].

VÁZQUEZ GÓMEZ, Eva María, *Las Organizaciones Internacionales de Ordenación Pesquera: La Cooperación para la Conservación y Gestión de los Recursos Vivos del Alta Mar*, Sevilla, Junta de Andalucía, Consejería de Agricultura y Pesca, 2002.

VITORIA, Francisco de, *Relecciones sobre los Indios y el Derecho de Guerra*, 3.ª ed., Madrid, Espasa-Calpe, 1975.

VERVLIET, Jeroen, «General Introduction», en *Hugo Grotius. Mare Liberum: 1609-2009*, FEENSTRA, Robert (ed.), Leiden-Boston, Brill, 2009.

VILLALOBOS URQUIAGA, Jorge, «El régimen de pesca en la Convención de las Naciones Unidas sobre el Derecho del Mar de 1982», en *Derecho del Mar: Análisis de la Convención de 1982*, NAMIHAS, Sandra (ed.), Lima, Pontificia Universidad Católica del Perú, 2001.

WAGENAAR, Tanya, «A principled approach for BBNJ: An idea whose time has come», *RECIEL*, vol. 31, 2022, n.º 3.

WARNER, Robin, *Protecting the Oceans Beyond National Jurisdiction: Strengthening the International Law Framework*, Leiden, Martinus Nijhoff, 2009.

WELWOOD, William, «Of the Community and Propriety of the Seas», Hakluyt, Richard (trad.), en *The Free Seas: Hugo Grotius*, ARMITAGE, David (ed.), Indianapolis, Liberty Fund, 2004.

YTURRIAGA, José Antonio de, «Fishing in the High Seas: from the 1982 UN Convention on the Law of the Sea to the 1995 Agreement on Straddling and Highly Migratory Fish Stocks», *African Yearbook of International Law*, vol. 3, 1995, n.º 1.

— Ámbitos de Jurisdicción en la Convención de las Naciones Unidas sobre el Derecho del Mar: *Una perspectiva española*, Madrid, Ministerio de Asuntos Exteriores, 1996.

— *The International Regime of Fisheries: From UNCLOS 1982 to the Presential Sea*, La Haya, Martinus Nijhoff, 1997.

ZACHARIAS, Mark, *Marine Policy: An introduction to governance and international law of the oceans*, Abingdon, Routledge, 2014.

DOCUMENTOS DE LAS NACIONES UNIDAS (en orden cronológico)

NACIONES UNIDAS, *Programa 21*, Conferencia de las Naciones Unidas sobre el Medio Ambiente y el Desarrollo, Río de Janeiro, 3-14 de junio de 1992.

— *The Work of the International Law Commission*, 8.ª ed., vol. I, Nueva York, Naciones Unidas, 2002.

— *Statement by the Secretary-General at the Intergovernmental Conference on an International Legally Binding Instrument under the United Nations Convention on the Law of the Sea on the Conservation and Sustainable Use of Marine Biological Diversity of Areas Beyond National Jurisdiction*, 19 de junio de 2023. Recuperado de https://www.un.org/bbnj/sites/www.un.org.bbnj/files/06-15-2023-final_bbnj_statement.pdf.

NACIONES UNIDAS, Asamblea General, *Anuario de la Comisión de Derecho Internacional (1956): Documentos correspondientes al octavo período de sesiones, incluso el informe de la Comisión a la Asamblea General*, Nueva York, Naciones Unidas, 1956.

— *Conferencia internacional de plenipotenciarios encargada de examinar el derecho del mar*, A/RES/1105(XI), de 21 de febrero de 1957.

— *Chile, Costa Rica, Ecuador and Peru: proposal*, A/CONF.13/C.3/L.41, de 27 de marzo de 1958.

— *Convocación a una segunda conferencia de las Naciones Unidas sobre el derecho del mar*, A/RES/1307(XIII), de 10 de diciembre de 1958.

— *Note verbale dated 17 August 1967 from the Permanent Mission of Malta to the United Nations addressed to the Secretary-General*, Doc. A/6695, de 18 de agosto de 1967.

— *Declaración de principios que regulan los fondos marinos y oceánicos y su subsuelo fuera de los límites de la jurisdicción nacional*, A/RES/2749(XXV), de 17 de diciembre de 1970.

— *Reserva exclusiva para fines pacíficos de los fondos marinos y oceánicos y de su subsuelo en alta mar fuera de los límites de la jurisdicción nacional actual y empleo de sus recursos en beneficio de la humanidad, y convocación de una conferencia sobre el derecho del mar*, A/RES/2750-C (XXV), de 17 de diciembre de 1970.

— *Informe de la Conferencia de las Naciones Unidas sobre el Medio Ambiente y el Desarrollo*, Vol. II, A/CONF.151/26 (Vol. II), de 13 de agosto de 1992.

— *Conferencia de las Naciones Unidas sobre las poblaciones de peces cuyos territorios se encuentran dentro y fuera de las zonas económicas exclusivas y las poblaciones de peces altamente migratorias*, A/RES/47/192, de 29 de enero de 1993.

— *Acuerdo relativo a la aplicación de la Parte XI de la Convención de las Naciones Unidas sobre el Derecho del Mar de 10 de diciembre de 1982*, A/RES/48/263, de 17 de agosto de 1994.

NACIONES UNIDAS, Asamblea General, *Los océanos y el derecho del mar*, Informe del Secretario General, A/54/429, de 30 de setiembre de 1999.

NACIONES UNIDAS, Asamblea General, *La pesca sostenible, incluso mediante el Acuerdo sobre la aplicación de las disposiciones de la Convención de las Naciones Unidas sobre el Derecho del Mar de 10 de diciembre de 1982 relativas a la conservación y ordenación de las poblaciones de peces transzonales y las poblaciones de peces altamente migratorios, e instrumentos conexos*, Informe del Secretario General, A/59/298, de 26 de agosto de 2004.

— *Los océanos y el derecho del mar*, A/RES/59/24, de 4 de febrero de 2005.

— *Los océanos y el derecho del mar*, Informe del Secretario General, A/60/63, de 4 de marzo de 2005.

— *La pesca sostenible, incluso mediante el Acuerdo de 1995 sobre la aplicación de las disposiciones de la Convención de las Naciones Unidas sobre el Derecho del Mar de 10 de diciembre de 1982 relativas a la conservación y ordenación de las poblaciones de peces transzonales y las poblaciones de peces altamente migratorios, e instrumentos conexos*, A/RES/63/112, de 24 de febrero de 2009.

— *Carta de fecha 30 de junio de 2011 dirigida al Presidente de la Asamblea General por los Copresidentes del Grupo de Trabajo especial oficioso de composición abierta*, A/66/119, de 30 de junio de 2011.

— *Carta de fecha 25 de julio de 2014 dirigida al Presidente de la Asamblea General por los Copresidentes del Grupo de Trabajo Especial Oficioso de Composición Abierta*, A/69/177, de 23 de julio de 2014.

— *Carta de fecha 13 de febrero de 2015 dirigida al Presidente de la Asamblea General por los Copresidentes del Grupo de Trabajo Especial Oficioso de Composición Abierta*, A/69/780, de 13 de febrero de 2015.

— *Elaboración de un instrumento internacional jurídicamente vinculante en el marco de la Convención de las Naciones Unidas sobre el Derecho del Mar relativo a la conservación y el uso sostenible de la diversidad biológica marina de las zonas situadas fuera de la jurisdicción nacional*, A/RES/69/292, de 6 de julio de 2015.

— *Informe del Comité Preparatorio establecido en virtud de la resolución 69/292 de la Asamblea General: elaboración de un instrumento internacional jurídicamente vinculante en el marco de la Convención de las Naciones Unidas sobre el Derecho del Mar relativo a la conservación y el uso sostenible de la diversidad biológica marina de las zonas situadas fuera de la jurisdicción nacional*, A/AC.287/2017/PC.4/2, de 31 de julio de 2017.

— *Instrumento internacional jurídicamente vinculante en el marco de la Convención de las Naciones Unidas sobre el Derecho del Mar relativo a la conservación y el uso sostenible de la diversidad biológica marina de las zonas situadas fuera de la jurisdicción nacional*, A/RES/72/249, de 19 de enero de 2018.

— *Informe de la Comisión de Derecho Internacional*, 73.º período de sesiones, A/77/10, 2022.

— *Los océanos y el derecho del mar*, A/RES/77/248, de 9 de enero de 2023.

— *Informe de la reanudación de la Conferencia de Revisión del Acuerdo sobre la Aplicación de las Disposiciones de la Convención de las Naciones Unidas sobre el Derecho del Mar de 10 de Diciembre de 1982 relativas a la Conservación y Ordenación de las Poblaciones de Peces Transzonales y las Poblaciones de Peces Altamente Migratorios*, A/CONF.210/2023/6, de 20 de junio de 2023.

— *Carta de fecha 30 de junio de 2023 dirigida a la Presidencia de la Asamblea General por la Presidenta de la conferencia intergubernamental sobre un instrumento internacional jurídicamente vinculante en el marco de la Convención de las Naciones Unidas sobre el Derecho del Mar relativo a la conservación y el uso sostenible de la diversidad biológica marina de las zonas situadas fuera de la jurisdicción nacional*, A/77/945, de 30 de junio de 2023.

OTROS DOCUMENTOS E INFORMES (en orden alfabético)

AFRICA PROGRESS PANEL, *Grain Fish Money: Financing Africa's Green and Blue Revolutions, Africa Progress Report 2014*, Ginebra, Africa Progress Panel, 2014.

CCRVMA, *Informe de la Vigésima Primera Reunión de la Comisión*, 21 de octubre al 1 de noviembre de 2002, CCAMLR-XXI.

CCRVMA, *Protection of the South Orkney Islands southern shelf*, Conservation Measure 91-03 (2009).

— *Ross Sea region marine protected area*, Conservation Measure 91-05 (2016).

CDB, Conferencia de las Partes, *Informe de la Octava Reunión de la Conferencia de las Partes en el Convenio sobre la Diversidad Biológica*, UNEP/CBD/COP/8/31, de 15 de junio de 2006.

FAO, *Report of and papers presented at the Expert Consultation on Illegal, Unreported and Unregulated Fishing*, FAO Fisheries Report. N.º 666, FIPL/R666(En), Roma, FAO, 2001.

— *Plan de Acción Internacional para prevenir, desalentar y eliminar la pesca ilegal, no declarada y no reglamentada*, Roma, FAO, 2001.

— *Implementation of the International Plan of Action to Prevent, Deter and Elliminate Illegal, Unreported and Unregulated Fishing*, Roma, FAO, 2002.

— *El estado mundial de la pesca y la acuicultura 2006*, Roma, FAO, 2007.

— *El estado mundial de la pesca y la acuicultura 2022: Hacia la transformación azul*, Roma, FAO, 2022.

MARINE CONSERVATION INSTITUTE (7 de julio de 2023), *Largest Marine Protected Areas*, https://mpatlas.org/large-mpas/.

OSPAR, Comisión, *Management of the Altair Seamount High Seas Marine Protected Area*, Recommendation 2010/14.

— Decisiones 2010/1, 2010/2, 2010/3, 2010/4, 2010/5, 2010/6, 2012/1 y 2021/1.

OROP-PS, *First Meeting of the Commission of the South Pacific Regional Fisheries Management Organisation*, 28 de enero al 1 de febrero de 2013, Report.

— *Second Meeting of the Commission of the South Pacific Regional Fisheries Management Organisation*, 27 al 31 de enero de 2014, Report.

— *Eight Meeting of the Commission of the South Pacific Regional Fisheries Management Organisation*, 14 al 18 de febrero de 2020, Report.

— *Tenth Meeting of the Commission of the South Pacific Regional Fisheries Management Organisation*, 24 al 28 de enero de 2022, Report.

OROP-PS, *Eleventh Meeting of the Commission of the South Pacific Regional Fisheries*

Management Organisation, 13 al 17 de febrero de 2023, Report.

PROTECTED PLANET (7 de julio de 2023), *Marine Protected Areas*, https://www.protectedplanet.net/en/thematic-areas/marine-protected-areas.

UNCTAD, *Review of Maritime Transport 2022: Navigating stormy waters*, Ginebra, Naciones Unidas, 2022.

SENTENCIAS Y OPINIONES CONSULTIVAS DE TRIBUNALES INTERNACIONALES

CORTE INTERNACIONAL DE JUSTICIA, *Corfu Channel (United Kingdom v. Albania)*, Sentencia del 9 de abril de 1949, I. C. J. Reports 1949.

— *Fisheries Case (United Kingdom v. Norway)*, Sentencia del 18 de diciembre de 1951, I. C. J. Reports 1951.

— *North Sea Continental Shelf Cases (Federal Republic of Germany/Denmark; Federal Republic of Germany/Netherlands)*, Sentencia del 20 de febrero de 1969, I. C. J. Reports 1969.

— *Fisheries Jurisdiction (Federal Republic of Germany v. Iceland)*, Sentencia del 25 de julio de 1974, I. C. J. Reports 1974.

— *Fisheries Jurisdiction (United Kingdom v. Iceland)*, Sentencia del 25 de julio de 1974, I. C. J. Reports 1974.

— *Nuclear Tests (Australia v. France)*, Sentencia del 20 de diciembre de 1974, I. C. J. Reports 1974.

— *Nuclear Tests (New Zealand v. France)*, Sentencia del 20 de diciembre de 1974, I. C. J. Reports 1974.

— *Case concerning the continental shelf (Libyan Arab Jamahiriya/Malta)*, Sentencia del 3 de junio de 1985, I. C. J. Reports 1985.

— *Fisheries Jurisdiction Case (Spain v. Canada)*, *Jurisdiction of the Court.*, Sentencia del 4 de diciembre de 1998, I. C. J. Reports 1998.

— *Pulp Mills on The River Uruguay (Argentina v. Uruguay)*, Sentencia del 20 de abril de 2010, I. C. J. Reports 2010.

— *Maritime dispute (Peru v. Chile)*, Sentencia del 27 de enero de 2014, I. C. J. Reports 2014.

CORTE PERMANENTE DE ARBITRAJE, *The Grisbådarna Case (Norway v. Sweden)*, Laudo arbitral del 23 de octubre de 1909, 4 AJIL 226 (1910).

TRIBUNAL INTENACIONAL DEL DERECHO DEL MAR, *Request for Advisory Opinion submitted by the Sub-Regional Fisheries Commission*, Opinión consultiva del 2 de abril de 2015, ITLOS Reports 2015.

SENTENCIAS DE TRIBUNALES NACIONALES

CORTE FEDERAL DE CANADÁ, *Jose Pereira e Hijos SA v. Canada (Attorney General)*, 2005 FC 1011, 26 de julio de 2005.

CORTE FEDERAL DE APELACIONES DE CANADÁ, *Canada (Procureur général) v. Hijos*, 2007 FCA 20 (CanLII), 12 de enero de 2007.

CORTE SUPREMA DE CANADÁ, *Jose Pereira E. Hijos, S.A. and Enrique Davila Gonzalez v. Attorney General of Canada*, 2007 CanLII 25197 (SCC), 5 de julio de 2007.

NORMATIVA DE DERECHO INTERNO (en orden cronológico)

Normativa argentina

Decreto 14708/46, de 11 de octubre de 1946, *Boletín Oficial de la República Argentina*, 15 641, de 5 de diciembre de 1946.

Ley 17500, de 25 de octubre de 1967, «Ley de Pesca», *Boletín Oficial de la República Argentina*, 21 304, de 31 de octubre de 1967, derogada por la Ley 24922, «Régimen Federal de Pesca», *Boletín Oficial de la República Argentina*, 28 812, de 12 de enero de 1998.

Ley 23968, de 14 de agosto de 1991, «Fíjase las Líneas de Base de la República Argentina», *Boletín Oficial de la República Argentina*, 27 278, de 5 de diciembre de 1991, modificada por Decreto 2623/91, de 12 de diciembre de 1991, *Boletín Oficial de la República Argentina*, 27 286, de 17 de diciembre de 1991.

Decreto 1161/97, de 7 de noviembre de 1997, «Conmútase una multa impuesta al armador y al propietario del buque pesquero de bandera española "Arpón"», *Boletín Oficial de la República Argentina*, 28 772, de 12 de noviembre de 1997.

Ley 24922, de 9 de diciembre de 1997, «Régimen Federal de Pesca», *Boletín Oficial de la República Argentina*, 28 812, de 12 de enero de 1998.

Normativa canadiense

«Coastal Fisheries Protection Act», de 1 de enero de 1985 (R. S. C., 1985, c. C-33).

«Coastal Fisheries Protection Regulations», de 1 de enero de 1982 (C. R. C., c.413).

Normativa chilena

Decreto n.º 430, de 28 de septiembre de 1991, que fija el texto refundido, coordinado y sistematizado de la Ley n.º 18892, de 1989 y sus modificaciones, Ley General de Pesca y Acuicultura, *Diario Oficial de la República de Chile*, 34 172, de 21 de enero de 1992.

Ley 19300, de 1 de marzo de 1994, «Ley sobre Bases Generales del Medio Ambiente», *Diario Oficial de la República de Chile*, 34 810, de 9 de marzo de 1994, modificada por la Ley 20417, de 12 de enero de 2010, «Crea el Ministerio, el Servicio de Evaluación Ambiental y la Superintendencia del Medio Ambiente», *Diario Oficial de la República de Chile*, 39 570, de 26 de enero de 2010.

Normativa estadounidense

Proclamación 2667, de 28 de septiembre de 1945, «Policy of the United States with respect to the Natural Resources of the Subsoil and Sea Bed of the Continental Shelf», 10 FR 12303, (1945), de 2 de octubre de 1945.

Proclamación 2668, de 28 de septiembre de 1945, «Policy of the United States with respect to Coastal Fisheries in Certain Areas of the High Seas», 10 FR 12304 (1945), de 2 de octubre de 1945.

Normativa islandesa

Ley 151/1996, de 27 de diciembre de 1996, «Act on Fishing Outside of Icelandic Jurisdiction», LEX-FAOC089472.

Normativa panameña

«Constitución Política de la República de Panamá», de 1 de marzo de 1946, *Gaceta Oficial*, 9938, de 4 de marzo de 1946.

Decreto 449, de 17 de diciembre de 1946, «por el cual se reglamenta la pesca del tiburón por naves extranjeras en las aguas jurisdiccionales de la República», *Gaceta Oficial*, 10181, de 24 de diciembre de 1946.

Normativa peruana

Decreto Supremo 781, de 1 de agosto de 1947, *Diario Oficial El Peruano*, 1983, de 11 de agosto de 1947.

Decreto Ley 25977, de 7 de diciembre de 1992, «Ley General de Pesca», *Diario Oficial El Peruano*, 4549, de 22 de diciembre de 1992.

Normativa uruguaya

Ley 17033, de 20 de noviembre de 1998, «Díctanse normas referentes a mar territorial, zona económica exclusiva y plataforma continental», *Diario Oficial*, 25 168, de 4 de diciembre de 1998.

NOTICIAS

Aznárez, Juan Jesús (1 de julio de 2023), «Argentina prohíbe pescar calamar a las flotas de España y de otros siete países», *El País*, http://elpais.com/diario/1995/06/16/economia/803253611_850215.html.

Carbajo, Primitivo (1 de julio de 2023), «El Gobierno argentino rechaza el aval de 125 millones presentado para liberar el pesquero gallego "Arpón"», *El País*, http://elpais.com/diario/1997/08/12/economia/871336805_850215.html

La Nación (1 de julio de 2023), «Greenpeace critica la conmutación de una multa pesquera», *La Nación*, http://www.lanacion.com.ar/81512-greenpeace-critica-la-conmutacion-de-una-multa-pesquera.

Loaiza, Yalilé (13 de julio de 2023), «Pesca indiscriminada, explotación laboral y amenazas al medioambiente: así opera la flota pesquera china en América Latina», *Infobae*, https://www.infobae.com/america/medio-ambiente/2022/09/15/pesca-indiscriminada-explotacion-laboral-y-amenazas-al-medioambiente-asi-opera-la-flota-pesquera-china-en-america-latina/.

Núñez, Maribel, «El Gobierno rechaza la acusación de inhibirse en el apresamiento del buque pesquero "Arpón"», *ABC*, 10 de agosto de 1997, p. 49.

colección

DERECHO INTERNACIONAL PÚBLICO

Director: JAVIER ROLDÁN BARBERO